中小企业授信方案培训

（第二版）

立金银行培训中心　著

中国金融出版社

责任编辑：亓　霞　张清民
责任校对：张志文
责任印制：丁淮宾

图书在版编目（CIP）数据

中小企业授信方案培训（Zhongxiao Qiye Shouxin Fangan Peixun）／立
金银行培训中心著 . —2 版 . —北京：中国金融出版社，2017. 9
ISBN 978 - 7 - 5049 - 9072 - 3

Ⅰ . ①中…　Ⅱ . ①立…　Ⅲ . ①中小企业—信贷管理—中国—技术
培训—教材　Ⅳ . ①F832. 42

中国版本图书馆 CIP 数据核字（2017）第 149193 号

出版
发行　**中国金融出版社**

社址　北京市丰台区益泽路 2 号
市场开发部　（010）63266347，63805472，63439533（传真）
网 上 书 店　http://www.chinafph.com
　　　　　　（010）63286832，63365686（传真）
读者服务部　（010）66070833，62568380
邮编　100071
经销　新华书店
印刷　北京市松源印刷有限公司
尺寸　169 毫米 × 239 毫米
印张　18
字数　282 千
版次　2011 年 5 月第 1 版　2017 年 9 月第 2 版
印次　2017 年 9 月第 1 次印刷
定价　45. 00 元
ISBN 978 - 7 - 5049 - 9072 - 3
如出现印装错误本社负责调换　联系电话　（010）63263947

前　　言

大企业赚名声，小企业赚利润。

立金银行培训中心一直从事信贷实务操作培训，中小企业融资是现在最热门的课题，是商业银行大举投入资源的领域。中小企业融资在中国已经形成了星火燎原之势。

但是，中小企业授信是一门技术含量极高的业务，我国商业银行在操作中小企业授信方面缺乏技术，而国外商业银行在中小企业授信方面的先进做法在我国又难以行得通，因此，如何寻找适合中国商业银行发展的中小企业授信渠道，成了关键的问题。

中小企业授信技术是衡量商业银行竞争力强弱的重要尺度。目前，我国商业银行的核心业务仍是信贷业务，高端的银行信贷产品、强大的信贷业务支撑体系是商业银行竞争的决胜条件，大部分的商业银行都为此设立了中小企业部。

本着服务的宗旨，立金银行培训中心了解到大部分商业银行基层支行的最迫切需求就是：全新的中小企业信贷理念，有足够竞争力的中小企业信贷产品，以及高效地开展中小企业信贷业务的实务课程。为此，我们希望本书能对中国商业银行业务的中小企业授信技术培训有所帮助。

立金银行培训中心创业团队具有在金融领域的从业经历，有着丰富的银行公司信贷业务经验，在中小企业信贷业务的咨询培训方面游刃有余，且有较好的效果。中小企业是立金银行培训中心投入大力气研究的一个领域，聚集了法律、信贷、商业银行公司业务方面的专家，根据中小企业的基本特点、行业集群等实际状况，结合本身熟悉银行授信产品的优势，以《物权法》等法律为依托，自行研发适用的中小企业信贷产品，向我国商业银行推广。

近两年来，立金培训中心为200余家中小银行提供了系统化的中小企业融资培训服务，把国内最新颖的中小企业信贷产品带给了这些银行，有效地提升了这些银行的竞争力；这些银行的信贷产品已经在同业中处于领先地位。

风险的识别、防范和控制，对商业银行的经营成果有着决定性的影响，而一家银行的强大由严谨的信贷审批人员、熟练新技术的公司市场人员，以及先进的信贷作业流程综合构成，缺少任何一个环节，都会造成致命的短板。因此，本书提供了全套的中小企业信贷产品，并配套提供了信贷业务制度和管理架构资料。

立金银行培训中心专业化的咨询体系已见雏形。为了总结中小企业授信业务体系特别是授信产品等方面的一些经验和做法，我们同时将信贷制度和授信产品整理汇编入书。

目前，我国商业银行最缺的还是先进的中小企业授信产品和先进的中小企业授信业务流程。本书提供的中小企业信贷业务技术和授信产品都出自各家银行的成功实践，有典型性和代表性，对提升我国商业银行的信贷业务能力具有很强的意义。

希望本书的出版对提高商业银行的中小企业信贷业务水平有所帮助，对所有从事和关心商业银行信贷业务的读者有所启发。

让我们共同为中国的中小企业发展贡献力量。

立金银行培训中心

目　录

第一篇 制度篇

一、适合银行拓展业务的中小企业的主要条件

（一）资金密集型行业

中小企业融资首先要找准行业：如果方向是错误的，一切的工作都是徒劳；企业可以是中小的经营规模，但是其资金量不能小，给银行带来的价值回报不能降低。

煤炭、电力、石油、化工、钢铁、医药、水泥、商品批发等行业的中小企业，属于典型的资金密集型行业。银行就是做资金生意的商人，做的是"低买高卖"生意，赚取资金的差价。既然做资金生意，就一定要寻找资金量大的客户。例如，美容、餐饮、装修等中小企业资金量太小，不适合做银行的中小企业融资客户；而煤炭、电力、石油、化工、钢铁、医药、水泥、商品批发等行业的中小企业资金量普遍较大，更适合银行信贷投入，同样的劳动付出，可以得到多倍的存款。

（二）企业商业模式清晰

企业经营必须有清晰、透明的商业模式。对中小企业固然不必苛求有过人的专利技术等，但要有清晰、透明的商业模式，有非常高效的产业链运转，有充裕的现金流。这些是中小企业的核心竞争力。例如煤炭经销商，如果有稳定、高质量的货源，有实力强大的下游电厂买家，买方付款记录良好，有非常高效的物流体系，保证物流的高速运行，这类中小企业就有核心竞争力。

银行应当很容易看出目标中小企业的盈利模式，靠什么手段赚钱，支出现金用到哪里，现金回流从哪里来，什么时候回流等。

（三）有典型的产业集群

独立的中小企业难以在市场上生存，发展良好的中小企业一般都有三类商业模式。

1. 靠大户。

强势企业供应链的上下游企业，中小企业与大企业纵向分工，形成上

下游配套协作模式，依托大企业而生存。这类中小企业数量众多，形成产业集聚模式。例如，汽车厂商、钢铁厂商、发电企业等上游有大量的配套企业甚至围绕大型核心企业形成巨大的产业集群。

2. 靠商圈。

在市场专业、产业集群的情况下，中小企业自身并没有突出优势，但是所依托的商圈非常出名，商圈本身具备非常强大的辐射力，以及巨大的商业聚集效应，可以给中小企业带来非常多的商业机会。

例如，在一些专业化的服装鞋帽市场、建材市场及小商品批发市场，集聚了大量的从事同样商业运作模式的中小企业，由于有强大的商圈，在行业内非常出名，有强大的影响力，可以带来大量的客源，这些中小企业普遍经营较好，如北京的小商品批发市场、常熟的五金建材批发城等。

3. 靠政府。

政府出于发展特色经济考虑，对某一类产业进行扶持，这类中小企业往往有当地政府强力扶持，在贷款贴息或政府采购等方面的扶持力度较大，很快形成强势的产业集群。例如，北京的文化产业、动漫产业、中关村高新技术产业等，大连的软件开发企业，重庆的电子信息产业等，依托园区孵化，形成了巨大的产业集群（如无锡钢铁交易市场）。

上述三类企业，数量众多，商业模式形成集群定式，为银行的模式化经营提供了平台。根据不同类型市场，采取不同的方法，实施不同的措施，既能支持企业发展，又能为银行业务发展有效地防范风险。

（四）经营较好的中小贸易商

中小制造企业现金流周转速度相对较慢，而中小经销商周转速度要快得多，优于中小制造企业，可以给银行带来非常可观的存款。银行在选择中小企业的时候，应更多考虑中小经销商类客户群体，如中小药品批发商、中小钢铁经销商、中小煤炭经销商等。

（五）典型的中小企业客户群

1. 交通行业。

零部件：汽车经销商，工程机械车经销商，客车经销商；运输：铁路设备；施工：沥青企业；海运：物流行业。

2. 能源行业。

石化设备：成品油批发商，燃料油经销商；煤矿机械：中小煤矿，煤炭经销商，焦炭经销商；电力设备：电力工程。

3. 钢铁及有色金属行业。

钢铁经销商，钢构商，钢贸；金属铜，金属铝，其他金属经销商；铁矿石贸易商；焦炭企业。

有核心大企业依托的钢铁贸易商、有色金属贸易商，这类企业往往在行业处于不景气的时候，也会有较好的表现。

4. 其他行业。

药品经销商，药械商；家电经销商；水泥经销商；玻璃商，装饰商，园林商；化肥经销商，农用机械商，粮食商，农贸；服装代理商；轮胎经销商；食品经销商，酒厂，酒经销商，矿泉水经销商；纺织，化纤，五金，包装，文具，电子，印刷，木业，珠宝；劳务；仪表；设计；锅炉；环保；中小软件企业；专用技术；电气企业；棉花商；进口商。

> **用心设计信贷方案**
>
> 银行要想为客户提供量体裁衣的融资方案，就必须精通各类信贷产品，通过合理组合信贷产品，精心设计授信方案。提供优质高效的服务，提高贷款客户用户体验，提供便捷性高、风险小的贷款，这就需要客户经理具有高超的合市场技术。
>
> 针对银行客户经理的工作，培养他们成为评估不同客户偿还能力及偿还意愿的专家。

二、中小企业授信风险抓手寻找

中小企业融资最重要的是寻找风险抓手，只要找到合理的抓手，授信通常都会批准。抓手就是牵制客户的措施，让客户做事有分寸：一旦触动风险抓手，会有极高的违约成本；除非经营破产，否则不会不还银行贷款。

（一）寻找风险抓手的基本思路

请参考中小企业授信风险抓手寻找图设计牵制客户的措施，见图1－1。

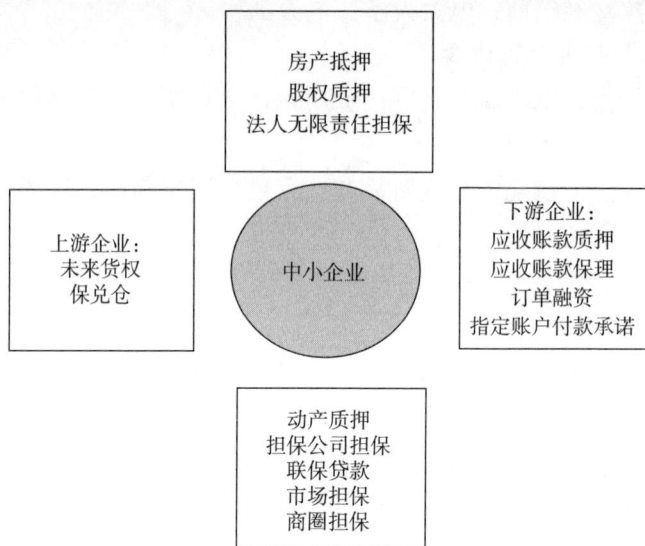

```
          ┌─────────────────────┐
          │      房产抵押          │
          │      股权质押          │
          │    法人无限责任担保     │
          └─────────────────────┘

┌──────────────┐                    ┌──────────────────┐
│  上游企业：     │      ╭─────╮       │   下游企业：        │
│   未来货权     │     │ 中小企业 │      │   应收账款质押      │
│   保兑仓      │      ╰─────╯       │   应收账款保理      │
└──────────────┘                    │   订单融资         │
                                    │  指定账户付款承诺    │
                                    └──────────────────┘

          ┌─────────────────────┐
          │      动产质押          │
          │     担保公司担保        │
          │      联保贷款          │
          │      市场担保          │
          │      商圈担保          │
          └─────────────────────┘
```

图 1-1   中小企业授信风险抓手寻找图

（二）如何寻找风险抓手

选择授信抓手的原则：

1. 可以向上游寻找抓手。例如，看上游的大型核心企业是否愿意提供回购担保或协助调剂变现商品，一些特大型的钢铁企业、家电制造企业、水泥制造企业、汽车制造企业、造纸企业、制药企业等出于销售的压力，往往愿意对下游经销商在银行的定向买方信贷融资提供担保。

大型核心企业获得销售利益，而中小企业扩大了采购能力，可以提升经营能力。

2. 可以向下游寻找抓手。下游大型核心企业如果愿意提供确定购买的承诺，对应收账款配合做转让确认，或持有借款人的有明确金额和到期日的应收账款及应收票据，这些都可以作为风险控制的手段，银行可以帮助借款人盘活这些代收款项资源。

> 从图 1-2 可以看出，借款人属于国家电网的供应商，为这类企业提供融资，风险相对较小。

3. 可以向自身寻找抓手。看企业是否有足够的有价值、易变现的存货

电 子 商 业 承 兑 汇 票

出票日期	2015-11-19		票据状态		背书已签收		
汇票到期日	2016-03-16		票号		2 907791000025 20151119 03578751 9		

出票人	全　称	国网×××电力公司物资结算中心		收票人	全　称	××××电气制造有限责任公司	
	账　号	××××××××××			账　号	××××××××××	
	开户银行	中国××财务有限公司××分公司			开户银行	中国××银行股份有限公司××××支行	

出票保证信息	保证人姓名：		保证人地址：		保证日期：	

票据金额	人民币（大写）	伍拾万圆整	十亿千百十万千百十元角分 ¥50000000

承兑人信息	全　称	国网×××电力公司物资结算中心	开户行行号	××××××××××
	账　号	××××××××××××	开户行名称	中国××财务有限公司××分公司

交易合同号		承兑信息	出票人承诺：本汇票信息请予以承兑，到期无条件付款
能否转让	可转让		承兑人承诺：本汇票已经承兑，到期无条件付款
			承兑日期 2015-11-19

承兑保证信息	保证人姓名：		保证人地址：		保证日期：	

评级信息（由出票人、承兑人自己记载，仅供参考）	出票人	评级主体：国网×××电力公司物资结算中心	信用等级：	评级到期日：
	承兑人	评级主体：国网×××电力公司物资结算中心	信用等级：	评级到期日：

备注	

图 1-2　电子商业承兑汇票

资源，企业是否有足值的房产进行抵押，或者企业是否持有资质较好的股权（例如未上市银行、证券公司股权）作为质押等。

（三）如何选择最合适的风险抓手

　　最合适的风险抓手一定是取得银行和企业双方的利益平衡：客户满意，认为成本合适，可以承受，操作不太复杂；银行满意，认为风险度适中，收益和风险可以平衡。单赢的游戏很短暂，不能持久。

　　1.选择抓手顺序。

　　（1）借助下游，选择抓手，如应收账款质押、应收账款保理；借助上游，选择抓手，如预收账款退款承诺、未来货权质押配合。

　　（2）借助企业自身资源，看是否有足额的房产、股权等。

　　（3）看是否有可靠的企业联保体。

　　（4）看是否有商圈的管理企业提供担保。

　　2.风险抓手成本。

　　（1）成本最高的风险抓手：专业担保公司担保。

（2）成本较低的风险抓手：中小企业联保。

（3）成本次低的风险抓手：中小企业货押、房产抵押、股权质押。

（4）成本最低的风险抓手：应收账款质押、保理。

三、中小企业金融服务方案设计

1. 必须洞悉中小企业客户产业链运作规律、特点。银行客户经理必须对所营销的中小企业产业链非常精通，熟悉其中的运作规律；不熟悉中小企业的经营模式就提供融资，类同赌博。

因为了解客户可以控制信贷风险，不是有了抵押担保就万事大吉了。

2. 严控信贷资金用途。中小企业融资必须用于确定采购，而非泛泛流贷。贸易背景必须真实。失去对信贷资金用途的掌控，往往为将来的贷后管理埋下巨大的隐患。

> 提供信贷工具选择顺序：
> 1. 国内信用证；
> 2. 银行承兑汇票；
> 3. 定向付款流动资金贷款。

3. 强调对商业产业链控制。担保抵押控制力弱于商务产业链控制。要多考虑通过对上下游的现金流控制来缓释中小企业的授信风险，控制了现金流就可以掌控中小企业的经营关键。而不要因为有抵押和担保，就忽视对现金流的掌控。资金流过程必须封闭，而且必须做到对资金流实时监控。

4. 中小贸易公司优于中小制造企业。中小贸易型企业现金流较大，周转速度较快，非常适合银行的承兑汇票等产品切入，也很容易锁定客户的经营现金流，会给银行贡献非常可观的存款。

5. 对中小企业的分析，以经营能力分析为主，报表分析为辅。中小企业融资应当更加准确地评估其实际经营能力，而非依赖报表的分析。所以，应要求中小企业提供其在银行的往来流水账单及销售回款凭证等，来评估其真实销售收入，判断其真实经营现金流。

6. 中小企业经营行为必须连续。被评估中小企业的经营行为必须连续，有持续的经营活动（例如稳定地给某大型企业供货），有稳定的现金流等。

> 资金的归还应当自偿。通过提供单笔交易融资，信贷资金直接随企业的经营采购需要而提供融资，随着销售的实现而得到归还。

> 客户经理必须具备良好的沟通能力。客户的各种信息，包括财务信息和非财务信息，不仅在各种资料中体现出来，还能通过与客户沟通进行深度了解。客户经理必须具备良好的协调能力。需要协调各部门之间、银行和客户之间以及自己与客户之间的关系。客户经理高效、优质服务必须建立在银行内部各部门协调配合以及客户配合的基础上。

四、对中小企业营销的基本思路

（一）"一单一单做，始终做不大"

应当"规划先行，批量营销，标准作业"。规划先行，是在进行市场调研的基础上，总分行应明确提出支持什么，鼓励什么，重点做什么样的客户。批量营销是在规划基础上，针对核心企业的配套企业以及商业区、各类商贸集中地、批发市场，制定一套标准化的产品组合和明确的贷款条件，并在商户最集中的地方，进行统一营销，达到批量营销目的。标准作业是按照既定工作流程操作，中小企业营销切忌没有章法，没有规划。散兵游勇争地盘式的营销会留下风险隐患。

（二）中小企业贷款综合净收益率高出全行平均水平

对中小企业提供授信并不一定强调单纯的贷款利润贡献度，而更应重视多产品交叉销售。应注意多种银行业务交叉销售机会，例如结算、银行保函、银行信用证、贸易融资，以及带动零售的信用卡、理财、网银、代发工资、个人贷款等对私人业务的开展。

（三）表外业务和表内贷款业务捆绑销售

银行中小企业整体呈现"两多一少"特点，即表外业务多、低风险业务多和一般贷款少。中小企业授信，2/3 是银行承兑汇票业务，1/3 是一般贷款。相比较而言，一般贷款利息收益高于票据业务收益，但是票据业务可以带来可观的存款沉淀。因此，中小企业授信应当区分不同的客户类型，一般流通类的中小企业，周转速度较快，现金流量较大，可以提供银行承兑汇票等表外业务；制造类、文化类的中小企业，周转速度较慢，应当多提供贷款业务。

（四）销售一些低人工成本的综合银行产品

如电子银行、法人账户透支业务、小企业网络循环贷款、代发工资等，借助低人工成本授信工具为中小企业提供授信，定位"集群营销模式、链式融资、推广业务合作平台，批量开发"。小企业单笔贷款金额较小，同时，操作较为频繁，如果按照一般企业进行操作，人工成本极高。

（五）营销应当多借助一些渠道类资源

营销应通过一些营销平台降低营销的成本，借助政府部门、地方商会、担保公司、租赁公司、特大型企业、专业市场等客户渠道，实现对中小企业的批发营销。一些担保公司、租赁公司往往有大量中小企业资源，与这些机构合作，共同拓展对中小企业的服务，可以达到事半功倍的效果。特大型制造类企业的上下游配套企业众多，如果能够借助大企业的帮助，拓展对其上下游企业的业务，将事半功倍。

> 对银行较有价值的渠道类客户包括政府部门、地方商会、担保公司、租赁公司、特大型企业以及专业市场。

（六）中小企业业务应注意"产品营销＋渠道营销"模式

要以客户为中心，实施"面上扩展、点上渗透"策略，在市场拓展和业务管理方面实行集中化政策。突出业务发展重点、细化客户定位；抓重点模式，树名牌产品，以点带面形成市场突破。

五、中小企业授信产品设计思路

1. 主要通过企业资产和业务交易环节设计金融产品，如订单融资、预付款融资、存货融资、应收账款融资等，见图 1-3。根据企业生命周期在小企业的产、供、销各个环节上满足其不同的融资需求。

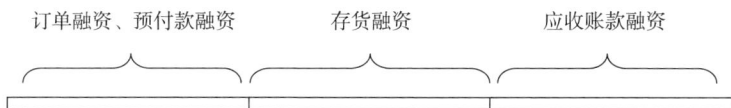

订单融资、预付款融资　　存货融资　　应收账款融资

图 1 - 3　利用企业资产和业务交易设计金融产品

2. 根据不同类型的中小企业设计授信产品。根据生产型企业、工程类企业、商贸类企业和建筑类企业等不同的经营特点进行设计：对生产类中小企业多提供贷款，对工程类和建筑类中小企业多提供保函，对商贸类中小企业多提供银行承兑汇票。

3. 盘活企业各类资产。通过盘活物业、存货、应收账款等资产，解决中小企业的融资问题。

六、中小企业授信风险控制技术

（一）中小企业授信必须增加项目审查的弹性和柔性，重点突出中小企业实际经营情况的审查，注重资金封闭运行和过程化管理

授信具有较强的针对性和适用性，不要过分考量中小企业的资产负债率、流动比率、速动比率等传统指标，而应更多考量企业的实际经营能力指标，如存货周转率、资产变现速度等。

（二）中小企业风险控制要点

一是依靠中小企业硬资产抵押；二是嫁接上下游大企业信用；三是多个中小企业信用捆绑叠加；四是引入第三方实力较强的担保公司作为风险缓释者；五是运用大数法则弥补损失；六是风险保证金风险抵补；七是实际控制人道德约束。

（三）中小企业授信不能仅仅依靠审批环节控制贷款风险，还应当打造全程风险监控，"强化两头（贷前、贷后），简化中间（审批）"

1. 将风险控制前置。在项目申报阶段、产品设计阶段、风险抓手安排阶段，就开始考虑贷款风险管理，做好客户分级、产品对应设计和产品定价等方面工作。如钢铁经销商在申报授信的时候，就应当考虑提供银行承兑汇票，引入物流公司监管商品，要求经销商将销售回款必须划入银行保

证金账户，银行承兑汇票在到期前两个月封闭所有敞口。

2. 将风险控制后置。在贷款发放后，要求客户必须将一定比例的结算流水封闭回银行，企业的经营必须在某个确定的时间点，达到一定的销售额，否则触发违约条款。还可以通过商圈客户交叉信息验证，担保人的监督、物流公司实时盘货等"外部资源整合"，构建一张密集贷款监控网络；通过对整个贷款流程的梳理，实现全过程的风险管理体系，为简化贷中管理创造条件。

（四）运用大数法则进行风险控制

从甄选客户环节开始就注重防范风险。大数法则是指单个小企业贷款违约风险过高，但如果将其信用记录、纳税记录、有无贷款未还等指标进行分类，当商户数量足够大时，整体违约率就会变得很小。像煤炭经销商这个群体就非常典型。如果一家银行只为一个煤炭经销商发放贷款，银行就不再碰煤炭经销商这个群体，这和缺乏风险控制技术，以及对这个群体没有深度理解有关。其实煤炭经销商这个群体经营质量较好，如果你对这个群体具有风险控制技术，操作100个煤炭经销商，违约率就可能大大降低。

运用大数法则测算出特定行业中小企业的风险概率，甄选银行业务进入的行业，迅速地找到有效客户群体。通过前期规划，测算出贷款的预期损失率。在这个前提下，用更高的产品价格覆盖掉预期损失率，也就是所谓的价格覆盖风险原则。

（五）自偿性融资

中小企业应当重点考虑自偿性融资，融资重点为"看生意"，中小企业在做什么生意（商品）、跟谁做生意（应收账款/货物的品质）、过往生意做得如何等，借用两端大客户的商业信用，达到信用增级的功效。

自偿性贸易融资就是根据企业真实贸易背景和上下游客户资信实力，以单笔或额度授信方式，提供银行短期金融产品和封闭贷款，以企业销售收入或贸易产生确定未来现金流作为直接还款来源的融资。如果客户信用记录良好，贸易行为连续，但由于资金实力较小或资产规模较小形成授信障碍，银行就可针对客户单笔业务贸易背景和上下游客户规模、信誉实力，帮助客户借助上下游大型客户资信，以单笔授信方式，配合短期金融产品和封闭贷款操作及单据控制等风险制约，为客户提供专项自偿性贸易融资，以客户贸易销售收入作为第一还款来源。

银行提供与商品周转相捆绑的具有自偿性质的商业贷款，随着商品周转、产销过程完成，贷款自然从销售收入中得到偿还。所谓"自偿"，是指企业通过银行支持做成贸易，该交易销售收入能够为自己还清银行贷款。

（六）订单融资

大型优质买家是订单融资成功的关键。银行提供单笔交易项下订单融资，中小企业必须处于大企业的供应链体系中，购买这批商品的下家已定，且实力雄厚，采购到货还能卖得出去。就是说，中小企业采购是基于接到大企业的实际订单，中小企业在买到或生产出商品后，后面有明确的企业来消化，而且还是实力雄厚、保证还款的大企业。

对于中小企业，银行评价企业一般仅能从财务报表的质量和客户表面的经营情况进行分析，多流于表面，很难真正对企业经营水平的高低、竞争力的强弱进行深入判断。

核心企业对中小企业有着强大的控制力，可以准确地判断这些企业的竞争力和经营状况，并对这些企业的经营有着绝对的影响力。

（七）更重视控制借款人现金流，而非担保和抵押

任何可以控制企业行为而让客户做事有底线的措施，都可以有效地控制风险，其效力甚至超过担保和抵押，例如厂商提供回购担保和下游买家提供指定账户付款承诺等，都可以视之为风险抓手。找到牢靠的风险抓手就可以提供融资。动产抵押、房产抵押仅是一种风险控制手段。

（八）良好的信用增级

信用增级＝精妙的产品组合设计＋合理的风险控制安排。

初级在卖产品，高级在卖方案。

我们更看重人，而非货。是人还我们的钱，而非货。我们因为人而贷，而非因为货而贷。

向借款人推荐产品顺序：

1. 国内信用证；

2. 银行承兑汇票；

3. 定向贷款。

七、中小企业信用评级技术

（一）基本原则：小企业信用评级指标体系

1. 根据企业经营期限、信用记录情况，小企业信用评级分为甲、乙、丙三类评级指标体系：甲类适用于经营期未超过 1 年的小企业，乙类适用于经营期超过 1 年的新开户小企业，丙类适用于经营期超过 1 年的非新开户小企业。

2. 小企业信用评级指标体系包括股东情况、偿债能力、抵（质）押品及保证担保风险含量系数等方面。

3. 小企业法人客户信用评级指标体系。

（1）甲类评级指标体系，见表 1－1。

表 1－1　　　　　　　　　　甲类评级指标体系

	指标	权重	指标解释	评分标准
股东 5	经济实力	5	母公司或控股投资个人的经济实力	母公司所有者权益/母公司对本企业投资额大于 4 得 5 分，大于 3 不大于 4 得 3 分，大于 2 不大于 3 得 1 分，不大于 2 得 0 分，若为共同控制，按投资比例加权计算； 控股投资个人的总资产/投资个人对本企业的投资额大于 3 得 5 分，大于 2 不大于 3 得 3 分，不大于 2 得 1 分，若为共同控制，按投资比例加权计算
管理层 15	品质	4	谈吐行为、诚实程度	艰苦创业、谈吐诚实、社会反映良好得 4 分，一般得 2 分，行踪不定、背景复杂为 0 分
	从业经验	7	企业经营管理者从事银行业的经营年限	不小于 4 年得 7 分，小于 4 年不小于 3 年得 5 分，小于 3 年不小于 2 年得 2 分，其余为 0 分；曾经营的企业发生关、停、并、破产的扣 10 分
	经营能力	4	管理能力与经营方针	管理规范、经营稳健、思路清晰得 4 分，管理一般、经营一般得 2 分，管理混乱、领导层经营思想不统一扣 10 分

	指标	权重	指标解释	评分标准
条件20	经济环境	10	根据人均 GDP 而定	人均 GDP 180000 元以上得 10 分，16000～18000 元得 9 分，14000～16000 元得 8 分，12000～14000 元得 7 分，10000～12000 元得 6 分，8000～10000 元得 5 分，6000～8000 元得 4 分，4500～6000 元得 3 分，3000～4500 元得 2 分，3000 元以下得 1 分
	政策支持	5	客户所在区域对客户的政策支持力度	支持力度大得 5 分，一般得 3 分，较差为 0 分；主要从税收、政府发展规划等方面进行评价。如果受到政策限制扣 10 分
	信用环境	5	按银行在当地分支机构的贷款不良率而定	不大于 10% 得 5 分，大于 10% 不大于 20% 得 3 分，其余得 1 分
发展前景10	行业排名	4	依据银行每年公布的行业排序而定	前 20 名得 4 分，21～40 名得 3 分，41～60 名得 2 分，其余得 1 分
	产品市场（工业）	3	根据产品的预期销售情况判断	产品将非常热销得 3 分，一般得 2 分，可能滞销为 0 分
	产品技术（工业）	3	根据与同类产品相比的科技含量来判断	科技含量高得 3 分，一般得 1 分，较差为 0 分
	购销渠道（商业）	3	依据供货商和购货商的实力而定	购销都很有保障得 3 分，单方面很有保障另一方面一般得 1 分，两方都有保障一般为 0 分，任何一都方没有保障扣 10 分
	地理位置（商业）	3	根据经营场所的地理位置进行判断	地处闹市区得 3 分，地段一般得 1 分，位置较为偏僻为 0 分
	盈利能力（非工商）	4	预计企业的盈利能力与同行业同规模企业相比	很好得 4 分，较好得 3 分，一般得 1 分，较差为 0 分
	客户群体（非工商）	2	融资企业的客户的消费能力和集中度	消费能力强、集中度不大得 2 分，消费能力强、集中度大得 1 分，其他为 0 分
偿债能力50	实收资本	10	以验资报告为准	以 50 万元为起点，每 50 万元得 1 分，最高 10 分
	担保能力	40	对企业已经和可能向银行提供的全部有效抵（质）押物〔包括第三方提供的抵（质）押物〕情况，以及能够出具有效证明的保证情况进行评价	担保能力得分测算方法见表 1-4

（2）乙类评级指标体系，见表1-2。

表1-2　　　　　　　　　　　乙类评级指标体系

	指标	权重	指标解释	评分标准
股东 2	经济实力	2	母公司或控股投资个人的经济实力	母公司所有者权益/母公司对本企业投资额大于3得2分，大于2不大于3得1分，不大于2为0分；若为共同控制，按投资比例加权计算 控股投资个人的总资产/投资个人对本企业的投资额大于2得2分，不大于2得1分；若为共同控制，按投资比例加权计算
管理层 9	品质	3	谈吐行为、诚实程度	艰苦创业、谈吐诚实、社会反映良好得3分，一般得2分，行踪不定、背景复杂为0分
	从业经验	3	企业经营管理者从事银行的经营年限	从业经验不少于5年得3分，从业经验少于5年不少于3年得2分，从业经验少于3年不少于2年得1分，从业经验少于2年为0分；曾经营的企业发生关、停、并、破产的扣10分
	经营能力	3	管理能力与经营方针	管理规范、经营稳健、思路清晰得3分，管理一般、经营一般得2分，管理混乱、领导层经营思想不统一扣10分
条件 14	经济环境	8	依据企业所处地区人均GDP而定	人均GDP 18000以上得8分，12000~18000得7分，10000~12000得6分，8000~10000得5分，6000~8000得4分，4500~6000得3分，3000~4500得2分，3000以下得1分
	政策支持	3	客户所在区域对客户的政策支持力度	支持力度大得2分，一般得1分，较差为0分；主要从税收、政府发展规划等方面进行评价。如果受到政策限制扣10分
	信用环境	3	按银行在当地分支机构的贷款不良率而定	不大于10%得3分，大于10%不大于20%得2分，其余得1分
发展前景 5	行业排名	5	依据银行每年公布的行业排序而定	前20名得5分，21~40名得3分，41~60名得1分，其余为0分
	产品供求 （工业）	1	根据产品的预期销售情况判断	产品将非常热销得1分，一般得0.5分，可能滞销为0分
	产品技术 （工业）	1	根据与同类产品相比的科技含量来判断	科技含量高得1分，一般得0.5分，较差为0分

续表

	指标	权重	指标解释	评分标准
发展前景5	购销渠道（商业）	1	依据供货商和购货商的实力而定	购销都很有保障得1分，单方面很有保障另一方面一般得0.5分，两方都有保障一般为0分，任何一方都没有保障扣10分
	地理位置（商业）	1	根据经营场所的地理位置进行判断	地处闹市区得1分，地段一般得0.5分，位置较为偏僻为0分
	盈利能力（非工商）	1	企业的盈利能力与同行业同规模企业相比	很好得1分，较好0.5分，一般为0分
	客户群体（非工商）	1	融资企业的客户的消费能力和集中度	消费能力强、集中度不大得1分，消费能力强、集中度大得0.5分，其他为0分
经营状况12	销售收入增长情况	3	通过销售收入增长率确定得分	两年内销售收入增长率连续为正得3分，连续两年为负为0分，其他得1分，若存在销售收入大幅降低的情况则扣5分
	销售收入	4	以评级前一年的全年销售收入总额为依据	200万元为起点，每增加40万元加0.1分，满分为4分
	纳税情况	5	以评级前一年全年实际缴纳的流转税款为依据	10万元为起点，每增2万元加0.1分，最高得5分；实行定额税的企业得2分（实行优惠税率的按照优惠前标准计算得分）
偿债能力56	实收资本	6	以验资报告为准	以50万元为起点，每50万元得1分，最高6分
	资产负债率	5	与银行业相同规模的企业标准值进行对比	高于较差值为0分，在较差值与较低值之间1分，平均值与较低值之间得2分，良好值与平均值之间得3分，优秀值与良好值之间得4分，低于优秀值得5分
	担保能力	45	对企业已经和可能向银行提供的全部有效抵（质）押物〔包括第三方提供的抵（质）押物〕情况，以及能够出具有效证明的保证情况进行评价	担保能力得分测算方法见表1-4

注：对专业外贸企业无销售收入增长情况和销售收入打分项，由出口收汇率代替，具体为：

	指标	权重	指标解释	评分标准
经营状况	出口收汇率	7	用取自外汇局的出口收汇率	出口收汇率95%以上者得满分；不足60%的不得分；从60%起每增加1%得0.20分；本项得分不超过7分

（3）丙类评级指标体系，见表1-3。

表1-3 　　　　　　　　　　　　丙类评级指标体系

	指标	权重	指标解释	评分标准
股东2	经济实力	2	母公司或控股投资个人的经济实力	母公司所有者权益/母公司对本企业投资额大于3得2分，大于2不大于3得1分，不大于2为0分；若为共同控制，按投资比例加权计算； 控股投资个人的总资产/投资个人对本企业的投资额大于2得2分，不大于2得1分；若为共同控制，按投资比例加权计算
管理层6	品质	2	管理者的谈吐行为、诚实程度	艰苦创业、谈吐诚实、社会反映良好得2分，一般得1分，行踪不定、背景复杂为0分
	从业经验	2	企业经营管理者从事银行业务的经营年限	从业经验不少于4年得2分，从业经验少于4年不少于2年得1分，从业经验少于2年为0分；曾经营的企业发生关、停、并、破产的扣10分
	经营能力	2	管理能力与经营方针	管理规范、经营稳健、思路清晰得2分，管理一般、经营一般得1分，管理混乱、领导层经营思想不统一扣10分
经营状况14	销售收入增长情况	3	通过销售收入增长率情况确定	两年内销售收入增长率连续为正得3分，连续两年为负为0分，其他得1分；若存在销售收入大幅降低的情况则扣5分
	销售收入	5	以评级前一年的全年销售收入总额为依据（取自企业年度财务报表数据）	100万元为起点，每增加20万元加0.1分，满分为5分
	纳税情况	6	以评级前一年全年实际缴纳的流转税款为依据	10万元为起点，每增1万元加0.1分，最高得6分；实行定额税的企业得3分（实行优惠税率的按照优惠前标准计算得分）

	指标	权重	指标解释	评分标准
信誉状况 15	年销售归行额	5	银行账户贷方销售发生额。已签委托代扣协议的法人代表个人账户、储蓄存折发生额按六折计分	年销售归行额 800 万元（含）以上得 5 分，600 万（含）～800 万元得 4 分，400 万（含）～600 万元得 3 分，200 万（含）～400 万元得 2 分，100 万（含）～200 万元得 1 分，100 万元以下为 0 分
	存贷比	5	最近一年存款积数除以贷款积数	30%（含）以上得 5 分，20%（含）～30% 得 4 分，15%（含）～20% 得 3 分，10%（含）～15% 得 2 分，5%（含）～10% 得 1 分，5% 以下为 0 分
	企业还本付息情况	5	贷款本金与利息是否按时归还，表外业务是否按时付款	评级前连续 2 年无逾期、欠息、垫款得 5 分，建立信贷关系 1 年以上但不满 2 年，且无逾期、欠息、垫款得 3 分，评级前 1（不含）～2 年逾期或欠息或垫款一次扣 4 分，评级前 1 年内（含）逾期或欠息或垫款一次扣 5 分
条件 13	经济环境	8	依据企业所处地区人均 GDP 而定	人均 GDP 18000 以上得 8 分，12000～18000 得 7 分，10000～12000 得 6 分，8000～10000 得 5 分，6000～8000 得 4 分，4500～6000 得 3 分，3000～4500 得 2 分，3000 以下得 1 分
	政策支持	2	客户所在区域对客户的政策支持力度	支持力度大得 2 分，一般得 1 分，较差为 0 分；如果受到政策限制扣 10 分
	信用环境	3	按银行在当地分支机构的贷款不良率而定	不大于 10% 得 3 分，大于 10% 不大于 20% 得 2 分，其余得 1 分
发展前景 5	行业排名	3	依据银行每年公布的行业排序而定	前 20 名得 3 分，21～40 名得 2 分，41～60 名得 1 分，其余为 0 分
	产品市场（工业）	1	根据产品的预期销售情况判断	产品将非常热销得 1 分，一般得 0.5 分，可能滞销为 0 分
	产品技术（工业）	1	根据与同类产品相比的科技含量来判断	科技含量高得 1 分，一般得 0.5 分，较差为 0 分
	购销渠道（商业）	1	依据供货商和购货商的实力而定	购销都很有保障得 1 分，单方面很有保障另一方面一般得 0.5 分，两方都有保障一般为 0 分，任何一方都没有保障扣 10 分
	地理位置（商业）	1	根据经营场所的地理位置进行判断	地处闹市区得 1 分，地段一般得 0.5 分，位置较为偏僻为 0 分
	盈利能力（非工商）	2	企业的盈利能力与同行业同规模企业相比	很好得 2 分，较好得 1.5 分，一般得 1 分，较差为 0 分

	指标	权重	指标解释	评分标准
	实收资本	6	以验资报告为准	以50万元为起点，每50万元得1分；最高6分
偿债能力45	资产负债率	5	与银行业相同规模的企业标准值进行对比（取自企业年初财务报表数据）	高于较差值为0分，在较差值与较低值之间得1分，平均值与较低值之间得2分，良好值与平均值之间得3分，优秀值与良好值之间得4分，高于优秀值得5分
	销售收入/付息性债务	6	销售收入指评级前一年全年的销售收入；付息性债务指评级前一年度财务报表结束日的付息性债务总额	100%得2分，增减5%±0.2分；最高得6分
	实收资本/付息性债务	6	付息性债务指评级前一年度财务报表结束日的付息性债务总额	50%得2分，增减2.5%±0.2分；最高得6分
	担保能力	28	对企业已经和可能向银行提供的全部有效抵（质）押物［包括第三方提供的抵（质）押物］情况，以及能够出具有效证明的保证情况进行评价	担保能力得分测算方法见表1-4

注：对专业外贸企业无年销售归行额打分项，由出口收汇率代替，具体为：

	指标	权重	指标解释	评分标准
信誉状况	出口收汇率	5	用取自外汇局的出口收汇率	95%以上得5分，90%~95%得4分，85%~90%得3分，80%~85%得2分，75%~80%得1分，75%以下为0分

表 1 – 4　　　　　　　　　　　　担保能力测算

能够向银行提供的质押物						
质押品种	外部机构评估价值 K	账面价值 Z	银行认可的价值 M	贷款折率 (N)（%）	清收年限 (Q)	$M \times N \times D /(1+R)^{Q}$ Q 为抵（质）押比率，指银行对一个完整抵（质）押物拥有处置权的百分比
1.1 保证金						
1.2 特户质押						
1.3 现金质押及其他形式特定化后的现金质押						
1.4 银行本外币存单质押（4 个月以内）						
1.5 银行本外币存单质押（4 个月以上）						
1.6 银行本外币存单质押						
1.7 其他本外币存单质押						
1.8 我国财政部发行的国债质押						
1.9 标准普尔评级在 AA – 级（含）以上的国家或地区政府发行的债券质押						
1.10 其他依法可以质押的国家债券质押						
2.1 中国人民银行发行的票据质押						
2.2 我国国家政策性银行发行的债券、票据和承兑的汇票质押						
2.3 我国国有商业银行发行的债券、票据和承兑的汇票质押（原始期限在 4 个月以上）						
2.4 我国国有商业银行发行的债券、票据和承兑的汇票质押（原始期限在 4 个月以上）						
2.5 我国全国性股份制商业银行发行的债券、票据和承兑的汇票质押（原始期限在 4 个月以上）						

续表

2.6 我国全国性股份制商业银行发行的债券、票据和承兑的汇票质押（原始期限在4个月以下）					
2.7 银行发行的债券、票据和承兑的汇票质押					
2.8 银行信用评级为 AAA 级的银行发行的债券、票据和承兑的汇票质押（原始期限在4个月以上）					
2.9 银行信用评级为 AAA 级的银行发行的债券、票据和承兑的汇票质押（原始期限在4个月以下）					
2.10 银行信用评级为 AA + 级、AA 级、AA - 级的银行发行的债券、票据和承兑的汇票质押（原始期限在4个月以上）					
2.11 银行信用评级为 AA + 级、AA 级、AA - 级的银行发行的债券、票据和承兑的汇票质押（原始期限在4个月以下）					
2.12 银行信用评级为 A + 级、A 级、A - 级的银行发行的债券、票据和承兑的汇票质押（原始期限在4个月以上）					
2.13 银行信用评级为 A + 级、A 级、A - 级的银行发行的债券、票据和承兑的汇票质押（原始期限在4个月以下）					
2.14 银行信用评级为 BBB + 级（含）以下的银行发行的债券、票据和承兑的汇票质押（原始期限在4个月以上）					
2.15 银行信用评级为 BBB 级（含）以下的银行发行的债券、票据和承兑的汇票质押（原始期限在4个月以下）					
2.16 在标准普尔评级在 AA - 级（含）以上的国家或地区注册的商业银行、证券公司发行的债券、票据和承兑的汇票质押					
2.17 其他金融机构发行的债券、票据和承兑的汇票质押					

3.1 其他企业债券质押				
3.2 上市公司流通股质押				
3.3 可转让的上市公司非流通股质押				
3.4 可转让的非上市公司股权质押				
3.5 依法可以质押的具有现金价值的人寿保险单质押				
3.6 其他有价证券质押				
3.7 公路收费权质押				
3.8 农村电网收费权质押				
3.9 商标专用权、专利权、著作权中的财产权质押				
3.10 其他可转让的权利质押				
3.11 标准仓单质押				
3.12 存货（原则上以大宗、高流动性的原材料为主，主要包括石油、煤、产品金属及其他矿产品、粮油制品、木材、通用化工原料等）质押				
3.13 黄金质押				
3.14 其他动产质押				

能够向银行提供的抵押物

抵押品种	外部机构评估价值 K	账面价值 Z	分行根据 K 值和 Z 值确定 M 值	贷款折率（N）（%）	清收年限（Q）	清收价值（P2）
1. 出让方式取得的城市地带土地使用权抵押						$M \times N \times D/ (1 + R)^Q$ D 为抵（质）押比率，指银行对一个完整抵（质）押物拥有处置权的百分比
2. 出让方式取得的非城市地带土地使用权抵押						
3. 出让方式取得的城市地带土地使用权及地上生产用房抵押						
4. 出让方式取得的城市地带土地使用权及地上商用房抵押						

续表

5. 出让方式取得的城市地带土地使用权及地上居住房抵押					
6. 出让方式取得的非城市地带土地使用权及地上生产用房抵押					
7. 出让方式取得的非城市地带土地使用权及地上商用房抵押					
8. 出让方式取得的非城市地带土地使用权及地上居住房抵押					
9. 划拨方式取得的城市地带土地使用权及地上生产用房抵押					
10. 划拨方式取得的城市地带土地使用权及地上商用房抵押					
11. 划拨方式取得的城市地带土地使用权及地上居住房抵押					
12. 划拨方式取得的非城市地带土地使用权及地上生产用房抵押					
13. 划拨方式取得的非城市地带土地使用权及地上商用房抵押					
14. 划拨方式取得的非城市地带土地使用权及地上居住房抵押					
15. 荒山、荒沟、荒丘、荒滩等荒地的土地使用权抵押					
16. 其他房产及土地抵押					
17. 飞机抵押					
18. 船舶抵押					
19. 其他交通运输工具抵押					
20. 通用机器设备抵押					
21. 专用机器设备抵押					
22. 其他依法可以抵押的专用性较强的财产抵押					
23. 其他依法可以抵押的非专用性财产抵押					

表 1 - 5　　　　　　　　　　　保证人及担保能力

保证人在银行的信用等级	保证人有形净资产对外已保证额	保证人信用等级对应履约系数（8）	能够提供的有效保证额	实际可能提供的保证额（P3）
AAA		0.8		
AA +		0.7		
AA	K	0.6	K×B	根据有关承诺确定，但必须小于 K×B
AA -		0.5		
A +		0.4		
A		0.3		
注：保证人若为担保公司则保证人有形净资产可以乘以 5~7 的系数				
甲类客户担保能力及其变现能力对应的得分（此处 DX 均取 1000） 如果 P1 + P2 > P3，公式：6 +（P1 + H）/DX×34 +（P3）/DX×12，最高分为 40 分； P3≥P1 + P2 > 0，公式：（P1 + R）/DX×34 +（P3）/DX×12，最高分为 40 分； P1 + P2 = 0，公式：（P3）/DX×l0，最高分为 18 分				
乙类客户担保能力及其变现能力对应的得分（此处 DX 均取 500） 如果 P1 + P2 > P3，公式：8 +（P1 + P2）/DX×37 +（P3）/DX×14，最高分为 45 分； P3≥P1 + P2 > 0，公式：（P1 + P2）/DX×37 +（P3）/DX×14，最高分为 45 分； P1 + P2 = 0，公式：（P3）/DX×12 且最高分为 20 分				
丙类客户担保能力及其变现能力对应的得分（此处 DX 均取 1000） 如果 P1 + P2 > P3，公式：4 +（P1 + P2）/DX×18 +（P3）/DX×8，最高分为 22 分； P3≥P1 + P2 > 0，公式：（P1 + P2）/DX×18 +（P3）/DX×8，最高分为 X 分； P1 + P2 = 0，公式：（P3）/DX×6，最高分为 11 分				

（二）小企业信用等级划分类别

1. 小企业信用等级分为 AA 级、AA - 级、A + 级、A 级、A - 级、BBB + 级、BBB 级、BBB - 级、BB 级、B 级 10 个等级。

2. 采用甲类、乙类评价体系进行评级的小企业各等级对应的分数段为：

A + 级：　　　80 分以上；

A 级：　　　74（含）~80 分；

A－级：　　　68（含）~74分；

BBB＋级：　　62（含）~68分；

BBB级：　　　56（含）~62分；

BBB－级：　　50（含）~56分；

BB级：　　　　40（含）~50分；

B级：　　　　　40分以下。

3. 采用丙类评级体系进行评级的小企业各等级对应的分数段为：

AA级：　　　　85（含）以上；

AA－级：　　　80（含）~85分；

A＋级：　　　74（含）~80分；

A级：　　　　　68（含）~74分；

A－级：　　　62（含）~68分；

BBB＋级：　　56（含）~62分；

BBB级：　　　50（含）~56分；

BBB－级：　　44（含）~50分；

BB级：　　　　40（含）~44分；

B级：　　　　　40分以下。

（三）小企业信用等级

对小企业所能提供的抵（质）押物价值的评价及确认原则：要按照真实、公允的原则对抵（质）押物价值进行评价并确定。

在做好充分市场调查的基础上，按照以下要求确定抵（质）押物价值：经过资产评估机构评估的（在评估有效期内才视为有效），以评估价值作为抵（质）押物价值上限；对未经过资产评估的质押物，以账面净值作为上限；对未经过资产评估以土地使用权或房地产作抵押，以账面净值作为上限，其他抵（质）押物以账面净值的70%作为上限；对无账面价值的抵（质）押物，须经过资产评估机构评估并以评估价值作为上限。

每年评级时要对抵（质）押物价值进行评价和确定，对价值变动比较频繁的抵（质）押物要进行实时跟踪并及时调整其价值。

（四）小企业信用评级工作程序

1. 尽职调查。银行通过与企业主访谈、对企业进行实地调查以及进行必要市场调查等方式，收集进行各指标评价或计算所需资料，包括企业年度财务报表（至少要有资产负债表和损益表），企业已经或可能向银行提供的全部抵（质）押物［包括第三方提供的抵（质）押物］的权属证明，企业出具有效担保承诺文件，第三方担保情况下出具有效担保承诺文件，外部评估机构评估报告，抵（质）押物账面原值证明文件（例如原购入发票的复印件），企业的完税证明等评级所必需的资料。

2. 跟踪监测。信用评级完成之日起，评级人员应密切关注被评估对象的情况，当企业或企业主发生重大经济纠纷、法律纠纷、重大安全事故，企业产品销售下降 30% 以上或产品质量出现重大问题，担保情况发生变动，以及企业发生其他可能影响企业信用状况和偿债能力的重大事项时，应经信用评级管理部门审查后，适当调整被评估企业的信用等级。重新评级的审定权限同初次评级。小企业年度信用等级每年认定一次。

八、中小企业授信业务

对小型企业办理所有信贷业务均应纳入统一授信管理，核定其最高综合授信额度。对微型企业办理信贷业务时，信贷业务审批通过后自动获得等额最高综合授信额度，业务到期后等额调减。

（一）小型企业最高综合授信额度核定方法

1. 对于一般小型企业，最高综合授信额度不得超过可抵（质）押值，可抵（质）押值 =［抵（质）押物价值×抵（质）押率］×2，且不得超过企业授信月份之前 12 个月销售归行额 50%（新开户小型企业，在企业承诺相应销售收入归集银行的前提下，年销售归行额计算可参照他行销售归行额或企业销售收入，下同）。

2. 对于按规定可全额采用保证方式的小型企业，最高综合授信额度不得超过有效保证额，且不得超过该小型企业授信月份之前 12 个月销售归行额的 20%。

3. 对于考察期内的新开办企业，最高综合授信额度按不超过有效担保确定，且不得超过客户的实收资本。

（二）贷款方式分项授信额度规定

小型企业设定分项授信额度，必须在分项授信额度之内办理相应贷款方式的信贷业务。核定保证和信用方式授信额度的小型企业客户类别应在

AA 级（含）以上。不同贷款方式分项授信额度的限额为：

1. 信用方式额度不超过最高综合授信额度的 10%（含），分行小企业信用方式授信额度不超过最高综合授信额度的 50%。

2. 保证方式额度不超过最高综合授信额度的 50%（含）（允许客户贷款全部采用保证方式的除外）。

3. 抵（质）押方式额度不低于最高综合授信额度的 50%（含）。

在为企业办理信贷业务时，保证融资可以使用信用方式授信额度，抵（质）押方式融资可以使用信用、保证方式授信额度。

（三）小型企业信贷业务办理条件

1. 办理信贷业务的小型企业应具备的条件。

（1）在银行开立基本结算账户或一般结算账户，有一定的存款或国际结算业务；

（2）经工商行政管理部门核准登记，并办理年检手续；

（3）持有人民银行核发的贷款卡；

（4）有必要的组织机构、经营管理制度和财务管理制度；

（5）信誉良好，具备履行合同、偿还债务的能力，无不良信用记录；

（6）有固定住所和经营场所，合法经营，产品有市场、有效益；

（7）能遵守国家金融法规政策及银行有关规定；

（8）贷款行要求的其他条件。

2. 小型企业办理全额低风险担保方式下的信贷业务可不受客户分类的限制，办理非低风险担保方式下信贷业务的客户分类条件。

（1）A 级（含）以上小型企业可以办理以下业务。

①贷款业务，包括本外币短期流动资金贷款、打包贷款、出口退税账户托管贷款。

②银行承兑汇票。

③非融资类人民币保函。

④进口开立信用证。

⑤出口押汇（含出口贴现）。

⑥国内回购型保理业务。

⑦提货担保。

⑧进口押汇。

⑨贴现业务，包括银行承兑汇票贴现、商业承兑汇票贴现、买方付息票据贴现。

⑩国内信用证。

（2）AA级（含）以上小型企业还可以办理以下业务。

①流动资金循环贷款。

②国内非回购型保理业务。

③融资性出口保理业务。

3.办理不同贷款方式信贷业务的条件。

办理小型企业信贷业务，要首先采用抵（质）押方式，其次采用保证方式，最后采用信用方式。

（1）办理信用方式信贷业务的条件。

①企业与银行有长期良好的合作关系，连续3年在银行没有不良信用记录；

②企业成长性好，发展潜力大，预测贷款期内现金流量充足、稳定，对银行综合贡献较大；

③贷款期限在6个月内。

（2）办理保证方式信贷业务的条件。

（3）办理抵（质）押方式信贷业务的条件。

出口退税账户托管贷款视同信用贷款，出口押汇、出口贴现、票据贴现、保理业务视同质押贷款。

（四）微型企业信贷业务办理条件

1.信贷业务办理基本条件。

（1）在银行开立基本结算账户、一般结算账户或个人结算账户；

（2）经工商行政管理部门核准登记，并办理年检手续；

（3）持有中国人民银行核发的正常有效的贷款卡（中国人民银行不要求的除外）；

（4）在贷款行所在地有固定经营场所，经营者个人（或业主）有固定的住所，有常住户口（或有效居住证明）；

（5）信誉良好，具备履行合同、偿还债务的能力，无不良信用记录；

（6）经营者个人品行端正，社会反映良好；

（7）能遵守国家金融法规政策及银行有关规定；

（8）有充足还贷来源和良好的还款意愿，能按期还本付息；

（9）能按规定提供足值有效的抵（质）押担保或符合总行规定的低风险担保；

（10）贷款行要求的其他条件。

2. 符合以上条件的微型企业可办理的信贷业务。

微型企业除可办理全额低风险信贷业务以外，还可以办理以下非低风险信贷业务：

（1）短期流动资金贷款；

（2）打包贷款；

（3）出口押汇及出口贴现；

（4）商业承兑汇票贴现；

（5）买方付息票据贴现。

3. 微型企业只能办理抵（质）押方式信贷业务（出口押汇、出口贴现、票据贴现业务视同质押贷款，并严格按照有关操作办法办理），不得采用信用方式和保证方式（属总行规定的低风险保证方式的除外）。

（1）房地产抵押。

①房地产抵押物必须为足值、合法有效、易变现营业用房（厂房从严）及依法出让的土地使用权或个人住房。

②房地产抵押物必须为借款人或自愿为其抵押的第三人拥有，抵押人依法有权处分，不存在产权纠纷。以共有人或第三人房产作抵押的，须提供共有人或第三人同意抵押的相应依据，并当场在合同上签字（必要时可加按手印）。

③房地产抵押物必须经认可的评估机构进行评估或借贷双方协商定价。协商定价的，其协商价格必须经贷款行信贷审查委员会审定，行长同意。

④贷款行应根据房地产所处位置、变现难易程度、价值变化趋势、企业信用等级等确定不同抵押率，抵押贷款额最高不得超过房地产评估价或协商价的70%。

（2）在建工程抵押。抵押贷款额不得超过抵押物评估价或协商价的70%，并明确建筑商放弃优先受偿权。

（3）人民币存单质押。质押贷款额可按"贷款期贷款本息小于质押存单本息"掌握。

（4）外汇存单或外汇现汇质押。质押贷款额不得超过外汇折算金额的90%。

（5）银行本票、银行承兑汇票、国家债券或金融债券质押。质押贷款额不得超过面额的90%。

（6）AA级（含）以上企业债券质押。质押贷款额不得超过面额的50%。

（7）仓单、提单质押。质押贷款额不得超过面额的70%。

各类抵（质）押物按有关规定办理保险，并指定贷款银行为第一受益人，同时须按有关规定经有权登记机构登记。采用动产或权利质押方式的，还必须按有关规定办妥质物交付、止付等手续。

（五）信贷用途、期限、利率、费率、还款方式及保证金要求

1. 小型企业。

（1）融资用途。

银行提供信贷品种（包括贷款、银行承兑汇票、保函、进口开证等信贷业务）主要是满足小型企业生产、经营过程中临时资金需要，信贷资金不得以任何形式流入证券市场、期货市场，不得用于股本权益性投资。

（2）融资期限。

小企业贷款到期后不得展期。

小企业单笔贷款期限最长不超过3年，其中超过1年的中期贷款可比照中期流动资金贷款进行审查审批，但超过1年期（不含）的贷款必须采用整贷零偿还款方式，原则上按月还本；最长按季还本。期限在2年（含）以内的，第一年还款金额不低于合同金额的40%；期限在2～3年（不含2年，含3年）的，第一年、第二年还款金额分别不低于合同金额的30%、40%。

（3）贷款利率、手续费费率、承诺费费率。

人民币贷款利率原则上应在银行规定的基准利率基础上上浮，不得下调，确需下调的，必须有明确的理由，如客户在银行综合回报较高等。办理银行承兑汇票、保函、进口开证的手续费，以及流动资金循环贷款、法人账户透支业务承诺费费率执行相关管理办法中的规定标准。

（4）保证金要求。

对小型企业办理银行承兑汇票、保函、国内信用证业务，AAA 级企业收取保证金比例不低于20%，对 AA 级企业收取保证金比例不低于40%。保证金与承兑金额（担保金额、开证金额）的差额部分应办妥足额、有效的抵（质）押手续，A 级、B 级企业必须落实100%的保证金。

2. 微型企业。

（1）贷款用途。贷款用于生产经营所需的短期资金周转。

（2）贷款期限。贷款期限一般不超过 7 个月，且不得展期。全额低风险信贷业务的期限可适当延长。

（3）贷款利率。人民币贷款利率原则上应在中国人民银行规定的基准利率基础上上浮，不得下调。外汇贷款利率执行总行外汇贷款管理办法的有关规定。

（4）还款方式。微型企业的贷款应根据企业的现金流量，采用整贷零偿、零贷零偿的方式，缓解企业集中还款的压力。

九、中小企业信贷业务审批权限

小型企业基本规定：

1. 在授权范围内，建议各家银行可向下级行转授小企业贷款、银行承兑汇票、出口押汇审批权，以及允许转授行的低风险信贷业务审批权。

2. 在授权范围内，可转授。

（1）本币、外币存款足额质押；

（2）交存 100% 保证金；

（3）依法可以质押的国家债券（由财政部代表中央政府发行的债券）质押；

（4）国家政策性银行、中国农业银行、中国银行、中国建设银行、交通银行、全国性股份制银行、大型城市商业银行开立备用信用证和保函担保，出具的银行本票、银行承兑汇票等银行票据质押；

（5）确认有 100% 保证金或银行对确有支付能力的承兑、开证、保函申请人开立的备用信用证、保函担保，出具的银行本票、银行承兑汇票等银行票据质押。

十、中小企业信贷业务的基本操作流程

（一）小型企业

1.贷款调查。

（1）调查应收集的资料。

①借款申请书；

②经工商行政管理局年检的法人营业执照、税务登记证原件，并提交复印件，若属于特殊行业还需提供特殊行业经营许可证原件，并提交复印件；

③法定代表人的身份证原件和开户许可证原件，并提交复印件；

④企业章程或合伙经营协议及验资报告、出资协议原件，并提交复印件；

⑤征信资料，并提交复印件；

⑥盖有企业公章、法定代表人印章和法定代表人签字的贷款客户印鉴卡；

⑦抵（质）押物权属证书及有权处分人（包括财产共有人）同意抵（质）押的证明原件；

⑧近期和上年度财务报表原件；

⑨需要提供的其他资料。

如以上资料已向银行提供且在有效期内，可不要求借款人重复提供，由调查人调阅信贷档案获取有关资料，并与原件核实。

（2）调查内容。

调查人收到借款人申请及符合要求的有关资料后，按规定对借款人的主体资格、资信状况、贷款用途、偿还能力、生产经营状况、发展前景、担保状况等方面进行调查核实。

（3）调查方式。

客户分类、授信和首笔信贷业务的调查应由2人进行，两个调查人各自独立填写"调查、审查、审批表"中的调查内容和意见，每个调查人对其调查内容和意见负责。小型企业的分类、授信调查和信贷业务办理前的调查，可合并进行。

2. 贷款审查、审批。

对于贷款行审批权限内的贷款，审查人收到调查人提交的资料和调查意见后，按规定对借款人主体资格的合法性、资料的齐全性、贷款基本条件的合规性以及借款人的生产经营状况、信誉状况、发展前景、贷款用途、还贷来源、担保情况及拟定的贷款金额、期限、利率及客户存在的主要问题及对贷款安全存在的潜在影响等进行审查，并根据客户整体风险状况，就该笔贷款提出审查意见，报贷款行两个有权签批人签批。对金额较大，或审查人认为疑难的信贷业务，提交信贷审查委员会审议后，报有权签批人签批。

对于超过贷款行审批权限贷款，贷款行复核人收到调查人提交资料和调查意见后，按规定对借款人的主体资格、资信状况、贷款用途、偿债能力、计划还贷资金来源、生产经营状况、发展前景、担保情况以及调查意见等方面进行复核，签署复核意见，提交上级行进行审查、审批。行长或主管信贷副行长认为有必要的，也可安排信贷人员对调查人的调查情况进行初核。

3. 贷款发放。

贷款审批通过后，由2人到场与借款人签订借款合同及相关合同，并确保合同印章和法定代表人签字的真实性。有关抵（质）押合同的签订涉及自然人的，必须由自然人及抵（质）押财产共有人现场签名（必要时可加按手印），并按规定办理抵（质）押登记、质物交付、冻结、止付等手续。

（二）微型企业

1. 贷款调查。

（1）调查应收集的资料。

个体工商户申请贷款，贷款行应要求其提供以下资料：

①借款申请书；

②贷款卡（中国人民银行不要求的除外），并提交复印件；

③身份证、户口簿、婚姻情况证明书，以及营业执照、摊位证等足以证明其经营合法性和经营范围的有关证明文件原件，并提交复印件；

④抵（质）押物权属证书及有权处分人（包括财产共有人）同意抵（质）押的证明原件；

⑤需要提供的其他资料。

对其他微型企业申请贷款，除要求提供上述①、②、④、⑤要求的资料外，还应要求提供以下资料：

①经工商行政管理局年检的法人营业执照、税务登记证原件，并提交复印件，若属于特殊行业还需提供特殊行业经营许可证原件，并提交复印件。

②法定代表人的身份证原件和开户许可证原件，并提交复印件。

③企业章程或合伙经营协议及验资报告、出资协议原件，并提交复印件。

④盖有企业公章、法定代表人印章和法定代表人签字的贷款客户印鉴卡两份。

如以上资料已向银行提供且在有效期内，可不要求借款人重复提供，由调查人调阅信贷档案获取有关资料，并与原件核实。

（2）调查内容。

调查人收到借款人申请及符合要求的有关资料后，按规定对借款人的主体资格、经营状况、抵（质）押情况、发展前景等方面进行调查核实，并重点对借款人经营者的品质、经营能力、信誉状况、社会反映等进行调查。

（3）调查方式。

首笔信贷业务的调查应由2人进行，两个调查人各自独立填写"调查、审查、审批表"中的调查内容和意见，每个调查人对其调查内容和意见负责。

2. 贷款审查、审批。

对于贷款行审批权限内贷款，审查人收到调查人提交资料和调查意见后，按规定对借款人主体资格的合法性、资料的齐全性、贷款基本条件的合规性以及借款人生产经营状况、发展前景、担保情况等进行审查，并根据客户整体风险状况，就该笔贷款提出审查意见，报贷款行两个有权签批人签批。对金额较大，或审查人认为疑难的信贷业务，提交信贷审查委员会审议后，报有权签批人签批。

对于超过贷款行审批权限的贷款，贷款行复核人（贷款行行长或主管信贷的副行长）收到调查人提交的资料和调查意见后，按规定对借款人的主体资格、资信状况、生产经营状况、发展前景、担保情况等方面进行复核，签署复核意见，提交上级行进行审查、审批。行长或主管信贷副行长认为有必要的，也可安排信贷人员对调查人的调查情况进行初核。

3. 贷款发放。

贷款审批通过后，由2人到场与借款人签订借款合同及相关合同，并确保合同印章和法定代表人签字的真实性。有关抵（质）押合同的签订涉及自然人的，必须由自然人及抵（质）押财产共有人现场签名（必要时可加按手印），并按规定办理抵（质）押登记、质物交付、冻结、止付等手续。

4. 贷后管理。

信贷业务办理后，信贷人员应按规定程序将信贷业务档案资料入库保管，按规定内容进行专项检查、间隔期检查，按规定时间和要求将信贷资料交上级行进行集中检查，按规定标准进行贷款分类，贷款分类调查和间隔期检查可以合并。针对检查中发现的问题，及时采取措施，防范风险。

十一、中小企业贷后管理

（一）基本原则

1. 中小企业信贷业务的贷后管理是指从贷款发放之日起到贷款本息收回之日止的贷款管理过程，以及银行承兑汇票签发至兑付，票据贴现至票据兑付，开立进口信用证、保函信用证、保函履约支付，这期间的风险管理过程。

2. 贷款行应配备与信贷业务量相适应的贷后管理人员，每个贷后管理人员管理的小型企业或微型企业融资余额不超过1亿元。

> "客户七分在于选，三分在于管"，当我们将资金交给借款人那一刻开始，还款主动权就掌握到了借款人手里，相对于贷后来说，贷前比贷后更重要一些，信贷风险管理是从选择客户开始的。

（二）客户细分

1. 小型企业和微型企业信贷客户分为正常类和退出类，根据不同类型客户采取不同的贷后管理措施。

2. 符合以下条件之一的作为正常类小型企业。

（1）客户信用评级分类在 A 级（含）以上。

（2）办理总行规定的低风险信贷业务。

不符合以上条件之一的作为退出类小型企业。

3. 符合以下条件之一的作为正常类微型企业。

（1）有一定的营业收入，生产经营活动正常。

（2）贷款形态正常，抵（质）押物有效、足额、易于变现。

（3）办理总行规定的低风险担保信贷业务。

不符合以上条件之一的作为退出类微型企业。

（三）专项检查和间隔期检查

1. 专项检查是指小型企业和微型企业信贷业务办理后，贷款行专门就某一事项进行的检查，包括贷款用途检查、特殊事项检查等。

2. 间隔期检查是指小型企业和微型企业信贷业务办理后，按固定的间隔期对企业的生产经营、偿债能力、担保情况等进行的常规性检查。

3. 正常类小型企业或微型企业的间隔期检查最长不超过 3 个月；退出类小型企业或微型企业间隔期检查根据实际情况确定，但一年不少于两次。

4. 贷款用途检查主要检查贷款实际用途是否符合借款合同的约定，有无挪作他用；银行承兑汇票、进口信用证是否具备真实的贸易背景等；项目贷款是否实行专户管理、专款专用等。

贷款用途检查应在信贷业务办理后 7 天内进行，通过调查企业账户资金划付、调阅支付凭证、资金流向分析及审核有关合同附件等方法，检查贷款用途，并做好检查记录。如发现借款人存在挪用贷款用于发放职工工资、缴纳税金或银行承兑汇票用于融资等，要写出检查报告，提出解决措施并组织实施；如发现借款人挪用贷款用于股票、期货炒作或对外股本权益性投资等，要及时汇报信贷管理部门和有权审批人，采取措施及时清收贷款。

5. 正常类小型企业和微型企业的贷款间隔期检查。

（1）正常类小型企业的间隔期检查包括：企业在银行结算是否正常；货款归行率是否与银行融资占比相匹配；资产及负债总量、结构变化是否正常；对银行承兑汇票（进口信用证、保函）保证金的动态检查；抵（质）押物保管和价值、权属是否发生变化；保证人对外担保情况，保证人代偿能力变化情况；企业主要管理人员是否相对稳定；企业与银行的合作态度上是否发生变化；其他需要检查的内容。

（2）正常类微型企业间隔期检查包括：企业在银行结算是否正常；抵（质）押物保管和价值、权属是否发生变化；企业是否按规定支付贷款利息。对上述检查的结果要按规定做好检查记录。

（3）对小型企业或微型企业出现下列情况之一的，要立即进行现场检查，并提出有关建议、措施，进行重点监管。

①借款人、担保人发生重大人事变动、内部股东不和，重要业务伙伴关系恶化，企业经营者家庭不和或婚姻出现危机。

②借款人、担保人财务和管理混乱，导致生产停顿甚至出现分立、合并、破产等影响银行债权的情况。

③借款人、担保人涉及政治风波或经济、法律纠纷，被司法、税务、工商部门提出警告或处罚，并被要求检查或冻结其存款账户、抵（质）押物，使其无法履行职责。

④借款人或抵押人态度发生变化，缺乏坦诚的合作态度，约见困难，经营场所或法人代表居所经常无人，失去通信联系。

⑤借款人与其主要原材料供应商或产品销售商合作关系恶化，或借款人的主要原材料供应商或产品销售商生产经营发生变化，影响对借款人的原材料供应或产品销售的。

⑥抵押物受损、贬值或发生纠纷，保证人保证能力发生重大变化，重要合同及保险条款失效等严重影响担保能力的情况发生。

⑦拖欠职工工资。

⑧依靠融资来偿还银行到期贷款。

⑨发生其他危及银行贷款安全事项的情况。

6. 退出类小型企业和微型企业间隔期检查。

（1）退出类小型企业和微型企业间隔期检查包括以下内容：

①有关贷款合同、担保合同、资料是否齐全、合规、合法。

②贷款是否在诉讼时效之内，催收贷款本息通知书及督促履行保证责任通知书是否合规、合法。

③抵押物的保管、价值变化及变现能力情况。

④保证人保证能力的变化。

⑤其他需要检查的内容。

（2）有下列情况之一的小型企业和微型企业，应将其列入不良记录名单，并通过各种手段提前收回贷款，停止发放新贷款，终止与其信贷关系。

①未经银行同意擅自处理抵（质）押物。

②存在欺诈行为。

③通过各种方式逃废银行或他行债务。

④挪用贷款用于违规、违法行为。

⑤没有履行信贷业务办理时的承诺。

⑥其他事项。

7. 通过特殊事项检查，检查行要形成书面的专题检查报告。对检查中存在的影响银行债权安全的问题，要提出明确的、有针对性的措施，防范风险。对检查中存在的不合法、不合规行为，要按有关规定对有关分支机构或相关人员实施处罚，或者将有关材料移交有关部门处理。

8. 对处理措施落实整改情况要进行跟踪检查，并做好材料归档保管工作。

（四）贷后集中检查

1. 贷后集中检查对象。

贷后集中检查对象为下级行审批发放的以下信贷业务：

（1）新增流动资金贷款。

（2）银行承兑汇票。

（3）进口信用证和非融资类人民币保函。

（4）其他新增融资业务。

2. 贷后集中检查内容。

贷后集中检查包括但不限于以下内容：

（1）新增融资业务是否符合银行小型企业或微型企业信贷政策和有关规章制度。

（2）是否滚动签发银行承兑汇票，或签发无真实贸易背景的银行承兑汇票。

（3）是否越权审批发放信贷业务或拆分后审批发放同一项下的信贷业务。

（4）是否对退出类企业办理非低风险信贷业务。

（5）对有不良贷款（按五级分类口径，下同）和欠息的企业是否新增贷款。

（6）档案资料是否齐全。

（五）贷后现场检查

1. 银行对全行小型企业或微型企业信贷业务现场检查每年不少于一次，主要检查以下内容。

（1）小型企业或微型企业信贷政策的落实情况，有无违背信贷政策、原则和总行有关规定而发放贷款的情况。

（2）小型企业或微型企业五级分类结果的真实情况。

（3）小型企业的客户分类、授信的执行情况。

（4）小型企业或微型企业贷后管理的情况，包括间隔期检查、专项检查、贷后集中检查、信贷档案资料管理等情况。

（5）其他需要检查的情况。

2. 银行对辖内分支机构小型企业或微型企业信贷业务现场检查每年不少于一次，主要检查以下内容。

（1）新增贷款的投向及效果。

（2）审贷分离、集体审贷的运作情况。

（3）信贷业务是否按规定进行双人调查、核保、核押。

（4）贷后检查报告是否翔实，贷款风险分类结果是否准确。

（5）不良贷款的压缩计划完成情况。

（6）信贷档案资料的保管、管理情况。

（7）其他需要检查的内容。

3. 银行对辖内分支机构小型企业或微型企业信贷业务现场检查每年不少于两次，主要检查以下内容。

（1）贷款合同、抵（质）押合同、保证合同等贷款法律文书是否合法、完备。

（2）信贷管理系统的登录使用情况及所反映客户信息的真实情况。

（3）信贷员对分管借款客户的贷后管理情况。

（4）贷款日常管理情况。

（5）其他需要检查的内容。

（六）贷款风险预警

对不同类型的小型企业或微型企业，以及小型企业和微型企业的法定代表人（经营者个人）设置相应的风险预警信息。

1. 正常类小型企业的风险预警信息。

（1）资产负债率连续两个月上升，并较年初上升 10 个百分点以上。

（2）流动比率连续 2 个月下降，并较年初下降 10 个百分点以上。

（3）主营业务收入连续 3 个月下降。

（4）利润总额连续 3 个月下降。

（5）抵押出现潜在风险问题，抵押物价值不足、受损或被擅自处理。

（6）通过向税务部门了解，企业纳税额大幅度下降。

（7）通过向供电、供水部门了解，企业用电、用水量大幅度下降。

（8）法定代表人更换。

（9）存在虚增实收资本、抽资逃资现象。

（10）存在违法经营或经济、法律纠纷。

（11）受到执法部门的处罚。

（12）其他影响银行债权安全的预警信息。

2. 正常类微型企业风险预警信息。

（1）主营业务收入连续 3 个月下降。

（2）利润总额连续 3 个月下降。

（3）抵押出现潜在风险问题，抵押物价值不足、受损或被擅自处理。

（4）通过向税务部门了解，企业纳税额大幅度下降。

（5）通过向供电、供水部门了解，企业用电、用水量大幅度下降。

（6）法定代表人更换。

（7）存在违法经营或经济、法律纠纷。

（8）受到执法部门的处罚。

（9）其他影响银行债权安全的预警信息。

第二篇　产品篇

一、银租协作授信

（一）银租协作定义及产品种类

1. 银租协作模式，主要是基于成套设备的生产和销售，由租赁公司和银行为成套设备生产商的中小企业用户提供包括成套设备销售、技术、贸易和融资服务于一体的，标准化、系统化的一种融资服务模式。

银租协作业务流程见图 2－1。

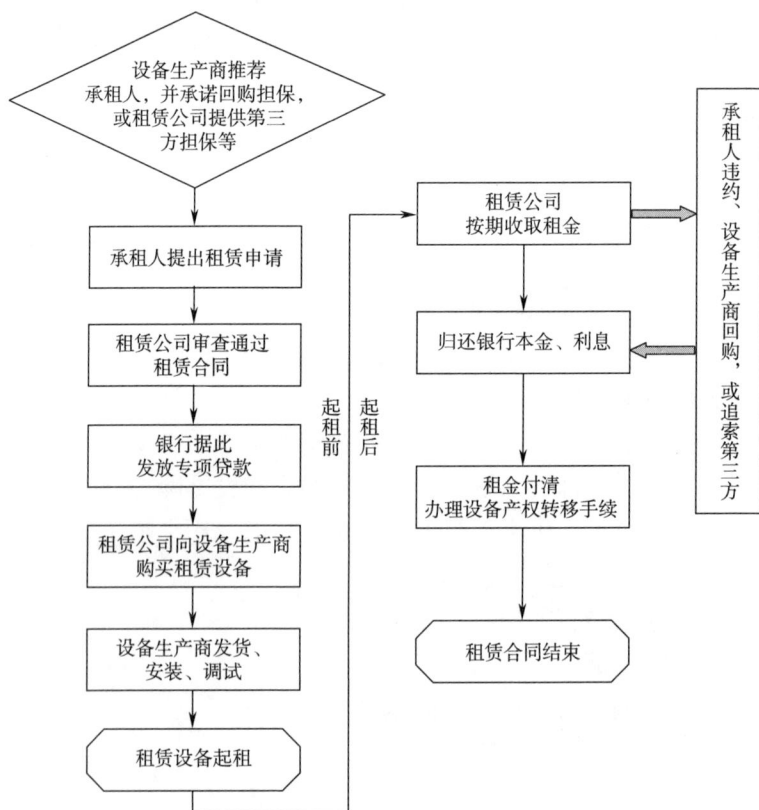

图 2－1　银租协作业务流程

2. 银租协作产品种类。

租赁公司包括归口中国银监会管辖的金融租赁公司和归口商务部管辖的租赁公司。按租赁公司的控股资本类型分为：

金融机构（金融资本）、专业厂商（产业资本、商业资本）和独立机构（投资机构主导的投资资本、中介机构的中介资本和财务投资者的混合资本）三种类型。

重点拓展金融机构和专业厂商两类租赁公司，对于独立机构类的租赁公司的拓展应体现其行业定位的专业性特征。有金融背景的租赁公司往往资金实力雄厚、管理规范。有专业厂商背景的租赁公司客户群整体性较好，且专业厂商会提供较好的对机器设备的后续处置服务。

（二）银租协作适用对象

银租协作的市场定位应明确以有着较好专业性，但是自有资金实力偏弱，没有能力购置设备的中小企业为主要承租方，立足于核心企业回购租赁业务。

银行通过帮助中小企业融物达到融资的目的，最大限度地防止了中小企业挪用信贷资金问题。

银行授信对象：核心企业，核心企业往往属于特大型制造类企业投资设立的专业租赁公司。

（三）银租协作各参与方的准入标准及营销建议

1. 租赁公司。

租赁公司应满足以下条件：

（1）符合银行授信业务的客户基本条件，授信用途符合国家法律法规及有关政策。

（2）原则上，连续正常经营两年以上，具有良好的成长性，现金流及利润稳定增长；归口商务部管理的租赁公司，其风险资产（含担保余额）不得超过资本总额的10倍。

（3）租赁公司应具有完善的法人治理结构且内部管理规范，风险控制能力较强，具有较强的专业化租赁特点。

（4）租赁的产业项目，应符合国家的法律法规、产业政策和环保要求。

（5）银行信用风险评级在BB级（含）以上。

（6）企业管理团队（或实际控制人）的品行良好，无不良记录。

（7）原则上要求在银行开立基本结算账户或一般结算账户，争取租赁公司的主要结算业务在开户银行办理。

（8）银行规定的其他条件。

在银行的信用评级达到 AA 级（含）以上的，或具有较强金融机构投资背景的租赁公司，银行可以考虑为其发放信用贷款。

2. 设备生产商。

设备生产商应满足以下条件：

（1）设备生产商为行业的龙头企业，其产品技术和产品质量应处于国内或国际领先地位。

（2）愿意为其设备承担租赁回购责任，且租赁回购期控制在 60 天内。

（3）银行的信用评级原则上在 AA 级以上，企业所属行业应符合国家产业支持方向和环保要求，优先支持交通、电力、电信、印刷和医院等行业。

（4）符合银行授信的基本条件。

3. 承租人。

中小企业承租人应满足以下条件：

（1）连续正常经营两年以上，具有良好的成长性。

（2）符合国家的法律法规、产业政策和环保要求。

（3）企业管理团队（或实际控制人）的品行良好，无不良记录。

（4）在银行开立基本结算账户或一般结算账户，其主要结算业务在开户银行办理。

（5）重点支持长江三角洲、珠江三角洲和京津冀及环渤海区域内的中小企业。

（6）符合租赁公司规定的其他条件。

4. 商务部、国家税务总局确认的融资租赁试点企业名录。

（1）第十二批内资融资租赁试点企业名单（2014 年 7 月 7 日，29 家，商流通函〔2014〕384 号）。

北京市：世欣合汇租赁有限公司；北京鼎泰鑫机械设备租赁有限公司。

天津市：天津天士力租赁有限公司；天津高新区融鑫设备租赁有限公

司；中水电融通租赁有限公司；天津市良好投资发展有限公司。

河北省：邯郸市美食林租赁有限公司。

辽宁省：中盛租赁有限公司。

黑龙江省：黑龙江省鼎信租赁股份有限公司。

上海市：中海集团租赁有限公司；上海地铁租赁有限公司；中建投设备租赁（上海）有限责任公司。

江苏省：常熟市德盛租赁有限公司；南通国润租赁有限公司；江苏淮海融资租赁有限公司。

浙江省：浙江大盛汽车租赁有限公司；浙江宝利德汽车租赁有限公司。

宁波市：宁波东银租赁有限责任公司。

安徽省：安徽中财租赁有限责任公司；安徽皖新租赁有限公司。

福建省：福建润创租赁有限公司。

山东省：昌乐英轩设备租赁有限公司。

湖北省：湖北华康远达融资租赁有限公司。

深圳市：经开租赁有限公司；华宝千祺租赁（深圳）有限公司。

四川省：四川金石租赁有限责任公司；四川海特租赁有限公司；四川盘古设备租赁有限公司；四川御丰泰机械设备租赁有限公司。

（2）第十一批内资融资租赁试点企业名单（2013 年 9 月 11 日，25 家，商流通函〔2013〕755 号）。

北京市：北京农投租赁有限公司；德海租赁有限公司；通和租赁股份有限公司。

河北省：河北卓邦华琦机械设备租赁有限公司。

辽宁省：融丰租赁有限公司；中弘租赁有限公司。

吉林省：中程租赁有限公司。

上海市：上海摩恩租赁股份有限公司；上海万方船舶租赁有限公司。

江苏省：南京民生租赁股份有限公司；张家港华晟租赁有限公司。

浙江省：浙江浙能融资租赁有限公司；杭州城投租赁有限公司；浙江万融租赁有限公司。

安徽省：安徽合泰设备租赁有限公司；安徽众信租赁有限公司；芜湖亚夏融资租赁有限公司；安徽华通租赁有限公司；安徽德润租赁股份有限

公司。

　　福建省：福建万宇租赁有限公司。

　　江西省：江西省易泰租赁有限公司。

　　青岛市：青岛青建租赁有限公司。

　　湖北省：湖北永盛融资租赁有限公司。

　　广东省：广州广汽租赁有限公司；珠海恒源设备租赁有限公司。

　　（3）第十批内资融资租赁业务试点企业名单（2013年1月31日，19家，商流通函〔2013〕49号）。

　　北京市：中关村科技租赁（北京）有限公司。

　　天津市：英利小溪租赁有限公司。

　　山西省：晋盛租赁有限公司。

　　辽宁省：嘉丰租赁有限公司；庆汇租赁有限公司；沈阳恒信租赁有限公司；辽宁融川融资租赁股份有限公司。

　　江苏省：江苏宝涵租赁有限公司；苏州融华租赁有限公司；南京隆安租赁有限公司；南京天元租赁有限公司。

　　宁波市：浙江香溢租赁有限责任公司；

　　安徽省：安徽正奇设备租赁有限公司。

　　山东省：国农租赁有限公司。

　　河南省：河南国控设备租赁有限公司；郑州广通汽车租赁有限公司。

　　海南省：海航思福汽车租赁有限公司。

　　四川省：四川孚临工程机械租赁有限公司。

　　贵州省：贵州黔贵交通设备融资租赁有限公司。

　　（4）第九批内资融资租赁试点企业名单（2012年8月6日，14家，商流通〔2012〕1083号）。

　　北京中车信融汽车租赁有限公司、东森海润租赁有限公司、荣达租赁有限公司、联通物产租赁有限公司、天津佳永租赁有限公司、河北融投租赁有限公司、上海国金租赁有限公司、浙江物产融资租赁有限公司、浙江省铁投租赁有限公司、海宁康安建筑机械租赁有限公司、福州广江苑工程设备有限公司、青岛中投融资租赁有限公司、武汉光谷融资租赁有限公司、广汇汇通租赁有限公司。

　　（5）第八批内资融资租赁试点企业名单（2011年12月12日，13家，商流通函〔2011〕1083 号)。

天津天保租赁有限公司、天津泰达租赁有限公司、融鑫汇(天津)租赁有限公司、旺世设备租赁有限公司、银丰租赁有限公司、京能源深设备租赁有限公司、金鼎租赁有限公司、上海益流设备租赁有限公司、江苏烟草金丝利租赁有限公司、中能租赁有限公司、江西省鄱阳湖融资租赁有限公司、陕西德银租赁有限公司、新疆鼎源设备租赁有限公司。

(6)第七批融资租赁试点企业名单(2011 年 1 月 20 日,8 家,商建函〔2011〕23 号)。

成都汇银设备租赁有限公司、福建海峡设备租赁有限公司、吉运租赁(集团)股份有限公司、山东山工租赁有限公司、山东汇银租赁有限公司、上海金易达租赁有限公司、上海中兴租赁有限公司、中投租赁有限责任公司。

(7)第六批融资租赁试点企业名单(2009 年 12 月 25 日,8 家,商建函〔2009〕51 号)。

山推租赁有限公司(后更名为:同鑫融资租赁有限公司)、福建融信设备租赁股份有限公司、大新华船舶租赁有限公司、成都工投融资租赁有限公司、唐山庞大乐业租赁有限公司、重庆市交通设备租赁有限公司、丰汇租赁有限公司、中原租赁有限公司。

(8)第五批融资租赁试点企业名单(2008 年 9 月 27 日,11 家,商建函〔2008〕46 号)。

中国水电建设集团租赁控股有限公司、新力搏交通装备投资租赁有限公司、中国北车集团租赁有限责任公司、首汽租赁有限责任公司、新疆亚中融资租赁股份有限公司、新疆新能租赁有限公司、浙江裕华设备租赁有限公司、厦门厦工租赁有限公司(后更名为:厦门海翼融资租赁有限公司)、江苏徐工工程机械租赁有限公司、天津渤海租赁有限公司(后更名为:渤海租赁股份有限公司)、尚邦租赁有限公司。

(9)第四批融资租赁试点企业名单(2007 年 8 月 7 日,2 家,商建函〔2007〕95 号)。

吉林新纪元租赁有限公司、国泰租赁有限公司。

(10)第三批融资租赁试点企业名单(2007 年 1 月 4 日,4 家,商建函〔2006〕202 号)。

山东融世华租赁有限公司、华远租赁有限公司、浙江元通汽车租赁有限公司、中国铁路工程机械租赁中心。

（11）第二批融资租赁试点企业名单（2006年4月20日，11家，商建发〔2006〕195号）。

远中租赁有限公司、北京中联新兴建设机械租赁有限公司［2010年7月更名为：中联重科融资租赁（北京）有限公司］、北京恒通华泰汽车租赁有限公司（后更名为华泰现代租赁有限公司）、上海电气设备租赁有限公司、安吉租赁有限公司、安徽兴泰租赁有限公司、福州开发区宏顺设备租赁有限公司、江西省设备租赁公司（后更名为江西省海济租赁有限公司）、山东浪潮租赁有限公司、山东通发租赁有限公司（后更名为长城融资租赁有限责任公司）、重庆银海租赁有限公司。

（12）第一批融资租赁试点企业名单（2004年12月30日，9家，商建发〔2004〕699号）。

万向租赁有限公司、西北租赁有限公司、天津津投永安租赁有限公司、青海昆仑租赁有限责任公司、上海金海岸企业发展股份有限公司（后更名为：上海融资租赁股份有限公司）、中航技国际租赁有限公司、长江租赁有限公司、联通租赁集团有限公司、长行汽车租赁有限公司。

5. 银监会监管金融租赁公司。

外贸金融租赁、建信金融租赁有限公司、北银金融租赁有限公司、中国外贸金融租赁有限公司、工银金融租赁有限公司、民生金融租赁股份有限公司、兴业金融租赁有限责任公司、中国金融租赁有限公司、邦银金融租赁股份有限公司、中信金融租赁有限公司、华运金融租赁股份有限公司、中铁建金融租赁有限公司、天银金融租赁有限公司、河北金融租赁、山西金融租赁有限公司、锦银金融租赁公司、哈银金融租赁公司、交银金融租赁、招银金融租赁、农银金融租赁、浦银金融租赁、太平石化金融租赁、长江联合金融租赁、广融达金融租赁、交银航空航运金融租赁、招银航空航运金融租赁、华融航运金融租赁、苏银金融租赁、苏银金融租赁、江南金融租赁、苏州金融租赁、徐州恒鑫金融租赁、江苏金融租赁、浙江稠州金融租赁有限公司、华融金融租赁、徽银金融租赁有限公司、皖江金融租赁、福建海西金融租赁有限责任公司、江西金融租赁股份有限公司、山东汇通金融租赁有限公司、山东通达金融租赁有限公司、河南九鼎金融租赁股份有限公司、洛银金融租赁股份有限公司、华信金融租赁、珠江金融租赁有限公司、横琴华通金融租赁有限公司、佛山海晟金融租赁股份有限公司、北部湾金融租赁、渝农商金融租赁有限责任公司、昆仑金融租赁有限责任公司、四川天府金融租赁股份有限公司、华夏金融租赁有限公司、西藏金融租赁有限公司、信达金融租赁有限公司、长城国兴金融租赁有限公司、华融金融租赁股份有限公司宁波分公司、永赢金融租赁有限公司、国银金融租赁。

6. 营销建议。

搭建融资合作平台。银行与租赁公司、设备生产商搭建融资合作平台，签订三方合作协议，共同支持中小企业发展。引入租赁合作，将可以有效降低银行的风险。

（四）银租协作产品运作分析

1. 产品优劣势。

（1）可以捆绑租赁公司，进一步降低对中小企业的融资风险。借助租赁公司，可以实现批发营销中小企业的目的。一些大型制造企业集团设立的专业租赁公司有大量中小企业资源。

（2）设备所有权交付于租赁公司，可以防止中小企业破产倒闭后，法院处理企业固定资产的问题，可以最大限度地保障银行利益。

（3）该产品优劣势都较为明显。优势：有租赁公司屏蔽一层，省去银行处置抵押物、特殊的商品的麻烦。劣势：这种融资成本最高，由于租赁公司通常收费都在 0.1% ~0.3%，而银行对这类中小企业本身的贷款定价都在基准上浮 50% 以上。再加上租赁公司的收费，中小企业的综合融资成本在基准上浮 1 倍左右，加之有些银行定价更高，中小企业的融资成本极高。

2. 所需资料。

（1）租赁公司需具备的资料：

①租赁公司的营业执照、法人代码证书和税务登记证；

②租赁公司的财务报表等资料。

（2）借款人需具备的资料：

①借款公司的营业执照、法人代码证书和税务登记证；

②借款公司的财务报表等资料；

③借款公司的贷款卡等。

3. 风险控制。

风险控制包括：成套设备生产商向租赁公司提供的回购担保，或回购保证金质押担保；租赁公司的信用贷款，或向银行提供的除制造商和承租人以外的第三方连带责任保证等不同组合方式的混合担保。

（1）严把租赁公司准入关。银行应重点选择综合实力较强的租赁公司作为合作对象，重点支持租金收入稳定可预期、行业地位较高、公司治理结构完善和风险控制能力强的租赁公司，原则上租赁公司的信用风险评级不低于 BB 级。

（2）承租人风险控制。银行要加强与租赁公司、回购厂商的密切合作，严格把控承租人的准入标准，以防范承租人的信用风险。银行也要确保承租人及时获得所需的、能产生稳定现金流的租赁物件，并关注租赁物件的后续服务和顺畅地退出渠道。

（3）设备生产商、第三方担保能力或设备抵押。银行要选择有回购能力和担保能力的企业提供担保，且这些企业的所属行业发展前景较好并具有较好的成长性。

（4）对于无法提供有担保能力的第三方担保的银租协作项目，银行可以根据实际情况，追加租赁物件抵押和保险，确保银行为第一债权人和第一受益人，并办妥相应的财产保险。

4. 基本模式。

（1）租赁公司根据承租人的申请，向银行借款专项资金用于设备租赁，并提供相应的担保措施，以承租人的租金作为分期还款来源；当中小企业租金违约的同时，银行可以采用设备生产商提供回购担保等担保方式，并实行资金的封闭运行。

（2）银租协作担保方式分为三类：一是信用贷款；二是由设备生产商提供回购担保；三是提供除设备生产商和承租人以外的第三方担保。

（3）融资方案为：租赁公司＋承租人设备购置保证金＋设备生产商回购/第三方担保/租赁公司信用贷款＋资金封闭运行。

5. 授信期限。

（1）为防止租赁公司挪用资金，在银租协作运作中银行应根据融资租赁合同规定的租期和租金偿还进度合理设置授信期限。

（2）融资期限原则上最长不超过 5 年，对于专用性强、产品替代性弱的特殊租赁物件可以适度放宽融资期限。

6. 资金账户监管。

（1）办理银租协作业务，银行应要求租赁公司、承租人均在银行开立监管账户，贷款的发放和回收都必须通过该监管账户。

（2）银行发放贷款时，将信贷资金直接拨入租赁公司在银行开立的监管账户。

（3）在满足约定条件的情况下，由租赁公司申请，银行将款项转入设备生产商的账户，专项购置生产设备。设备生产商的账户信息应在贷款合同中明确规定，银行要对租赁公司的申请和设备生产商账户信息等进行审查。

（4）承租人向租赁公司支付的租赁保证金应存入租赁公司在银行开立的监管账户。

（5）承租人应按租赁合同规定，按期足额向租赁公司在银行的监管账户中存入足额的款项；在每个租赁还款日，银行从承租人监管账户中向租赁公司监管账户进行划拨。

（6）承租人通过向其他第三方收费偿还租金的，应在银行相应分行开立收费账户；第三方支付的费用应进入收费账户，并由银行定期向承租人监管账户划拨；划入的款项不足以支付当期租金的，承租人应在租赁还款日前补足。

（7）在每个贷款还款日，银行按贷款合同约定，从租赁公司监管账户中扣划款项。

银租协作业务实际上是借用租赁公司这个平台，租赁公司代银行持有设备所有权，承租人支付的租金借助租赁公司支付给银行，银行通盘考虑承租人的履约能力和租赁公司的实力来控制风险。

7. 业务流程。

（1）银租协作业务申请。

租赁公司、承租人等在向经营单位提出业务申请时，应提供以下资料。

①借款申请书及回购承诺书或担保情况。

②租赁公司与承租人签订的租赁合同文本、租赁公司与设备生产商签订的买卖合同文本、与本次租赁有关的其他协议文本等。

③借款申请人、承租人等相关成员经年检合格的营业执照、组织机构

代码证、税务登记证及贷款卡等。

④借款申请人、承租人等相关成员法定代表人或负责人的身份证明，公司章程或企业组织文件。

⑤借款申请人、承租人等相关成员近两年的财务报告、近期财务报表及报表附注等。

⑥银行规定的其他资料。

（2）上报租赁授信方案设计。

银行经过贷前调查形成银租协作模式化方案，方案的主要内容包括但不限于以下情况。

①拟开发的目标市场概述（包括租赁目标市场的行业概况、现状、发展趋势等）。

②租赁公司的基本情况（包括企业信用评级、企业在市场/集群中所处的地位、企业公司治理结构、企业风险控制能力、企业近两年经营情况、主要财务指标等）。

③承租人的基本情况（包括承租人的准入标准、承租人产业项目情况等）。

④拟提供担保情况调查（包括担保方式是采用设备生产商回购担保还是第三方担保、担保人资格、能力等）。

⑤贷款效益及风险。贷款项目营运后的经济效益、偿债能力；贷款定价是否符合规定，贷款项目的综合效益，贷款的主要风险及防范措施。

⑥主要法律文本或协议。

（3）租赁授信调查。

客户经理应根据批复同意后的方案，对借款人及企业实际控制人进行授信前调查和信用查询。授信调查应坚持双人实地调查的原则，除按照银行中小企业授信相关管理要求进行调查外，还应重点调查以下内容。

①资格审查。租赁公司、设备生产商、承租人等相关成员是否符合规定的设立条件和准入条件。

②借款用途是否专项用于设备租赁，是否具有真实的交易背景。

③申请的借款金额是否适当，贷款期限是否合理，租金回收是否稳定、有保障，是否有厂商回购担保或其他风险缓释措施。

④借款人的历史经营状况、风险控制能力如何，是否存在经营风险。

⑤借款人的信用情况，在银行是否有不良记录。

⑥设备生产商的回购担保能力或第三方担保能力。

⑦承租人的历史经营状况及信用情况，在银行是否有不良记录。

客户经理根据调查情况，撰写借款人调查报告，并签署明确意见后，报经营单位负责人审核。

（4）租赁授信模式化方案审查。

审批部门在收到银租方案后，主要从方案的可行性、风险控制的有效性、授信成本的经济性等方面进行方案审查。审查主要包括以下内容：

①目标市场情况。主要审查租赁目标市场行业前景、行业发展态势，承租人是否为银行三大目标客户群体，承租人的规模和分布情况。

②融资方案。是否根据租赁市场和客户特点设计融资方案，融资期限是否合理、是否与租赁合同或方案相匹配，对主要授信风险点是否充分揭示，以及拟采取的风险缓释措施等。

③主体资格。租赁公司的合法性、真实性和安全性；租赁公司经营管理是否规范，风险控制能力是否较强，信誉及履约记录是否良好；承租人的产业项目是否符合国家的产业政策和环保要求等。

④担保方情况。设备生产商或第三方担保的担保能力等情况。

⑤业务操作流程。是否能够实现资金封闭运作。

⑥法律文本中有关内容是否有重大遗漏等。

（5）授信审批落实。银行按照有关规定放款，放款前还需落实以下条件：

①租赁公司已与设备生产商签订了合法有效的买卖合同。

②租赁公司已与承租人签订了合法有效的租赁合同。

③租赁公司、承租人已在银行开立监管账户。

④所规定的各项风险控制措施是否落实。

【案例】

融会国际融资租赁有限公司

一、企业基本概况

融会国际融资租赁有限公司是一家外商独资融资租赁公司。注册资金为 1000 万美元。经营范围为融资租赁业务、租赁业务、向国内外购买固定资产、租赁财产的残值处理及维修、租赁交易咨询和担保等。该公司的管理及内部控制机制完善，拥有具备核心竞争力的租赁产品并形成了良好的盈利模式。该公司总资产 34773 万元，净资产 8008 万元，当期实现营业收入 3649 万元，净利润 324 万元。

二、设备生产商

围绕东风、神龙、日产、本田等汽车生产厂家，湖北省汽车和汽车零部件产业已成为支柱产业之一，仅武汉地区规模以上汽车零部件企业就 140 家，汽车销售的不断增长要求零部件配套企业加大设备投入。银行开展合作融资租赁业务承租人，选择与上述汽车生产厂家有着长期稳定的供应关系，资信情况良好，具有一定核心竞争力，抗风险能力较强的中小企业。例如，荆门市东神汽车部件制造有限公司。

银行将根据租赁对象及设备供应商的具体情况制订灵活多样的担保方式，具体为"2 + 1"模式：

1. 以租赁公司所购设备抵押银行。

2. 租赁公司将贷款对应的设备租赁应收债权（租金）质押银行，实行封闭运作，保证贷款偿还。

以上两条即为"2 + 1"模式中的"2"，为必要条件。

3. 除上述两条必要条件外，银行将综合每笔具体业务中承租人及设备供应商等具体情况，在以下四种条件中选择一项作为风险缓释手段，即"2 + 1"中的"1"，具体为：

（1）回购担保权益转让，将设备生产商向租赁公司提供的回购担保转让给银行；

（2）园区类批量客户，可根据实际情况要求以开发区或工业园区提供总体担保；

（3）可要求承租人选择较强的第三方提供连带责任担保；

（4）融会投资集团有限公司提供连带责任担保，集团承诺在以上（1）、（2）、（3）未达到银行认可的担保主体条件时，再行提供担保。

银行要求租赁公司购置设备自筹资金的比例控制在 20% ~ 30% 的"2 + 1"模式，即

设备抵押、租赁公司租赁应收债权质押，以及视情况而定，追加厂商回购

权益转让、园区担保、强有力的第三方担保、融会投资集团有限公司担保。

三、银企合作情况

根据承租人需求，由银行直接向租赁公司发放贷款用于设备购置，设备由租赁公司出租给承租人后，由承租人按规定方式缴纳租金，租赁公司将租金用于偿还银行贷款。

四、还款风险

所涉及的相关企业均可在银行开立专项账户，特别是融资租赁公司的租金收入账户、设备款支付账户、设备制造商收款账户等，银行贷款不需"落地"，直接划转至设备制造商，不存在贷款和租金挪用等还款风险。

附件：

买 卖 合 同

卖方：
买方：
最终用户：

卖　　　方：　　　　　　　　　（以下简称甲方）
住　所　地：
法定代表人：
电　　　话：　　　　　　　邮政编码：

买　　　方：　　　　　　　　　（以下简称乙方）
住　所　地：
法定代表人：
电　　　话：　　　　　　　邮政编码：

最终用户：　　　　　　　　　　（以下简称丙方）
住　所　地：
法定代表人：
电　　　话：　　　　　　　邮政编码：

合同签订地点：
合同签订日期：____年____月____日

鉴于本合同购销的货物（以下简称设备）是为融资租赁业务而采购的，乙方、丙方分别作为出租人和承租人签署了_____号《融资租赁合同》。乙方接受丙方的委托，根据丙方对甲方及甲方设备的选定向甲方购买_____，用于租赁给丙方使用，同时基于上述原因，本合同中某些条款所规定的乙方的权利义务可转移给丙方行使。

第一条　设备

设备的品名、数量、规格、单价、总价等设备信息详见附件1：设备清单。

第二条　货款支付

货款总额为_____（币种）_____元；

货款由乙方向甲方支付，乙方应当在收到以下单据后_____日内以电汇或转账的方式将货款全额支付给甲方：

1. 丙方出具的租赁物件接收证书及付款通知书；

2. 甲方出具的正式发票和相关单据。

第三条　设备交付

运输方式：

起运地点：

交货地点：

包　　装：

交付时间：

保　　险：

基于本次买卖设备的最终用户为丙方，所以，甲方应直接向丙方交付设备，丙方享有受领设备的买受人的权利。

第四条　验收与索赔

丙方应在设备运抵交货地点后____个日内对设备进行接收和检验，并向甲方和乙方出具收货及检验单据。

如丙方未在上述规定的时间内接收和检验设备，由此造成的损失和费用由丙方承担。给甲方和乙方造成损失的，丙方还应承担赔偿责任。

如丙方检验发现甲方交付的设备存在质量瑕疵，在数量、型号、规格上与本合同约定不符，丙方应直接要求甲方退货或更换新的设备，由此造成的损失，丙方应在____日内向甲方索赔。

合同各方一致同意，如果甲方不履行本合同项下义务，由丙方直接行使索赔的权利，并自行支付索赔的费用和承受索赔的结果。

第五条　安装与调试

甲方负责为丙方安装和调试设备，丙方应提供必要的协助，包括：

1. 提前准备好设备的安装场地、辅助材料和设施；

2. 为甲方的安装调试人员提供食宿上的方便。

在安装调试期间，甲方应免费为丙方培训____名技术人员，直至丙方技术人员能正确操作设备。

设备的调试期（试运行期）为____个月，自设备安装完成之日起算，调试期满后，如设备合格，丙方应向甲方出具验收合格证书。如设备运行不稳定，或与本合同约定不符，甲方应继续安排技术人员免费为丙方调试设备或更换新的配件，直至设备运行稳定符合要求为止。如甲方未能在____个月内将设备调试合格，丙方有权撤销本合同，并要求甲方赔偿损失。

第六条　质量保证

第七条　售后服务

第八条　所有权之约定

甲方交付设备后，设备的所有权即属于乙方。

第九条　违约责任

1. 如乙方未能按时支付设备价款，则乙方应就设备总金额按日万分之五向甲方支付滞纳金。

2. 如甲方未能按约定的时间交付设备，则甲方应就设备总金额按日万分之五向乙方支付滞纳金。由此给乙方或丙方造成损失的，甲方还应承担赔偿责任。

第十条　适用法律与诉讼

1. 本合同适用于中华人民共和国法律。

2. 本合同在履行中，如发生争议，在协商不成时，甲、乙、丙三方均同意采取以下第____种方式解决：

（1）向深圳仲裁委员会申请仲裁；

（2）向乙方住所地人民法院提起诉讼。

第十一条　合同附件

下列合同附件，为本合同不可分割的组成部分，与本合同其他条款具有同等约束力。

1. 设备清单；

2. 验收标准。

第十二条　其他

本合同经甲、乙、丙三方的法定代表人或授权代表人签字并加盖公章后生效。

本合同一式三份，甲、乙、丙三方各执一份，具有同等法律效力。

（签署页）

甲　方（盖章）：

法定代表人或授权代表人（签字）：

乙　方（盖章）：

法定代表人或授权代表人（签字）：

丙　方（盖章）：

法定代表人或委托代理人（签字）：

二、特大型集团公司上游配套企业授信

（一）上游配套企业授信定义

特大型集团公司上游配套企业授信，是指通过对有实力的核心客户的责任捆绑，对产业链相关的资金流、物流的有效控制，针对链条上游供应商的融资需求，银行提供的以货物销售回款为风险控制的组合融资。

（二）上游配套融资方式

1. 保理融资（有追索权"1＋N"保理和无追索权"1＋N"保理）。

有追索权"1＋N"保理是指银行为供应商提供融资后，如果核心企业没有付款，银行对供应商有追索权。

无追索权"1＋N"保理是指银行为供应商提供融资后，如果贸易本身没有瑕疵，银行对供应商没有追索权。

2. 应收账款质押融资。

核心客户责任捆绑关系见图2－2。

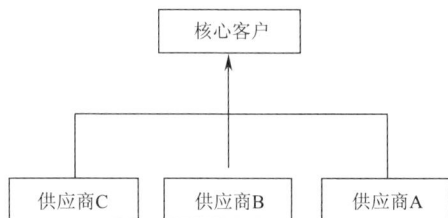

图2－2　核心客户责任捆绑关系

（三）上游配套模式适用对象

上游配套模式适用于特大型核心企业产业链，上游有大量的供应商。例如药品经销商和医院产业链，汽车零部件经销商和汽车产业链，焦炭经销商和钢铁产业链，石油供应商和炼化企业产业链，钢铁经销商、水泥经销商和特大型施工企业产业链。

供应链体系中，中小企业成员的资金缺口，往往是由于核心企业转移流动资金造成的，比如核心企业向上游赊购或采购库存前移、向下游收取预付款销售或成品库存后移。"1＋N"保理确保核心企业只需凭着自身的信用等级，将经过信用考察评估之后的中小企业成员推荐给银行，并且提供其与上游供应商交易信息，就可以帮助上游企业获得融资，而银行在引入核心企业作为风险控制的重要变量之后，风险控制也就更有把握。

（四）上游配套模式营销建议

1. 必须得到买方核心企业的配合，因此，营销核心企业是最关键的要素。可以获得延期付款等利益，来说服核心企业的配合。如营销上海大众汽车有限公司，劝说汽车零部件供应商稍微延长账期，如3个月账期延长为3.5个月，这样上海大众汽车有限公司会配合提供应收账款转让通知的确认工作，而银行由于提供给予融资承诺，汽车零部件供应商会接受账期延长的要求。

2. "1＋N"保理立足于把客户链延长，真正形成一个价值链。核心企业对供应链管理意识增强，整合供应链，主动配合银行帮助配套企业融资，以优化财务供应链表现，供应链协同被很多核心企业提升至战略高度。核心企业"有组织"的融资安排，使配套上下游企业获得的融资更快、成本更低。

（五）上游配套企业授信运作

1. 产品优势分析。

"1＋N"保理业务具有以下特点及优势：

（1）围绕产业链延伸营销，拓宽与核心企业的合作领域，挖掘核心企业的配套客户资源，有效介入其上游供应商客户群。特大型核心企业的供应商数量众多，对银行而言非常有价值。

（2）增强核心企业与供应商的商务合作，扶持供应商扩大产能，进一步提升对核心企业的供货能力，提升整个产业链的竞争能力。

（3）通过对核心企业与供应商的付款情况监督，加强对供应商的风险监控，降低银行融资风险。

2. 所需资料。

（1）担保公司的资料。

①担保公司的营业执照、法人代码证书及税务登记证。

②担保公司的财务报表等资料。

③担保公司的贷款卡等。

（2）借款人的资料。

①借款公司的营业执照、法人代码证书及税务登记证。

②借款公司的财务报表等资料。

③借款公司的贷款卡等。

3. 供应商应具备的基本条件。

（1）符合国家产业政策要求。

（2）信誉良好，无商务违约记录。

（3）具有专业化、大批量生产和模块化供货能力。

（4）与核心企业形成长期稳定的供应链关系，或具有向多家制造企业平行供货能力。

（5）供应商列入核心企业的核心供应商名单。

（6）在银行开立一般结算账户。

（7）银行认定的其他条件。

4. 运作预期及风险控制。

（1）营销中小企业的效率将大大提高。通过核心企业的介绍，银行营销中小企业速度极大加快，核心企业与配套的中小企业商业往来频繁，关系非常密切，营销效率将大大提升。

（2）风险得到有效控制。借用核心企业的信用，银行通过融资与企业交易环节的捆绑，可以有效控制中小企业的授信风险。以核心企业的商务履约来控制对中小企业的授信风险。

【案例】

中山重科供应商批发式授信方案

一、基本情况概况

中山重工科技发展股份有限公司是中国工程机械装备制造领军企业，全国首批创新型企业之一。主要从事建筑工程、能源工程、交通工程等国家重点基础设施建设工程所需重大高新技术装备的研发制造。公司注册资本 19.71 亿元，员工 2 万多人。中山重科自成立以来年均增长超过 60%，目前生产具有完全自主知识产权的 13 大类别、28 个系列、450 多个品种的主导产品，是全球产品链最齐备的工程机械企业。其中，收购意大利 CIFA 公司后，混凝土机械产品市场占有率跃居全球第一位。塔式起重机年产量 2000 台、环卫机械产量 3000 台，市场占有率均居国内第一位。汽车起重机年产 5000 台以上。

二、银行切入点分析

由于中山重科业务逐步扩大，对其上游供应商的要求与压力也逐步增大，中山重科上游供应商由于规模及资金的限制，如果未能及时跟随中山重科的发展步伐，从而在供应渠道上会大大制约中山重科业务的发展，而其上游供应商也想借此契机发展壮大，以确保在中山重科的业务份额。中山重科供应商多达 200 多家，对银行价值非常大：对供应商提供融资，可以打通中山重科经营产业链，实现整个产业链信贷资金在银行体内循环。

因此中山重科及其上游供应商都希望能解决资金周转困难的问题。针对这种情况，银行推出"中山重科物资采购供应商链式融资模式"贷款业务及"1+N"保理业务，以满足中山重科的融资需求。

三、银企合作情况

银行积极展开营销工作，现已通过 2 户供应企业的综合授信，总授信金额为 5300 万元。

银行成功营销部分供应企业，客户有 10 余家，根据目前银行的业务办理情况及营销情况分析，此项业务预计能营销中小企业 50～100 家，总授信规模可达到 5 亿～10 亿元。此项业务潜力巨大，在控制风险的前提下，在流程上进一步简化，银行牢牢占领中山重科上游供应商的融资市场，在很大程度上将带动银行中小企业信贷业务的发展。

附件：

"1+N"保理业务应收账款转让确认协议

协议号：

本协议由以下双方签订：

（1）＿＿＿＿＿＿＿＿＿公司（以下简称买方），一家依照中国法律设立的公司，其注册地址为＿＿＿＿＿＿＿＿＿。

（2）银行＿＿＿＿＿＿＿＿＿分行（以下简称银行），其营业地址为＿＿＿＿＿＿＿＿＿。

鉴于：

为对买方供应商提供融资支持，买方决定与银行合作，为买方供应商提供"1+N"保理金融服务。

为保障"1+N"保理业务顺利开展，经各方充分友好协商，共同签署本协议。

第一条 列入供应商清单（见附件1）的供应商可将其向买方销售货物所产生的所有应收账款全部转让给银行叙做"1+N"保理金融服务业务。

第二条 买方同意供应商根据前条所做应收账款转让，并同意采取下列第＿＿＿种方式对上述应收账款事宜进行书面确认：

（1）供应商每＿＿＿（周/旬/月）将其与买方所产生的应收账款以商业发票的方式通知买方；买方经核对无误后，由＿＿＿（有权签字人）盖章或签字向银行予以确认。（签章或签字样本见附件）或

（2）买方每＿＿＿（周/旬/月）按照附件 2 列明格式向银行出具"1＋N"保理业务应付供应商账款明细表。

第三条　买方承诺按照基础交易合同规定的付款金额和付款期限在应收/应付账款到期日前将货款付至附件 1 列明的收款账户。

第四条　买方根据第二条签署的《商业发票》回执/出具的《"1＋N"保理业务应付供应商账款明细表》是对供应商履行基础合同行为的确认，在供应商承诺无条件换货的情况下，买方放弃对转让给银行的应收账款的争议权。

第五条　如买方无正当理由却未在规定的付款到期后 30 天期限内按照本协议规定支付货款，银行有权在付款到期日后第 31 天自动从买方在银行和银行其他机构的账户中扣收买方应予支付的货款等。

第六条　本协议经双方法定代表人或其授权人签署，经双方签字盖章后生效。

第七条　本协议附件是本协议不可分割的组成部分，与本协议具有相同法律效力。

第八条　若卖方与银行在本协议的执行过程中发生纠纷，应本着友好协商的原则解决。若经双方协商不成，应采取下列第＿＿＿方式进行解决：

1. 提交银行＿＿＿分行所在地的法院，以诉讼方式解决。

2. 提交中国国际经济贸易仲裁委员会仲裁。此仲裁结果为终局性的，对双方均具有约束力。

第九条　本补充协议一式两份，协议双方各执一份，具有同等法律效力。

＿＿＿＿＿＿＿银行＿＿＿＿＿＿＿分行

注册地址/主要办事机构所在地：

电话：

传真：

法定代表人或其授权人：

（签字盖章）

年　　月　　日

公司：

法定地址：

电话：

传真：

法定代表人或其授权人：

（签字盖章）

年　　月　　日

附件1

供应商清单

序号	供应商名称	收款账户
		开户行： 户名： 账号：
		开户行： 户名： 账号：
		开户行： 户名： 账号：
		开户行： 户名： 账号：

本清单作为双方签署的《"1+N"保理业务应收账款转让确认协议》（协议编号：＿＿＿）的有效组成部分。

_____银行_____分行

注册地址/主要办事机构所在地：

电话：

传真：

法定代表人或其授权人：

　　　（签字盖章）

　　年　　月　　日

_____公司

法定地址：

电话：

传真：

法定代表人或其授权人：

　　　（签字盖章）

　　年　　月　　日

三、特大型集团公司下游配套企业授信

（一）下游配套企业授信定义

特大型集团公司下游配套企业授信，是指以特大型集团公司的卖方核心客户提供的退款承诺手段为风险控制依托，为其下游经销商提供预付款授信的一种供应链融资模式。

（二）下游配套企业授信模式适用的客户

1. 行业核心客户准入应符合管理制度规定和相关法规、技术规范的强制性要求，应具有下列条件。

（1）符合国家产业政策发展方向；

（2）行业核心客户的信用评级原则上应不低于 A 级；

（3）在合作的银行无不良记录，回购担保能力强，能如约履行回购义务；

（4）内部管理规范，对销售经销商的选择具有科学、规范的标准和办法，对经销商进行及时动态管理和调整。

2. 禁止对下列行业核心客户提供经销商网络金融服务。

（1）生产产品不具有市场竞争力、市场空间有限；

（2）与银行合作存在恶意不良信用记录；

（3）不符合国家产业政策发展，且被列入兼并、重组范围之内的；

（4）年产销规模在行业中较低的行业核心客户企业。

3. 网络项下经销商应具备下列条件。

（1）经销商所处区域的市场需求旺盛，商品周转速度较快；

（2）经行业核心客户授权经营和推荐入网，其销售与服务活动直接在卖方的支持与监督下；

（3）经销商属于核心企业的总经销商、品牌经销商；

（4）信誉良好，无违约记录；

（5）内部管理规范，有专业的团队人员配合银行业务开展。

4. 行业核心客户承担连带责任保证，回购担保、机械车辆相关单据质押，机械车辆合格证风险控管，连带担保情况下的回购承诺函；同时，经销商需要交存一定比例的保证金。

5. 银行为行业核心客户在全国范围内的经销商提供融资服务，包括流动资金贷款、法人透支账户、开立银行承兑汇票、商业承兑汇票保贴、国内信用证等。

特大型集团公司下游配套企业授信模式见图2-3。

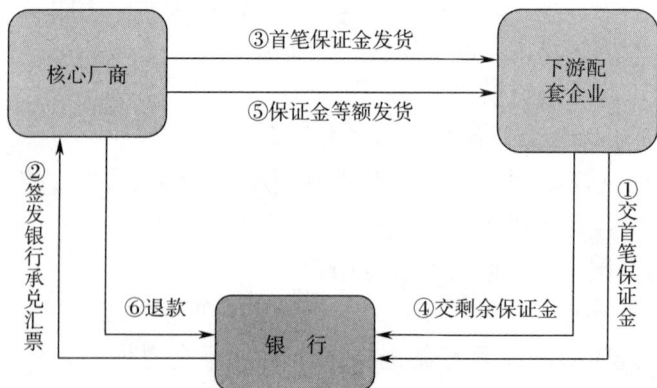

图2-3 特大型集团公司下游配套企业授信模式

（三）下游配套企业授信模式的营销建议

1. 代理商的选择。

选择当地知名品牌区域代理商，例如汽车代理商、家电代理商、啤酒代理商、粮油代理商、日用品代理商、水泥代理商等。对于一线品牌代理商，其产品稳定的市场表现、代理商的高信誉度、在区域市场长期的历史积淀等均可以构成实现良好的风险控制的基础。

2. 对核心企业下游经销商两种融资模式的点评。

第一种，直接融资渠道即代理商直接与资金持有者发生的赊账借用关系，厂家提前供货的产品支持，就等于给经销商提供融资，解决代理商进货所需资金缺口。

第二种，间接融资方式是指代理商不与厂商直接发生赊账借用关系，而是通过银行获得所需资金，厂商给银行提供退款承诺或回购担保等。

建议核心厂商对经销商的支持从第一种无条件、无风险控制手段，转向第二种有条件、有银行介入，以及有充足风险控制抓手的支持。一旦经销商违约，核心厂商若能够控制住货物，不会有风险；若已经提前收回资金，出现风险也很小。银行客户经理在营销时要高度关注控制风险。

（四）下游配套企业授信运作提示

1. 所需资料。

借款人的资料：

（1）借款公司的营业执照、法人代码证书及税务登记证；

（2）借款公司的财务报表等资料；

（3）借款公司的贷款卡等；

（4）代理商资格证书；

（5）厂商的实力证明资料；

（6）厂商愿意提供回购或退款承诺的资料。

2. 产品优势。

（1）外部增级，依靠卖方为防范经销商的信用损失提供保证，会牵制代理商的经营行为。

（2）加快现金流向厂商流动，进一步改善厂商的经营现金流。

【案例】

营销本地的汽车经销商

一、企业基本概况

某地有大量汽车经销商，某银行决定营销对象为这些本地汽车经销商。银行对该地汽车经销商进行了分类：第一部分是高端品牌的汽车经销商，如宝马、奔驰等经销商；第二部分是中端品牌的汽车经销商，如广本、一汽大众等经销商；第三部分是低端品牌的汽车经销商，如比亚迪、长城等汽车经销商。

二、银行切入点分析

银行实行分类营销，接触到经销商后，要求经销商提供汽车厂商的三方协议。对于强势品牌的经销商，银行要求厂商提供愿意调剂销售的承诺；对于低端品牌的经销商，银行要求厂商提供回购担保。通过这种方式，银行对大部分的经销商成功拓展了业务。

三、银企合作情况

银行为本地的汽车经销商核定了 10 亿元的银行承兑汇票额度，平均保证金为 30%，敞口部分厂商签订了三方协议，根据不同的汽车产业链，分别提供回购担保和调剂销售。

四、担保公司担保贷款

（一）担保贷款产品定义

担保贷款是以专业担保公司提供的连带责任担保作为风险控制手段，银行给中小企业提供融资的一种授信业务形式。担保公司会根据银行的要求，对借款人出具的相关资质证明进行审核，之后将审核好的资料交到银行，银行复核无误后放款，担保公司收取相应的服务费用。

（二）担保贷款适用对象

1. 借款人一般应是经营模式清晰，有一定的经营规模，能够提供较好的反担保的企业。

2. 四种担保类型。

（1）企业流动资金贷款担保。适用于一般的中小企业，例如制造类的中小企业等，这类融资业务模式占到银行融资的大多数。

（2）开立信用证担保。适用于中小进出口公司，例如小型的民营进口公司、燃料油进口商、煤炭进口商、化工品经销商等。

（3）银行承兑汇票担保。对象多属于中小贸易公司，例如钢铁经销商、汽车经销商、煤炭经销商、有色金属贸易商等客户。

（4）银行保函担保。对象为中小施工企业、中小工程承包商、中小设计公司等客户，这类担保通常风险较小。

（三）担保贷款的营销建议

1. 选择与国内经营规模较大担保公司合作。

选择担保公司顺序应当是优先选择省级的国有担保公司，其次是市级国有担保公司，最后是民营担保公司。有政府背景的担保公司通常实力雄厚，且经营稳健，管理规范。民营的担保公司通常机制灵活，效率较高。

银行为了控制风险，可以从当地金融办找到对本地担保公司评价的材料。银行如果希望尝试一些新产品、新业务，可以积极地与民营担保公司联系。银行应当注意审查担保公司与银行的合作记录，审查其是否有恶意的违约记录等。

2. 鼓励银行在中小企业市场环境较好的地区，以配套型、集聚型和科技型中小企业为目标市场，积极与担保（再担保或基金）公司共同搭建有效的风险共担平台。银行要优先考虑与拥有较强财政背景、具有完善的风险控制体系和风险补偿机制的担保（再担保或基金）公司进行合作。

（四）担保公司担保贷款的运作

1. 所需资料。

（1）担保公司的担保资料。

①担保公司的营业执照、法人代码证书、税务登记证；

②担保公司的财务报表等资料；

③担保公司的贷款卡等。

（2）借款人的资料。

①借款公司的营业执照、法人代码证书、税务登记证；

②借款公司的财务报表等资料；

③借款公司的贷款卡等。

2. 产品优劣势分析。

（1）有担保公司屏蔽一层，省去银行处置抵押物、特殊商品的麻烦。如一些住宅类的房产、股票、商标使用权、专利权等。这些抵押物本身价值较高，处置手续烦琐，有担保公司的介入，可以被一些银行看中，给很有潜力的一些客户提供融资。

（2）银行小额贷款营销成本较高，小企业向银行直接申请贷款获得受理较难，这就造成小企业有融资需求时往往会向担保机构等融资机构求救。担保机构选择客户的成本比较低，从中选择优质项目推荐给合作银行，提高融资的成功率，就会降低银行小额贷款的营销成本。

（3）对于事后风险释放，担保机构的优势更是无可替代的。若银行直接贷款的项目出现风险，处置抵押物往往周期较长，诉讼成本高，变现性不佳。担保机构的现金代偿，最大限度解决了银行处置抵押物难的问题，有些担保机构做到1个月（投资担保甚至3天）贷款逾期可立即代偿，银行的不良贷款及时得到消除，之后再由担保机构通过其比银行更加灵活的处理手段进行风险化解。

（4）劣势：担保公司融资成本最高。由于担保公司通常收费在1%～3%，而银行对这类中小企业本身的贷款定价在基准上浮50%以上，再加上担保公司收费，企业的综合融资成本在基准上浮1倍左右，有些银行定价甚至更高，致使中小企业的融资成本极高。

3. 业务流程。

担保公司担保贷款的业务程序，从企业咨询、担保申请，到银行受理、调查、研究，再到三方签订合同、银行放款、担保公司跟踪监督，直至企业偿还贷款，环环紧扣，见图2-4。

4. 担保公司选择。

在审查、审批担保公司项目时，重点关注以下方面。

（1）严格按照财政部《关于印发〈中小企业融资担保机构风险管理暂行办法〉的通知》（财金〔2001〕77号）《金融企业财务规则》（财政部令第42号）《金融企业财务规则——实施指南》（财金〔2007〕23号），以及中国银监会办公厅下发的《关于银行业金融机构与担保机构开展合作风险提示的通知》（银监办发〔2006〕145号），进行合规性审查。

（2）关注担保公司股东背景及实力，重点选择与资本实力强的国有担保公司开展合作。

```
┌─────────────────────┐        ┌──────────────────────────────────────────┐
│ 企业咨询，索取资料    │        │ 1. 营业执照（副本）；                        │
└─────────┬───────────┘        │ 2. 验资报告；                              │
          │                    │ 3. 当期的财务报表（月报）和经合法中介机构     │
          │                    │    验证的近两年度的财务报表（附审计报告）     │
          ↓                    │    主要包括资产负债表、损益表和现金流量表等；  │
┌─────────────────────┐        │ 4. 贷款卡及密码；                          │
│ 企业提出担保申请，    │───────→│ 5. 资信证明；                              │
│ 提供企业基础资料      │        │ 6. 企业章程；                              │
└─────────┬───────────┘        │ 7. 法定代表人证明（委托）书和法定代表人      │
N                               │    （或委托人）、财务负责人简历及身份证；     │
不合要求                        │ 8. 项目可行性研究报告及主管部门批件；         │
回复企业                        │ 9. 企业或项目的有关证明材料；                │
          │                    │ 10. 反担保有关资料（见反担保措施）           │
          ↓                    │                                            │
┌─────────────────────┐        │ 注：以上资料以复印件提供并加盖公司公章       │
│ 受理企业提供的全套资   │        └──────────────────────────────────────────┘
│ 料，对项目进行初审     │
└─────────┬───────────┘        ┌──────────────────────────────────────────┐
          Y                     │ 调研报告（大致包括以下部分）                 │
          ↓                     │ 1. 项目情况介绍；                           │
┌─────────────────────┐        │ 2. 所属行业分析；                           │
│ 对项目进行实地调       │───────→│ 3. 贷款资金使用；                           │
│ 研，出具调查报告       │        │ 4. 企业财务状况及分析；                      │
└─────────┬───────────┘        │ 5. 反担保及监督措施；                        │
          │                    │ 6. 担保条件及可能的合作模式；                │
          ↓                    │ 7. 风险分析及规避办法                        │
┌─────────────────────┐        └──────────────────────────────────────────┘
│ 公司评审会会议         │        ┌──────────────────────────────────────────┐
└─────────┬───────────┘───────→│ 初次评审通过后，公司向银行发出担保          │
          │                    │ 意向通知书，银行可进入贷款前审查程序        │
          ↓                    └──────────────────────────────────────────┘
┌─────────────────────┐
│ 担保公司、银行、       │
│ 企业签订相关合同       │
└─────────┬───────────┘
          ↓
┌─────────────────────┐
│ 银行放款，担保公司     │
│ 正式承保              │
└─────────┬───────────┘
          ↓
┌─────────────────────┐
│ 担保公司进行          │
│ 保后跟踪监督          │
└─────────┬───────────┘        ┌──────────────────────────────────────────┐
          │────────────────────→│ 代偿，向企业追索，处理反担保物              │
          ↓                    └──────────────────────────────────────────┘
┌─────────────────────┐
│ 偿还贷款，担保项目终止  │
└─────────────────────┘
```

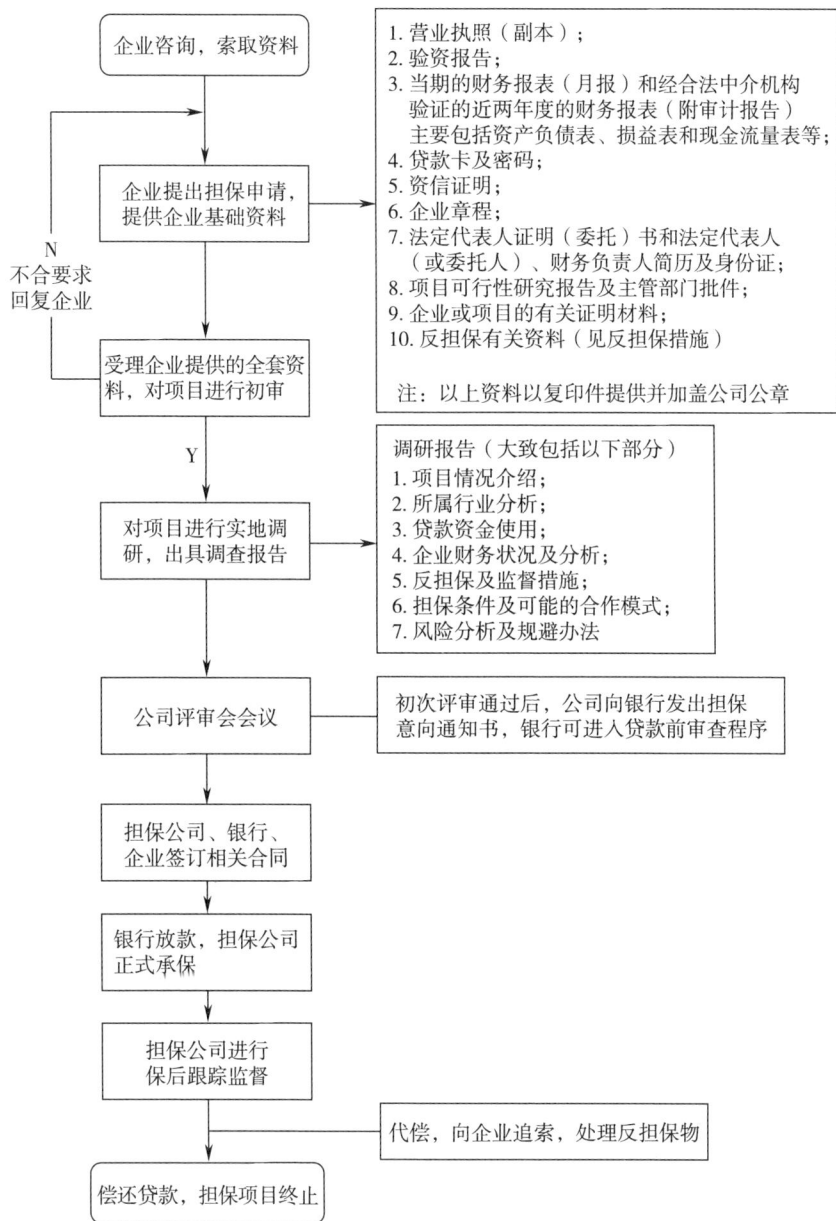

图 2 - 4　担保业务流程

（3）关注担保公司目前的担保责任总额，一般不超过自身实收资本的5倍，最高不得超过10倍。

（4）关注被担保企业的区域和行业分布。

（5）关注被担保企业发生不良代偿的比率以及担保公司的历史代偿记录，重点选择与不良率低和累计代偿率低的担保机构开展业务。

（6）关注担保公司是否按规定比例提取风险准备金和未到期责任准备金，是否可涵盖已发生的不良贷款。

（7）关注担保公司自身风险管理措施，并与已提供担保的企业相对照，分析担保公司的风险偏好。

（8）关注担保公司从事委托贷款及对外投资的规模以及主要分布的行业，委托贷款和对外投资规模过大将降低代偿能力，应重点关注。

5. 风险控制。

（1）在授信方案中，尽可能提供贸易融资，以贸易所产生的销售收入等未来现金流作为直接还款来源。

（2）加强过程管理，确保融资对应现金流封闭运行，通过规范化流程降低风险。每笔具体贸易融资必须具有真实、合法的贸易背景；融资协议或合同中明确约定融资所对应的应收账款等形式的未来现金流在银行封闭运行；加强授信后管理，保证相关现金流及时回笼并用于归还银行授信，严禁将还款资金挪作他用。

（3）鼓励增加主要经营者或投资者、实际控制人的个人连带责任保证。

（五）担保授信产品点评

由担保公司提供连带责任保证，应先将担保公司的有关材料上报银行中小企业管理中心认定，由银行中小企业管理中心根据担保公司的资本实力、内部管理水平和担保业务开展情况等进行审核并出具书面推荐意见后，按权限上报审批机构审批担保额度。据此，经营机构可重点选择与担保实力强、担保产业链完整或是熟悉某一业务领域的担保公司开展合作。

由担保公司给银行推荐中小企业，由担保公司过滤，将大大提高银行操作的效率。

【案例】

北京新华科技有限公司担保融资

一、企业基本概况

北京新华科技有限公司是销售人造脊柱和关节的企业，注册资金540万元。企业主要代理销售美国产品，产品品质优良，并且具有稳定的医院销售渠道。公司自成立以来，经营状况相对良好，但由于进货占用资金较多，随着销售规模的增加，资金缺口问题日益严重。为解决经营中存在的流动资金短缺困难，该企业向某银行申请贷款500万元用于购买存货，以备销售。

二、银行切入点分析

由于缺少银行所需要的土地和房产抵押条件，且企业成立不满三年，没有银行信用评级，无法贷到所需款项。于是，该企业考虑通过公司担保方式申请贷款，并在多家担保公司中选择了华夏担保有限公司。华夏担保有限公司在接到该企业委托担保贷款的申请后，从财务、人力等方面对企业进行了认真的调查以及前景分析，并根据企业特点出具详细的融资策划方案。

三、银企合作情况

华夏担保有限公司为其在该行的500万元流动资金贷款进行担保，该企业在银行顺利取得资金。在该企业获得华夏担保有限公司担保支持后，有力地弥补了流动资金缺口，解决了企业发展过程中的资金瓶颈问题。

该企业获得资金后，得到了长足的发展。当年就实现销售收入3290万元，同比增长33.7%，销售数据证明了这笔及时的贷款资金在企业发展过程中起到了重大作用。

华夏担保有限公司通过对该公司进行融资策划并提供贷款担保的支持，不仅解决了该公司融资难题，保证了公司正常的生产经营活动，而且为该公司在关键时期的可持续发展起到了推动作用。

【点评】

担保公司提供担保的中小企业多是在整个行业中规模偏小（相对于货押融资、联保融资而言）的，但是否能够为担保公司提供有力的反担保措施需要注意。

五、商圈担保融资

（一）商圈担保融资

商圈担保融资，是指通过商圈管委会或管理公司对入驻的商贸企业进行组织筛选，再通过担保公司或商圈管理公司提供担保，银行为这些商贸企业提供银行融资的一种批发式授信业务。

商圈是指集聚于一定区域或产业内的商贸业经营群体，主要形式有商品交易市场、商业街区、物流园区、商贸服务业聚集区等。

在各地，通常都有商业协会组织的商圈，商圈内的成员多为老乡或经营上的生意伙伴，成员之间彼此非常熟悉和信任。

一些成熟专业市场内有大量的中小商户，而且专业市场的股东自己成立担保公司。中小商户就像个金矿，专业市场管理方不但可以向其收取摊位的租金、仓储保管费用等，而且还可以通过提供担保，收取一定的担保费用。

这些客户多为中型规模的客户群体，需求的授信量在 1000 万～3000 万元。

国内知名的商圈有福建周宁的钢贸商圈、福建莆田的木材商圈等。

（二）商圈担保融资运营

1. 贷款用途。贷款主要用于中小商户生产周转需要，不得用于国家明令禁止的投资领域和用途，不得用于偿还银行存量不良贷款或违规贷款。

2. 贷款金额。根据中小企业经营性现金流情况、抵押物所处位置和评估价值，综合确定贷款金额：原则上单户贷款金额不超过 500 万元，且放款后企业融资性债务敞口不超过企业上年度销售收入的 50%。

3. 产品益处分析。

（1）市场管理方的益处。实现对商户的服务，增加对市场商户的吸引力度。由于市场管理方对商户非常了解，且有商户缴存的押金，因此风险较小，还可以收取可观的担保费，所以市场管理方愿意提供担保。

（2）商户的益处。通过管理方的担保，银行提供了融资，商户可以扩大采购，进一步增强经营能力，增加效益。

（3）银行的益处。银行可以借助市场管理方，实现对中小企业的批发营销，避免了单体营销方式下高额的人工成本。同时，由于市场管理方非常熟悉商户，且可以控制中小商户的经营情况，因此，银行可以借助市场管理方，实现对中小商户的贷款风险控制。

4. 营销建议。

（1）银行对商圈内的市场管理方进行经营性物业抵押贷款授信的时候，应当考虑留出一部分担保额度，专项用于给市场内商户提供担保。

（2）对一些经营状况较好的专业市场，银行可以直接找到市场管理方，要求协作，为市场内的中小商户提供融资服务，这通常都会得到市场管理方的积极回应。

5. 所需资料。

（1）市场管理方的基本资料。

①市场管理方的营业执照、法人代码证书、税务登记证；

②市场管理方的年度经营现金流资料。

（2）市场内商户的基本资料。

①商户的营业执照、法人代码证书、税务登记证；

②商户的经营现金流水单；

③商户的法人代表身份证明；

④商户的年度采购合同等。

6. 业务流程。

（1）银行营销市场管理方，建议与市场管理方协作共同为商户提供融资；

（2）市场管理方提供基本资料，银行为市场管理方核定担保额度；

（3）市场管理方向银行介绍商户；

（4）商户向银行提供基本资料；

（5）银行与市场管理方签订担保协议，向商户提供融资。

商圈担保融资流程见图 2 - 5。

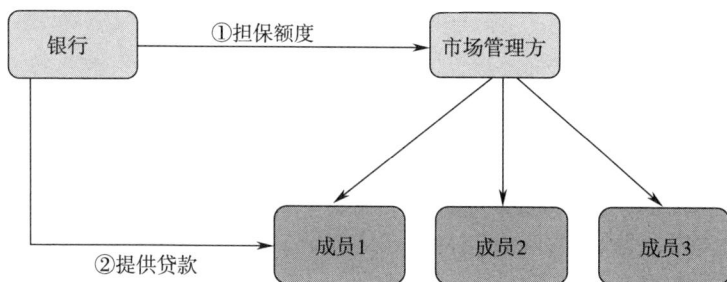

图 2 - 5　商圈担保融资流程

【案例】

××世贸商城中小商户批发贷款

一、企业基本概况

××世贸商城是北京规模最大的现代化商品批发及物流中心，并被确定为北京市重点商业建设项目。商城一期、二期总建筑面积70万平方米，市场可容纳商户近1万户，经营品种近10万种，投资总额约31亿元。商城现有的经营商户近1万家，经营范围包括各类服装、小商品、高档箱包、皮具、鞋类以及小百货等，已经成为华北最大的服装、小商品批发中心。

二、银行切入点分析

某银行在参加××投资控股集团有限公司经营性物业抵押银团贷款后（银团由中国民生银行、兴业银行、中国银行、南京银行、华夏银行和深圳发展银行六家银行组成，为××投资控股集团有限公司持有的××世贸商城提供28亿元经营性物业抵押贷款），分析认为：××世贸商城出租率近100%，年租金及管理费收入超过7亿元，是北京规模最大的现代化商品批发及物流中心，商城现有经营商户近1万家，这些商户非常有营销价值。

三、银企合作情况

银行给予××世贸商城商户批量授信额度5000万元，由北京××易成担保有限公司提供全程连带责任保证，商户单笔授信额度不超过100万元，授信期最长2年，单笔贷款期限最长1年，要求商户在商城经营需2年以上。

某服装批发企业因扩大门店需要资金周转，而借款人又无任何房产能够提供抵押，且不愿意拿名下存款质押在银行，仅提供与商城签订2年租约及3个月的租金交付证明。经过审批，银行给予借款人30万元、期限6个月的短期贷款，贷款利率为5.346%，及时解决了客户需要扩大经营规模的资金需求。6个月贷款利息总计8019元，且借款人可随时提前还款，不收任何违约金和手续费，不限制还款次数。

六、商铺经营权质押融资

市场内商户以商铺经营权、优先续租权向银行提供质押，银行为中小商户提供短期融资的授信业务，称为商铺经营权质押融资。

（一）融资方式及操作要求

1. 银行为商户提供贷款，用于向商铺所有人支付商铺经营权买断费用，通常需要商户自己支付50%的费用，银行贷款承担另一部分。

2. 个体工商户使用自有资金支付商铺经营权买断费用，银行为个体工商户提供流动资金贷款，用于购进商品，扩大经营规模等。

（二）适用对象

商铺经营权质押模式多存在于融资规模较小、期限较短、需求灵活的生活资料交易市场，对象为在大型交易市场（如成都荷花池大成市场和徐州朝阳市场）从事生意的中小商户（多是个体工商户）。这类商铺人流旺盛，生意较好，商铺的价值很高，非常值得银行业深度拓展。

（三）风险控制

1. 商铺的经营权一般应在10年以上，且商铺所在的市场商业氛围浓郁，人气较旺。

2. 经营权作质押获得贷款，最高可贷100万元。

3. 银行必须对商铺的价值能够作出非常准确的评估，同时，对本地的商业业态较为熟悉，有较好的商业地产的运作能力。

4. 商户内的经营企业必须形成规律的或完整的经营记录，银行通过查看企业经营记录了解企业全面的经营状况。

5. 市场管理方根据工商部门提供的商铺经营好坏和诚信度等信息，对商铺进行综合评估，把价值评估反馈给银行。

（四）业务流程

1. 银行客户经理营销本地专业市场管理方，介绍银行的商铺经营权质押贷款；

2. 专业市场的管理方，向经营企业推荐银行的商铺经营权质押贷款；

3. 经营企业向银行办理经营权质押，经营企业与银行及市场管理方签订质押协议；

4. 银行向经营企业办理贷款。

商铺经营权质押融资流程见图 2 – 6。

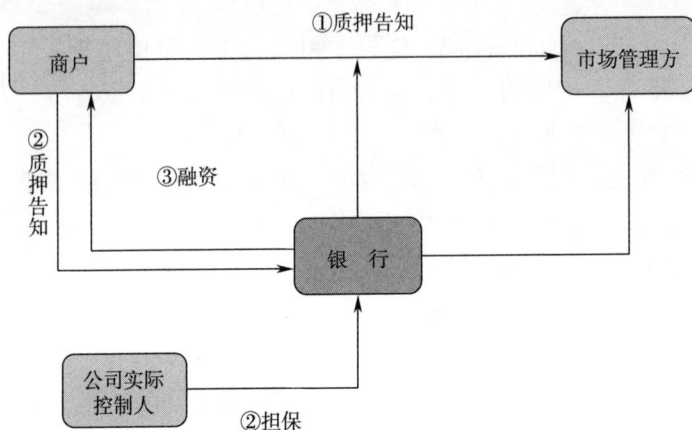

图 2 – 6 商铺经营权质押融资流程

（五）营销建议

银行客户经理必须对本地专业市场非常熟悉，尤其是对一些商户密集、商业氛围浓厚、经营状况较好的市场高度关注。在中国各城市，都设立较多的专业市场，如服装、塑料、牛仔布、鞋帽、钢材、水龙头、建材、卫浴等。专业市场内商户众多，如每个商户贷款金额有 20 万元，1000 个商户整体贷款就会超过 2 亿元，而且这些商户本身议价能力较弱，银行只要提供贷款，一般都可以同时提出办理基本账户的要求。

很多银行客户经理营销市场的思路是一家一家拜访市场内的经销商，这种营销思路成本较高，消耗较多的人力资源。

【案例】

朝阳集团小商品批发市场商户经营权授信方案

一、企业基本概况

朝阳集团是经营小商品市场企业集团，公司商城建筑面积 40 万平方米，集服装、针织品批发、零售、外贸于一体，批发贸易辐射全国并外销澳大利亚、蒙古国等国际市场，是华北地区规模最大的服装、针织品交易基地和品牌加盟中心。商城自开业六年以来，以高瞻远瞩的眼光、磅礴恢弘的气度和引领行业创新变革使命感成为业界翘楚，已先后获得"全国十大服装批发市场"称号及"中国服装品牌推动大奖"和"中国纺织服装行业特别贡献奖"。

二、银行切入点分析

银行与朝阳集团合作多年，经过双方前期沟通，银行基于徐州同类市场的具体情况，进行了商铺经营权质押融资的可行性研究，制定了《商铺经营权质押贷款管理办法》和一系列合同文本，明确了市场准入标准、借款人条件、调查审批程序和风险防范措施等。

该经营权质押贷款坚持"整体授信、逐笔用信、个人自愿、按月还款、违约兜底"原则，经营权质押经过公证处公证后，朝阳集团与银行签订商铺经营权回购协议，约定商铺经营业户逾期 3 个月不能正常归还所贷款项的本息，可向朝阳集团发出"商铺经营权回购通知书"，由朝阳集团代业主偿还所欠银行本息金额，并回购该商铺经营权。

三、银企合作情况

经过调查和准入审批，银行对朝阳市场商户授信总额度 1 亿元，已受理申请 300 余户，发放贷款 92 户，发放此类贷款 1 亿元。商户使用贷款买断朝阳市场 10~15 年的商铺经营权，这项融资业务的创新极大地支持了徐州朝阳市场的发展。

银行此次与朝阳市场深入合作，一方面帮助商户解决了因缴纳经营权转让费、自有经营资金不足而影响经营的问题，同时使朝阳集团能及时获得转让资金，尽快投入市场的改造升级；另一方面，银行与市场业主广泛合作后，可以吸引客户经营资金在该行存款，带来存款效应，贷款收益也较为可观。

中国社会科学院发布的《中国商品市场发展报告》。

1. 中国十大市场强市（县）：义乌市、永康市、绍兴县、海宁市、桐乡市、佛山市、寿光市、临沂市、常州市、吴江市。

2. 中国十强文明市场：义乌中国小商品城、海宁中国皮革城、桐乡濮院羊毛衫市场、广东西樵轻纺城、广东虎门富民时装城、石家庄新华集贸中心市场、成都荷花池商品批发市场、沈阳五爱市场、临沂批发城、重庆朝天门批发市场。

3. 中国十强品牌市场：永康中国科技五金城、路桥中国日用品商城、杭州四季青服装城、绍兴中国轻纺城、萧山商业城、山东寿光蔬菜批发市场、盛泽中国东方丝绸市场、石家庄南三条市场、青岛华强北电子市场、新疆华凌市场。

4. 中国十强创新市场：嘉兴中国茧丝绸交易市场、绍兴中国轻纺城钱清原料市场、宁波华东物资城、浙江松门水产交易市场、浙江塑料城网上交易市场、北京新发地农副产品批发市场、江苏凌家塘市场、武汉汉正街、南昌市洪城大市场、福建石狮服装城。

5. 中国十强新星市场：义乌装饰城、浙江石狮商贸城、杭州东方家私市场、上海宝山钢材交易市场、河北中国元通纺织城、北京中科贸电子城、河北太和电子城、无锡新世界、海城市西柳服装市场、重庆绿云石都建材交易市场。

七、中小企业抵押贷款

授信申请人以银行认可的不动产作抵押或最高额抵押，向银行申请具有合法用途的单笔贷款或授信额度的授信业务形式，称为中小企业抵押贷款。

中小企业抵押贷款侧重于满足中小企业中长期、稳定的融资需求。中小企业以楼宇、商业地产、工业厂房和实际控制持有的住宅等作为抵押，银行给中小企业提供流动资金贷款或银行承兑汇票等授信。

（一）适用对象

1. 信誉良好、经营状况好、现金流充足、环保达标、担保有效和符合产业政策的中小企业。

2. 重点为六类客户群体：（1）产品有市场的制造业、交易量大的商贸流通业和贴近终端消费市场的服务业中的中小企业；（2）产业集群中的优势企业；（3）为重点项目、优质大型客户提供配套服务的上下游企业；（4）能够提供具有高变现能力不动产作抵押的企业；（5）专业市场、大型商品集散地范围内的优质客户；（6）能够提供大宗原材料或产成品作质押的企业客户。

3. 授信申请的中小企业应具备的基本条件。

（1）成立年限在 1 年以上，客户信用评级在 CCC 级（含）以上，首次贷款发生时上年销售收入在 3000 万元以下；

（2）生产经营符合国家法律法规、产业政策和环境保护要求（特殊行业需提供特殊行业经营许可证，有排污限制的需提供企业排污许可证等），符合银行信贷政策，不得进入小煤矿、小水泥、小玻璃、小炼油、小火电"五小企业"和环保违规、违法领域的企业；

（3）经工商管理登记机关登记注册、依法进行税务登记且照章纳税的企业法人，企业应拥有法人贷款卡且年检合格等；

（4）有固定住所和经营场所，企业管理层有合格的经营管理能力，产品有市场、有效益；

（5）企业法人代表或实际控制人从业经历在 3 年以上，且信用良好、无不良记录；

（6）能提供银行认可的不动产作为抵押物，抵押物产权清晰，能办理有效的抵押登记手续；抵（质）押物权属证书及有权处分人（包括财产共有人）同意抵（质）押的证明原件；

（7）原则上优先选择生产型企业和工贸一体化企业；

（8）银行规定的其他条件。

（二）贷款要求

1. 贷款用途。

贷款主要用于中小企业生产周转需要，不得用于国家明令禁止的投资领域和用途，不得用于偿还银行存量不良贷款或违规贷款。

2. 贷款金额。

（1）应根据中小企业的经营性现金流情况、抵押物所处位置和评估价值，综合确定贷款金额；原则上单户贷款金额不超过 500 万元，且放款后企业融资性债务敞口不超过企业上年度销售收入的 50%。

（2）根据市场变化，银行和借款人均有权提出重新评估抵押物要求，相关费用由借款人负担。如重新评定价值超过原价值，经银行审查审批后，可增加授信额度；如重新评定价值低于原价值，则银行有权要求借款人提供新的抵押物或者压缩授信额度。

3. 贷款定价。

银行应根据市场环境、抵押物价值、企业综合回报率和同业定价情况，实行差别化风险定价，原则上不得低于基准利率。

（三）抵押物评估

1. 抵押物评估。

（1）抵押物自建成交付使用之日起，至借款人提出贷款申请之日止，未满1年的，买卖合同价即视为抵押物价值，可以不再另行评估；

（2）抵押物交付使用超过1年的，则必须由银行指定的专业评估机构进行评估、确认。

2. 抵押率。

（1）以土地使用权抵押的，抵押率原则上不超过70%，抵押评估值核定可参考下列其中条件之一确定。

①不得超过其6个月内的买入价格（以契税证载明的价格为准）。

②不得超过最近1年内同一地段公开拍卖挂牌底价。

③不得超过当地政府在同一地段土地的指导价。

④不得超过当地政府在同一地段最近公开拍卖的成交价。

（2）以普通住宅、商业房产抵押的，抵押率原则上不超过60%。

（3）以别墅、高档公寓、办公楼抵押的，抵押率原则上不超过50%。

（4）以工业厂房抵押的，以厂房土建评估后评估值加所依附的土地使用权的评估值两者之和，来确定最终的评估值，抵押率原则上不超过70%。

3. 抵押物管理。

（1）在放款前，银行应办妥抵押财产的保险、抵押登记等有效手续，费用由借款人承担。

（2）授信申请人应到银行认可的保险公司购买财产保险，保险金额可按照贷款金额或抵押物评估价值购买，其中以建筑物、机器设备或其他价值易损的财产设定抵押的，保险金额一般应与抵押物价值相同；保险有效期应至少长于授信到期日后3个月，保险单正本以及保险期内缴费发票（复印件）由贷款人保管，原则上银行要作为保险第一受益人。

（3）在债务债权关系存续期间，借款人不得以任何理由中断或撤销抵押物保险。

（四）所需资料

1. 借款人需要提供营业执照、法人代码证书、税务登记证等资料；

2. 抵押物的评估报告；

3. 其他资料。

（五）业务流程

1. 客户申请。

（1）借款人填写借款申请书和抵押物清单；

（2）借款人向银行提交授信业务所需相关资料：企业营业执照、企业法人组织机构代码证、税务登记证、公司章程、贷款卡和最近一期财务报表原件；

（3）以第三方资产提供抵押的，需提供第三方有效证明（有权机构的决议原件）；

（4）以自然人拥有的商品房抵押的，需提供自然人身份证、房产证等必要的证明材料；

（5）银行认为必要的其他材料。

中小企业抵押贷款流程见图 2 - 7。

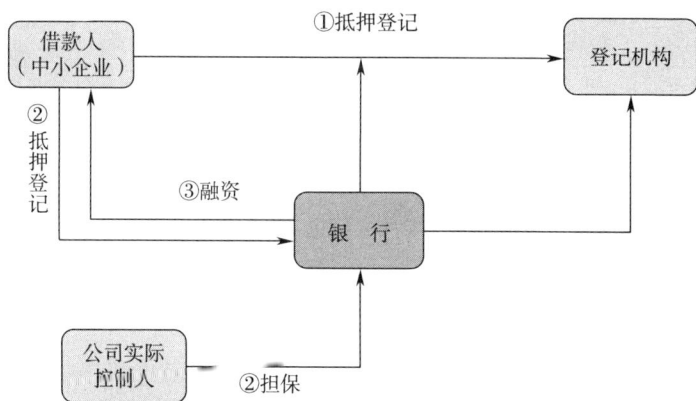

图 2 - 7　中小企业抵押贷款流程

2. 贷前调查。

客户经理在受理借款人业务申请后，应通过实地走访形式对借款人经营情况和抵押物的情况进行调查核实，形成调查报告。调查中应注重非财务信息的收集，并充分发挥其他信息渠道的作用。

（1）实地调查了解企业情况。

①通过实地走访，核实客户提供的营业执照、贷款卡、验资报告、企业章程、有关合伙或合作协议、产权证等相关基础资料原件，确定客户是否具有借款主体资格。

②现场核实企业主要固定资产状况、企业存货存在形式及其总量。

③通过实地走访了解企业开工情况。

④通过核查企业水电费发票，了解企业用水、用电量，比较上年同期值，对波动情况作出分析说明。

⑤了解企业用工人数和工资性支出情况，比较上年同期值，对波动情况作出分析说明。

⑥根据企业生产经营情况并结合所签订的购销合同等，分析企业合理融资需求和贷款主要用途，授信用途是否合法合规。

⑦现场调查抵押物的坐落位置；抵押物是否在城市拆迁规划范围内，如在拆迁规划范围内，不得抵押。

（2）通过各种渠道进行调查。

①通过向工商、税务、商检等有关部门，调查客户主体资格、历史沿革、地理位置、产权构成、环保情况等企业基本情况。

②通过向土地、房产等抵押物登记主管部门，核查抵押物权证的真实性和有无抵押在先或被查封等情况，以保证抵押物权属清晰无争议。

③通过各种报刊、经济专业杂志等媒介获取行业、企业信息。

（3）通过中国人民银行等查询系统查阅客户信用状况。

①通过中国人民银行征信信息查询系统，查询核实企业基础信息，查询企业表内外融资及对外担保情况，同时通过各种方法尽可能掌握企业社会融资真实情况。

②通过中国人民银行个人征信系统，查询企业法定代表人、主要经营者有无不良记录。

③通过公检法等部门以及企业同行，了解企业及其法定代表人、主要经营者有无赌博、吸毒等不良记录，有无案件、纠纷等情况。

（4）落实抵押物情况。

主要调查抵押物土地使用权取得方式、合规合法性、价值、变现能力、有无抵押在先及被查封等情况。实地走访过程中，应与企业的法人代表或实际控制人及财务负责人进行面谈。

3. 贷款审查

业务的审查，应强调对第一还款来源的有效性分析，重点通过核查企业"三品""三表"等内容，了解企业真实的经营情况，特别是要加强调查、核实抵押物价值的真实性和可靠性。"三品"是指企业主要管理人员的人品、企业主营产品和企业提供的抵押品；"三表"主要是指企业的水表、电表和海关的报表。主要审查要点包括业务合规性、企业经营及其抵押物情况。

（1）业务合规性。

①授信资料是否齐备，授信申请人是否具备借款主体资格，是否符合业务准入条件。

②授信用途是否合法合规。

③企业所在行业是否符合银行授信准入政策，是否为"五小企业"。

（2）企业经营和资信情况。

①企业经营情况、主要经营管理团队经营能力分析等，重点包括：企业所处的行业和区域情况，企业主要管理人员行业经验情况，企业纳税情况是否正常，企业用电、用水、用工情况是否正常，企业是否存在其他社会融资情况，企业主要财务指标是否存在异常变动情况等。

②企业及其法人代表（或实际控制人），在中国人民银行信贷征信等系统中的融资、信用和对外担保情况是否正常，是否有不良记录等。

③企业是否具有稳定的还款来源，主营业务和产品情况是否正常，是否有长期合作协议，企业订单的组织、完成情况等。

（3）抵押物情况。

①抵押物权属情况：抵押物是否合法，抵押物权属是否清晰、无争议，抵押物是否有其他抵押权或质押权设立在先等。以土地使用权抵押的，请提供县级以上土地管理部门核发的"国有土地使用证"审查其在土地使用中未设定抵押，证内注明用途与实际用途一致。以房产抵押的，应审查"房屋所有权证"。

②审查抵押物估值情况：抵押物评估价是否合理，市场价格是否稳定可靠，抵押物的价格波动幅度等。

③审查抵押物的变现能力。

④对于授信申请与调查情况相差较大的，审查人员应要求调查人员说

明原因、依据。

4. 贷款审批。

贷款审查、审批通过后，应由2人到场与借款人签订借款、抵押等主从合同，并确保合同印章和法定代表人签章的真实性。有关抵（质）押合同的签订涉及自然人的，必须由自然人及抵（质）押财产共有人现场签名（必要时可加按手印）。

5. 抵押、保险和公证。

（1）在放款前，银行客户经理应办妥抵押财产的保险、抵押登记等有效手续，费用由借款人承担。为降低客户财务成本，银行可以采取最高额抵押方式，以固定抵押物对授信期内连续发生的债权作抵押。

（2）经营单位应要求借款人到银行认可的保险公司购买财产保险，保险金额可按照贷款金额或抵押物评估价值购买，银行为保险第一受益人（或被保险人）。投保期限应大于贷款期限，保险单正本以及保险期内缴费发票（复印件）由贷款人保管。在债务债权关系存续期间，借款人不得以任何理由中断或撤销保险。

（3）根据每笔贷款的情况和当地具体情况，银行原则上应要求借款人、保证人与经营单位到公证机关，就贷款合同等债务债权文书办理强制执行公证。经营单位认为必要的，可要求对借款人的有关证明资料进行必要的公证，公证费由借款人承担。

（六）风险控制

1. 特定抵押物。

特定抵押物是指产权明晰、变现能力强、市场价格相对稳定、能办理有效抵押登记手续的抵押物，主要包括：（1）借款企业及其关联企业、企业主个人拥有完全产权商品房（含非个人自住性质的普通住宅、高档住宅、别墅）、商用物业；商品房和商用物业，交付使用年限在20年以内。（2）借款企业及其关联企业、企业主个人拥有完全产权的工业厂房，交付使用年限应在15年以内。（3）位于县级（含）以上城区中心或省级（含）以上工业园区内以出让方式取得的国有土地使用权。以土地使用权抵押的，应提供县级以上土地管理部门核发的国有土地使用证，审查国有土地使用证在土地使用期限内，未设定抵押、证内注明用途与实际用途一致。

　　银行不接受下列土地使用权抵押：（1）划拨土地使用权、集体所有的土地使用权；（2）所有权、使用权不明或有争议的土地使用权；（3）依法被扣押、监管的土地使用权；（4）《闲置土地处置办法》（国土资发〔1999〕5号）规定的闲置土地使用权；（5）法律、行政法规规定不得抵押的其他类型土地使用权；（6）已经抵押给其他债权人的土地使用权。

　　2. 检查手段。

　　银行通过现场与非现场检查等手段，及时掌握客户的经营管理现状，分析和关注融资期间出现的异常情况，采取有效的风险防范和化解措施，确保银行融资安全。第一次贷后检查应在业务发生后两周内，银行每年应组织一次全面性贷后检查，均应形成专题检查报告。

　　3. 跟踪走访。

　　银行客户经理与企业要经常保持联系，至少每3个月实地跟踪走访一次，对于每次走访情况应记载并打印归档。授信启用后每90天按规定进行五级分类。按月登录中国人民银行信贷咨询系统，查询分析客户是否存在异常、预警情况。每季度必须打印中国人民银行查询记录并归档保管。

　　4. 抵押物监控。

　　经营单位应按季度对抵押物进行监控，加强风险预警的日常管理工作。客户经理应定期或不定期监测抵押物变化情况：（1）了解抵押物的权属、价值是否发生变化，对于抵押物市场价值下降较快、超过担保能力的，要及时增加信贷抵押物；对于企业不能补充新的有效担保时，要及时采取保全措施。（2）了解抵押物是否被有关机关依法查封、冻结、扣押，抵押物的财产保险是否到期等情况；如抵押物发生意外损失，应要求借款人及时提供贷款人认可的其他担保方式。

【案例】

马鞍山市大汗物资有限责任公司抵押贷款

一、企业基本概况

　　马鞍山市大汗物资有限责任公司长期经营钢材销售，其规模较大，资金充足，经营灵活。根据公司与马钢签订的经销协议，公司月销售马钢2.8万吨以上的钢材，一直保持在马钢销售代理量前列。公司在做好马钢产品销售的同时，还利用其长期经营钢材销售所有的稳定销售渠道，完善的销售网络，不断与国内各大钢铁公司建立合作关系，丰富公司钢材品种和货源，公司实现销售收入11.24亿元，利润总额为970万元。

二、银行切入点分析

马鞍山市大汗物资有限责任公司在市中心有自有产权的商业楼，面积3000平方米，价值5000万元左右。某银行经过分析认为，可以以商业楼作为抵押，银行为该公司提供银行承兑汇票支持，用于企业流动资金周转。

三、银企合作思路

银行给马鞍山市大汗物资有限责任公司核定银行承兑汇票3500万元，以商业楼作抵押。

【点评】

抵押物控制仅是风险控制手段，最重要的是银行必须非常了解企业经营情况，对借款人经营业态非常熟悉，是因为了解企业才得以控制风险，而不是因为企业提供了楼宇、商业地产等抵押。银行不是当铺，我们是经营货币的商人，在经营货币的过程中实现货币本身的增值才是我们的经营目标。

在操作货押融资业务的时候碰到一个有意思的情况，一位支行负责人介绍说，现在大宗商品的价格要上涨，他们要做大宗商品的质押融资。其实，这是不对的。银行不会因为客户抵押的商品是否会升值而决定给这个客户贷款。因为，这个客户本身经营情况可以认同，但是这个企业太单薄了，提供信用贷令人有些不放心，所以要求客户将货物抵押给银行。

给企业的融资，实际就是寻找风险抓手的过程。特大型企业本身信誉非常优良，实力非常强大，有着较强的风险抵御能力，也非常重视自身在银行的信誉。这些企业本身的信誉就是风险抓手。中小企业融资，必须找到合理的风险抓手，中小企业持有的商业地产、楼宇、存货、应收账款、商标使用权、摊位经营权、待退的商业返点等都可以作为风险抓手。我们认为，只要能够控制企业的经营行为，让客户有所顾忌的措施都可以视之为风险抓手，而不是一味地担保和抵押。

银行客户经理在检查企业的"三表""三品"的时候必须非常认真，我们不是为了检查企业而检查，千万不要走过场。企业的"三表""三品"背后是企业的真实经营状况，银行愿意给企业贷款，就是因为对企业背后的情况放心。

八、政府采购链供应商融资授信

（一）政府采购链供应商融资定义及模式

1. "政府采购"定性叙述。

（1）政府采购链供应商融资，是指政府采购的中小企业招标企业，以政府采购中标订单为风险控制依托，银行为供应商提供的订单融资，而信贷资金专项用于政府订单采购的一种授信。

（2）政府采购是指省、市本级国家机关、事业单位和团体组织，使用财政性资金，采购依法制定的集中采购目录以内的或者采购限额标准以上的货物和服务的行为。

（3）政府采购是政府机构所需要的各种物资的采购。这些物资包括办公物资，例如计算机、复印机、打印机等办公设备，纸张、笔墨等办公材料，也包括基建物资、生活物资等各种原材料、设备、能源、工具等。政府采购也和企业采购一样，属于集团采购。

（4）政府采购最基本的特点，是一种公款购买活动，由政府拨款进行购买，风险保障程度极高。

2. 部分政府采购网站。

中央政府采购网：http：//www. zycg. gov. cn/

北京市政府采购中心：http：//www. bgpc. gov. cn/

四川省政府采购网：http：//www. sczfcg. com/

青岛市政府采购中心：http：//www. szzfcg. cn/

江苏省政府采购网：http·//www. ccgp － jiangsu. gov. cn/

合肥市政府采购中心：http：//www. hfzfcg. gov. cn/

广州市政府采购中心：http：//www. gzgp. org/

云南省财政厅政府采购管理处：http：//www. yngp. com/

青岛市政府采购网：http：//zfcg. qingdao. gov. cn/

广东省政府采购网：http：//www. gdgpo. gov. cn/

安徽省政府采购网：http：//www. ahzfcg. gov. cn/

河北招标采购网：http：//www. hnzbcg. com. cn/hnzbcg/

3. 政府采购链供应商融资模式。

（1）模式一：应收账款转让方式（政府采购链供应商融资授信"模式一"流程见图2-8）。

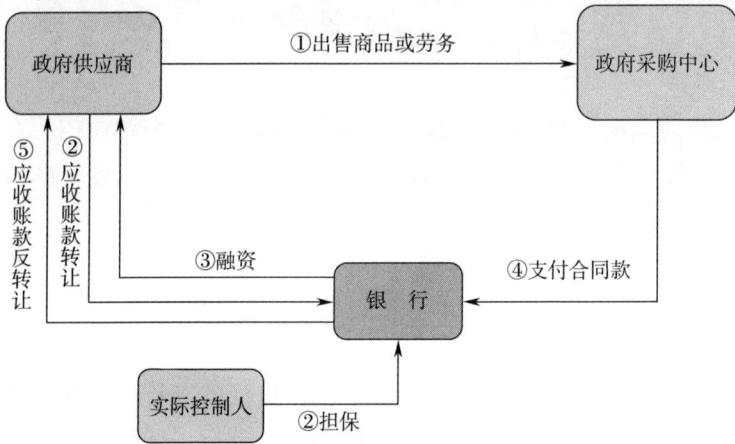

图2-8　政府采购链供应商融资授信"模式一"流程

（2）模式二：担保公司担保方式（政府采购链供应商融资授信"模式二"流程见图2-9）。

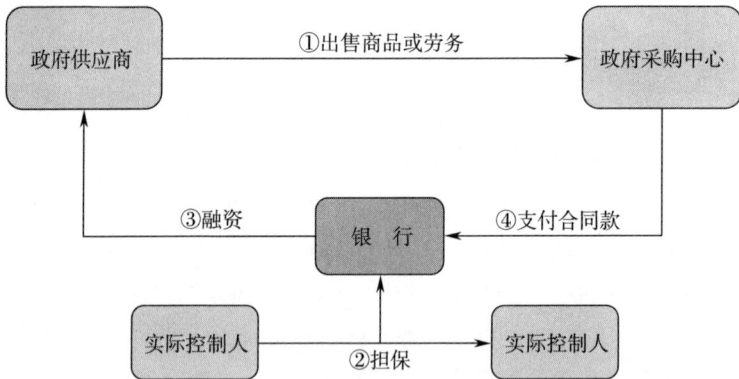

图2-9　政府采购链供应商融资授信"模式二"流程

（二）法律依据

政府机构所需物资须按照《中华人民共和国政府采购法》《政府采购货物和服务招标投标管理办法》等法律法规和相关规定予以采购；由政府

拨款、有一定流程，从而形成采购链（省本级政府采购流程见图 2-10）。

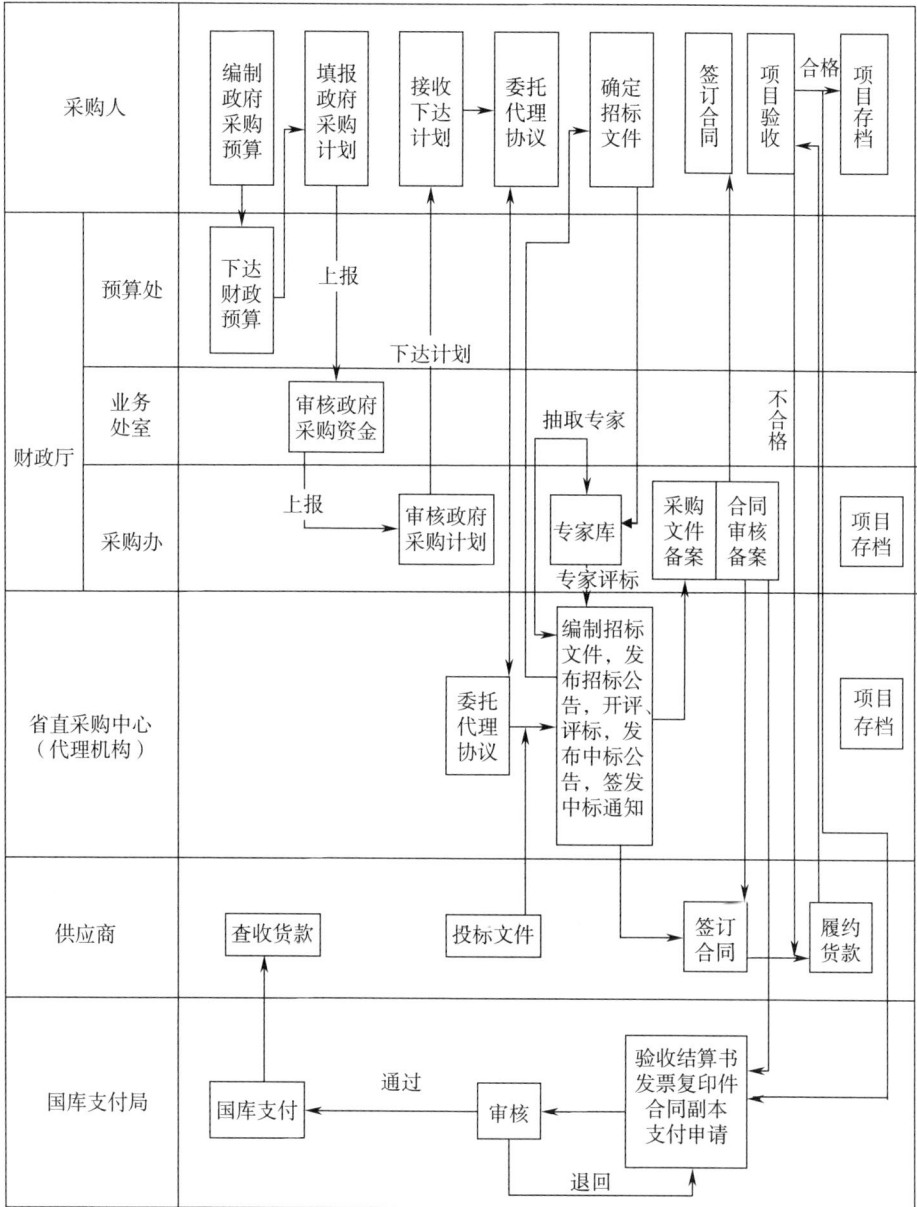

图 2-10　省本级政府采购流程

我国自正式推行政府采购制度以来，政府采购的规模和范围不断扩大，大量中小企业成为这一制度的受益者。近期，国家财政部又专门研究制定《中小企业政府采购管理办法》，加快开展中小企业产品和服务政府采购工作，作为扶持中小企业发展的一项有力措施。这一宏观形势为银行推行政府采购授信模式创造了有利时机。纳入政府采购的中小企业，还款来源有保障，企业发展有前景，是银行培育基础客户的良好目标。

（三）适用对象

1. 采购人是指纳入财政预算管理的省、市本级国家机关、事业单位和团体组织等。

2. 供应商是指在参与政府采购活动管理并中标或成交的，取得政府采购合同签署资格的企业法人。

3. 采购合同是指中标或成交政府采购项目的供货商与政府采购人就该中标或成交项目所签订的供货合同、采购协议、购销合同等。

4. 供应商准入条件。

重点考察履约能力、履约记录，具体包括：（1）符合银行《中小企业授信业务管理办法》中的客户投向政策；（2）实际运营的成立 2 年（含）以上的本地企业；（3）具备履行合同所必需的设备和专业技术能力；（4）授信评级原则上在 CC 级以上；（5）具有良好的商业信誉和健全的财务会计制度；（6）中标合同金额（以中标通知为准）须不低于 50 万元（含）；（7）履约历史记录良好，履约记录不少于两次，对于有不良履约记录的客户实行禁入；（8）合同标的为非基建工程类，即为商品与服务类买卖；（9）能够提供本办法所指担保人出具的"最高额保证担保意向书"（如需提供）；（10）法律、行政法规规定的其他条件。

（四）中标供应商授信方案及担保人担保方式

1. 授信模式。

（1）授信对象为参与政府采购活动管理并中标或成交的，取得政府采购合同签署资格的，签订采购合同的本地供应商；中标合同金额（以中标通知为准）须不低于 50 万元（含），不超过政府采购合同总金额敞口部分的 80%。

（2）银行核定担保公司最高（批量）担保额度。

（3）银行与供应商签订"政府采购链融资封闭贷款运行协议"，根据政府采购订单，通过财政采购支付资金封闭运行，为中标企业提供前期生产或周转资金，以政府财政支付资金作为主要还款来源。

2. 授信业务范围、时限。

（1）业务范围：提供流动资金贷款、开立银行承兑汇票、信用证等。

（2）时限：

①期限为 1 年（含）以内。

②根据中标供应商与采购人签订且送政府采购办备案的政府采购合同约定的支付时间而定，原则上银行授信合同还款时间晚于财政采购资金合同支付时间。具体时间与采购办共同商定。

③授信时间原则上不超过 1 年，采购合同时间超过 1 年的，省采购办与银行共同商定。

3. 担保方式。

（1）担保人担保方式。由银行认可的担保公司对政府采购项下的供应商进行担保。

（2）足额抵（质）押方式。提供银行认可的借款企业、企业实际控制人完全拥有产权的商品房（含普通住房、高档住宅、别墅）、商业物业（含土地使用权，但不接受划拨和集体性质的土地使用权）、工业厂房及动产或权利质押物。

（3）信用担保方式。对供应商信用评级在 AA 级（含）以上，且产品在国内市场有较好知名度的，企业在当地同业中排名前列，且连续 2 年以上进入省本级政府采购名录内，履约情况良好的，可采取信用授信方式。

（4）民营供应商须提供企业法人（实际控制人）夫妻双方的连带责任担保。

（五）贷款用途

贷款主要用于政府订单的履约。不得用于中小企业泛泛的流动资金周转需要，不得用于国家明令禁止的投资领域和用途。

（六）授信业务期限及形式

1. 授信业务期限。

（1）综合授信业务期限为 1 年以内（含 1 年）。

（2）单笔单批授信业务期限为供应商取得单笔政府采购购销合同后，组织货物生产、采购、交付、验收、结算等各项环节完毕所需期限。

2. 授信形式。

（1）综合授信业务。

综合授信业务，是指对于参加本级政府采购活动的供应商，根据符合条件的法人供应商的书面申请，综合评价法人供应商的信用风险和财务状况，确定该供应商在一定期限内可使用的最高信贷额度，并与之签订授信合同。

综合授信业务范围包括为供应商提供短期流动资金贷款、开立银行承兑汇票、信用证等业务品种。

银行根据已授信供应商与采购人签订的"政府采购合同"和供应商的书面申请及相关担保方式所需的资料，审核并发放相应的信用形式和金额。由担保人提供担保的供应商，担保人须出具"最高额保证担保意向书"和"担保确认函"。

（2）单笔单批授信业务。

单笔单批授信业务是指对于参加本级政府采购活动的供应商，提供单笔政府采购中标通知书和已签订政府采购合同及相关担保方式所需资料后，向银行提出书面授信申请，经银行综合评价该法人供应商信用风险和财务状况，确定该供应商在单笔供销活动期限内可使用的单笔信贷额度，并与之签订授信合同。由担保人提供担保供应商须取得担保人"政府采购项下履约融资担保业务推荐函"。

单笔单批授信的范围包括：（1）因供应商中标的单笔采购项目而需要融资的单笔授信；（2）因供应商中标的采购合同情况变化（采购额度临时增加，超出原有授信额度或原有授信额度已全部使用）需要增加的授信。

银行根据符合授信条件与采购人签订的政府采购合同和供应商的书面申请及相关担保方式所需的资料，审核并发放相应的信用形式及金额。由担保人提供担保的供应商须同时出具"最高额保证担保意向书"和"担保确认函"。

（七）抵押物评估

1. 抵押物评估。

（1）抵押物自建成交付使用之日起，至借款人提出贷款申请之日止，未满1年的，买卖合同价即视为抵押物价值，可不再另行评估；

（2）交付使用超过1年的，则必须由银行指定的专业评估机构进行评估、确认。

2. 抵押率。

（1）以土地使用权抵押的，抵押率原则上不超过 70%；抵押评估值核定可参考下列其中条件之一确定。

①不得超过其 6 个月内的买入价格（以契税证载明的价格为准）。

②不得超过最近 1 年内同一地段公开拍卖挂牌底价。

③不得超过当地政府在同一地段土地的指导价。

④不得超过当地政府在同一地段最近公开拍卖成交价。

（2）以普通住宅、商业房产抵押的，抵押率原则上不超过 60%。

（3）以别墅、高档公寓、办公楼抵押的，抵押率原则上不超过 50%。

（4）以工业厂房抵押的，以厂房土建评估后评估值加所依附的土地使用权的评估值两者之和来确定最终的评估值，抵押率原则上不超过 70%。

3. 抵押物管理。

（1）在放款前，银行应办妥抵押财产的保险、抵押登记等有效手续；费用由借款人承担。

（2）授信申请人应购买财产保险，保险金额可按照贷款金额或抵押物评估价值购买。其中以建筑物、机器设备或其他价值易损的财产设定抵（质）押的，保险金额一般应与抵质押物价值相同；如抵押物价值高于授信敞口金额，最低不低于授信敞口金额加上 3 个约定的计息周期的利息。保险的有效期应至少长于授信到期日后的 3 个月。保险单正本及保险期内缴费发票（复印件）由贷款人保管。原则上银行为保险第一受益人。

（3）在债务债权关系存续期间，借款人不得以任何理由中断或撤销保险。

（八）所需资料

申请综合授信业务或单笔单批授信业务的供应商需要提供以下资料。

1. 银行授信申请书。

2. 经年检有效的企业法人营业执照正副本复印件、法人代码证正副本复印件、税务登记证复印件、法定代表人证明文件及其身份证复印件、法人代表授权委托书、受托人身份证复印件、贷款卡复印件及密码、公司章程及验资报告复印件。

3. 经会计师（审计）事务所审计的前两个年度的年终财务报告及近

期的资产负债表、损益表、现金流量表。

4. 合法合规的董事会决议及董事会成员签字样本。

5. "政府采购项下履约融资担保业务推荐函"（如需提供）、"最高额保证担保意向书"（如需提供）、中标通知书、政府采购合同。

6. 合同签章预留印鉴卡。

7. 供应商政府采购结算账户变更的证明文件。

8. 其他需要提供的资料。

注：上述所有供应商提供的资料均须加盖企业公章。

（九）业务流程

1. 授信额度的确定。

（1）供应商应在参加政府采购活动前在银行开立人民币一般结算账户、收入监管账户（即在政府采购办备案的政府采购结算账户）和支出监管账户。

①人民币一般结算账户用于供应商一般往来结算，自行收支结算。

②监管账户用于核算供应商为政府采购供应的销（预）售收入及其他资金，进入本账户内的资金用于归还未结清的授信，余款可拨入结算账户自行支配。监管账户必须随附政府采购办盖章确认函，并备案，以明确国库支付局最后支付款项时必须回笼供应商在银行开立的收入监管账户。

③支出监管账户用于银行贷款资金的发放。该账户资金支付需符合用于完成政府采购供应行为的用途，资金支付时需银行主办客户经理审批。

（2）供应商向银行提出书面申请，提交"银行授信申请书"。

（3）供应商提交授信业务所需资料。

（4）银行客户经理对供应商提供的资料以及收集信息的合法性、真实性进行实地核实，并分析财务状况。根据核实、分析结果，出具书面调查报告。在授信调查报告中，必须详细叙述供应商融资的完整运作模式。

（5）银行对客户经理的授信调查报告进行个人审核。由担保人担保的授信，须审核担保人出具的"最高额保证担保意向书"的内容。

（6）银行与供应商签订综合授信协议和"本级政府采购链融资封闭贷款运行协议"，与担保人签订"最高额保证合同"（如需签订）。

（7）批复贷款额度，并发放贷款。

2. 具体授信业务的操作。

（1）供应商在取得单笔政府采购中标通知书，并已签订政府采购合同后，可依据规定办理具体的融资业务。单笔授信额度不得超过政府采购合同总金额敞口部分的80%。政府采购合同总金额的敞口部分，是指采购人与供应商签订的购销合同总金额扣减预付金后的金额。

（2）供应商向银行提出书面申请，填写授信申请书；同时提交已取得的单笔政府采购中标通知书和已签订的政府采购合同的原件、复印件。

（3）供应商提供担保所需的资料。由担保人担保的，供应商提供担保人出具的最高额保证合同和担保确认函。

（4）客户经理出具审核意见并报支行行长审核无误后，报分行中小企业业务部审批。

（5）银行办理短期贷款或承兑汇票业务以及信用证业务，与供应商签订借款合同（或银行承兑汇票协议，或信用证协议）。

（6）对于已获得综合授信额度的供应商，在有效期限内办理具体的融资业务时，由分行中小企业业务部审批即可。

3. 银行根据"本级政府采购链融资封闭贷款运行协议"实施授信额度使用监管，以及授信后管理，并将监管情况及记录及时通报担保人。

4. 还款。

（1）供应商按照借款合同（或银行承兑汇票协议，或信用证协议）约定履行合同的：采购人按照采购合同的约定支付全额款项，并划入供应商在银行开立的政府采购收入监管账户；该笔款项的部分资金用于归还供应商在银行的全额政府采购借款资金本息，其余部分资金解除监管。

（2）供应商未按照借款合同（或银行承兑汇票协议，或信用证协议）约定履行合同的、未由担保人担保的：银行将在借款到期后5个工作日内，以书面形式向担保人出具"代偿通知书"，由专人送达，担保人须在合同到期之日起30个工作日内履行代偿义务。

5. 担保责任解除。

供应商还款后，担保人的担保责任解除，银行在款项到账后5个工作日内分别向担保人出具"解除担保责任"。

6. 授信模式流程。

（1）开立相关账户。

对于拟授信的中标供应商，应在参加政府采购活动前在银行开立人民币一般结算账户、收入监管账户（即在财政厅采购办备案的结算账户，该收入监管账户作为合同账户，必须在放款前以通过省本级政府采购中标供应商授信备案表回执的方式明确）和支出结算账户。

①人民币一般结算账户，用于中标供应商一般往来结算，自行收支结算。

②收入监管账户，用于核算中标供应商收入政府采购供应的销（预）售收入及其他资金；进入本账户内资金用于归还未结清授信，余款可拨入结算账户自行支配。银行收到监管账户同时必须取得政府采购办盖章确认函，并备案，以明确国库支付局最后支付款项时必须回笼供应商在银行开立的收入监管账户。

③支出监管账户，用于银行贷款资金的发放。该账户资金支付需符合用于完成政府采购供应行为的用途，资金支付时需银行主办客户经理审批。

（2）申请授信。

供应商须提交以下授信业务所需资料。

①银行授信申请书。

②经年检有效的企业法人营业执照正副本复印件、法人代码证正副本复印件、税务登记证复印件、法定代表人证明文件及其身份证复印件、法人代表授权委托书、受托人身份证复印件、贷款卡复印件及密码、公司章程及验资报告复印件。对于已办理过单笔单批业务的中标供应商，在同一会计年度内申请第二次（及以上）的单笔单批授信时本款所需资料可以从略。

③经会计师（审计）事务所审计的前两个年度的年终财务报告。对于已办理过单笔单批业务的中标供应商，在同一会计年度内申请第二次（及以上）的单笔单批授信时本款所需资料可以从略。

④近期的资产负债表、损益表、现金流量表。

⑤合法合规董事会决议及董事会成员签字样本，合同签章预留印鉴卡。对于已办理过单笔单批业务的中标供应商，在同一会计年度内申请第二次（及以上）的单笔单批授信时本款所需资料可以从略。

⑥中标通知书、政府采购合同和担保人"政府采购项下履约融资担保业务推荐函"（如需提供）、"最高额保证担保意向书"（如需提供）。

⑦其他需要提供的资料。

注：上述供应商提供的资料均须加盖企业公章。

（3）授信审核审批。

①客户经理出具书面调查报告。对供应商提供的资料以及收集信息的合法性、真实性进行实地核实和分析财务状况，审批重点在履约能力、履约记录上分析，具体包括：a. 符合银行客户投向政策；b. 实际运营的成立2年（含）以上的本地企业；c. 具备履行合同所必需的设备和专业技术能力；d. 授信评级原则上在CC级以上；e. 具有良好的商业信誉和健全的财务会计制度；f. 中标合同金额（以中标通知为准）须不低于50万元（含）；g. 履约历史记录良好，履约记录不少于两次，对于有不良履约记录的客户实行禁入；h. 合同标的为非基建工程类，即为商品与服务类买卖。

②银行与供应商签订"政府采购链融资封闭贷款运行协议"、具体业务合同，与担保人签订"最高额保证合同"（如需签订）。

（4）提款手续。

①对已取得批复授信额度的中标供应商，持中标通知书、政府采购合同（原件、复印件）和担保的相关资料，到银行书面申请办理贷款。由担保人担保的，须提供最高额保证担保意向书、最高额保证合同和担保确认函。

②银行向政府采购办发出备案表，并取得回执。

政府采购中标供应商融资授信流程见图2－11。

（十）产品优势

1. 政府采购链供应商融资授信业务流程标准化、信用形式发放多样化、控制信用风险系统化、授信对象定向化、担保方式统一专业化、采购结算资金国库直接支付化等原则，对授信额度使用、还款实行结算、监管账户封闭运行，实现风险可控，程序流畅，审批简捷，授信成本具有竞争力。

2. "政府供应商融资"是指通过政府采购支持中小企业的融资模式。支持本地中小企业发展，为本地中小企业创造良好的融资环境，已经成为各级政府的共识。各地政府纷纷设立政府背景的担保公司以支持中小企业融资，而通过与银行合作，为政府供应商提供融资，等于支持中小企业。

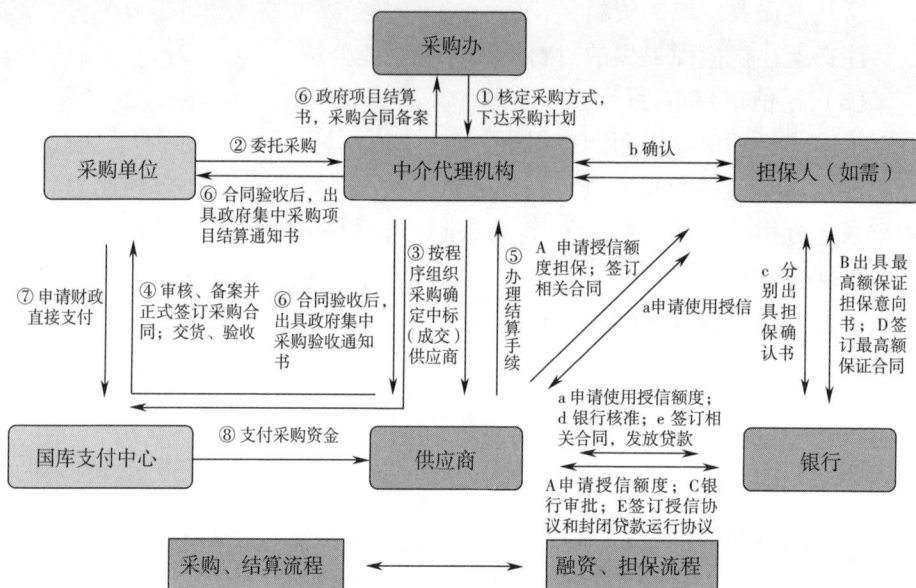

图 2－11　政府采购中标供应商融资授信流程

（十一）风险与风险管理措施

1. 主要风险分析。

签订中标合同之后，中标供应商在组织生产（贸易）和交货环节中出现的风险，一是中标供应商产品的品质保证风险；二是生产、贸易环节的经营风险；三是交货环节中的货物流通风险；四是供应商单方面不执行合同风险。

2. 控制措施。

（1）政府采购办筛选、监管资质中标供应商。根据国家和地方政府采购资金管理办法等政策，对中标供应商进行资质筛选，符合条件的中标供应商基本上符合国家政策导向和区域发展方向。银行没收到采购办回执认可的采购合同，银行授信将不予投放。对单方面违约的中标供应商，争取省本级采购办对其采取措施，如列入黑名单，进行处罚和法律追讼，向社会公布等。

（2）银行设置授信客户准入标准。银行根据政府采购中标供应商情况，从企业成长性、资信情况和中标合同金额等角度，设置拟授信企业准入标准。

（3）追加风险缓解第三方，选择有政府背景或担保实力较强的担保公司，增强政府采购融资的风险控制力度，并协助银行监控授信企业的日常经营情况。

（4）与供应商签订"政府采购链融资封闭贷款运行协议"，建立采购信贷资金的封闭运行机制。一是要求中标供应商开立收入监管账户，锁定政府采购资金还款来源；二是要求开立支出监管账户，专款专用，实行用款监督支付；三是要求开立一般结算账户，确保对企业资金流的监控；四是争取政府采购资金专户在银行开立，对外支付通过银行办理，确保信贷资金的全封闭运行。

（5）部分项目推行企业财产保险。对于易燃易损物品推进财产保险制度，预防中标供应商遇到不可抗力等事件导致的信贷资产损失。

（6）建立政府采购授信客户专门台账管理。

【案例】

××省省级政府采购中心供应商贷款

一、企业基本概况

××省财政厅（政府采购管理处）是××省政府财政厅的一个内设部门，采购中心降低了中小企业参与政府采购的门槛，取消了企业注册资金限制。这一举措使中标政府采购项目的中小企业达1379家，极大地促进了中小企业的发展。

××信息技术实业有限公司注册资金为5500万元，是××省电子工业管理委员会认定的软件企业和××省科学技术厅认定的高新技术企业，该公司软件被政府采购。

二、银行切入点分析

某银行与当地政府关系非常密切，经过认真分析，认为可以借助××省财政厅（政府采购管理处）关联营销众多的供应商。这些供应商有政府采购订单，由于政府的采购都是先交易，按季度结算，因此，中小供应商普遍流动资金紧张。

三、银企合作情况

中小企业仅凭政府采购中标通知书和合同即可申请贷款,无须向银行提供任何抵押或担保。企业提出申请后,银行对其考察时间一般需要 5 天左右,如果该企业已经通过审核,那么中标后 3 天便可拿到贷款。

××省省级政府采购中心与××银行合作,推出支持中小企业融资的"政府采购融易贷"项目。银行给××信息技术实业有限公司的贷款金额为 500 万元。

【协议】

政府采购链融资封闭贷款运行协议

甲方:

乙方:＿＿＿＿＿＿银行

本协议中封闭贷款是指为支持甲方供给政府采购之货物的生产及采购,在供给政府采购货物的生产及销售过程中,乙方实行贷款发放和收回专户管理,封闭运行。

协议内容:

第一条 甲方应在乙方处开立人民币一般结算账户、收入监管账户(即在政府采购办公室备案的政府采购结算账户)和支出监管账户。

人民币一般结算账户用于甲方一般往来结算,自行收支结算。

收入监管账户用于核算甲方收入政府采购供应的销(预)售收入及其他资金,进入本账户内资金用于归还未结清授信,余款可拨入结算账户自行支配。在银行收到监管账户同时必须取得政府采购办盖章确认函,并备案,以明确国库支付局最后支付款项时必须回笼甲方在银行开立的收入监管账户。

支出监管账户用于银行贷款资金的发放。该账户资金支付需符合用于完成政府采购供应行为的用途,资金支付时需银行主办客户经理审批。

第二条 甲乙双方签订综合授信协议后,甲方可依据其与采购人签订的政府采购合同向乙方申请相关款项。

第三条 甲方应根据乙方要求定期向乙方提供既定产品测算的原材料、工费清单及对外支付明细情况。

第四条　甲方政府采购货物生产过程中原辅材料的采购、费用开支等一切支付，都要由乙方根据甲方提供的原材料、工费清单经审核并由乙方客户经理签字后从支付监管账户予以支付，所有与该清单无关的费用，均不得支付。

第五条　甲方应保证获得政府采购货物销售收入后及时存入甲方所开立的政府采购收入监管专户，不得截留或挪作他用，必须按时归还银行贷款本息。乙方应监督跟踪产品销售，掌握付款方式及时间，督促甲方偿还借款本息。

第六条　甲方在乙方发放封闭贷款期间，要及时向乙方提供与政府采购货物销售有关的合同或协议类资料和财务会计资料。

第七条　乙方对甲方政府采购货物销货款未进收入监管账户、挤占挪用封闭贷款或有逃废银行债务行为的，应立即停止发放贷款，并扣收原发放的贷款；对无力还清的贷款，有权追索担保单位。

第八条　甲方承诺：

在还清乙方贷款本息前，不将收入监管专户的资金挪作他用；

在还清乙方贷款本息前，政府采购货物销售回笼资金全部进入政府采购收入监管账户；

乙方可于贷款到期后直接扣除贷款本息；

向乙方提供的所有资料包括用款依据均真实、有效。

第九条　乙方承诺：

在甲方提出申请并提供政府采购合同和银行认可的担保方式所需材料后，乙方在3个工作日内完成相关款项的发放。由担保人担保的，其担保人出具最高额保证担保意向书、最高额保证合同和担保确认函。

对甲方进行政府采购货物生产、采购过程中的必要开支，在乙方所需资料齐全情况下，乙方保证当日出款。

在甲方采购结算资金到账后，乙方在扣还贷款本息的同时将其余款项解除监管。

第十条　如甲方未依约履行上述承诺，或未遵守本协议规定的其他义务，即构成违约，乙方将视情况采取以下一种或多种措施：

宣布贷款额度部分或全部取消，乙方所承诺的放贷义务立即部分或全部解除；

宣布贷款立即全部或部分到期,甲方立即清偿贷款本息及其他应付费用。

第十一条 甲乙双方主要代表应定期交流情况,保持联系、沟通信息,解决在执行本协议中所产生的问题。

第十二条 在执行过程中,如客观情况发生变化或需要对协议中有关条款进行修改补充时,双方本着平等互利的原则友好协商解决。

第十三条 本协议经甲乙双方法定代表人或授权代理人签字并加盖双方公章后生效,在执行过程中如发生变化,双方本着平等、互利互惠的原则友好协商解决。

本协议一式四份,甲乙双方各执一份,借款担保人两份。

甲方:(签章) 乙方:(签章)

法定代表人或 法定代表人或

授权代理人 授权代理人

日期: 日期:

【协议】

政府采购融资业务合作框架协议

甲方:_____银行

地址:

法定代表人:

乙方:中小企业信用担保有限责任公司

地址:

法定代表人:

鉴于:

甲方是_____银行分支机构,具有很强的资金实力及完备的资金融通能力;乙方是中小企业信用担保公司。

甲方、乙方建立业务合作关系,有利于促进商业银行中小企业授信业务可持续发展,规范中小企业授信管理,系统、有效地防范授信风险,建立政府采购供应商融资渠道,满足政府采购供应商对金融服务快捷性和便利性的要求,充实和完善政府采购信用体系建设内容。甲方、乙方实施履约综合授信业务合作，将满足合作各方对管理创新和业务创新的要求，密切各方的合作关系，促进各方的业务发展，有利于业务合作关系的长久、稳固和发展。因此，合作各方对合作事项达成以下一致协议。

第一条　合作原则

合作各方按照真诚合作，讲求实效，互惠互利，共同发展的原则建立相互间的业务合作关系，促进彼此的协作与共同发展；以诚实守信的原则履行本协议，并以互惠的方式协商处理本协议的相关事项。

第二条　合作目标

2.1 充分发挥合作各方的职能、技术、领域优势，建立政府采购供应商简捷的履约融资担保综合授信业务渠道。

2.2 充分发挥政府采购结算资金的保障作用，建立有效的综合授信业务风险防范系统和适合政府采购供应商特点的授信评价标准。

2.3 充分利用合作各方现有信息网络和资源，建立信息渠道和符合当地政府采购供应商特点的实际操作流程及业务合作模式。

第三条　合作内容方式

3.1 乙方作为保证人向甲方承担连带保证责任；保证期间为借款合同或其他相关合同约定的债务履行期限届满之日起 12 个月。

3.2 对甲方、乙方合作开展政府采购供应商履约融资担保综合授信业务；乙方是否免交担保保证金要征得甲方同意。

3.3 甲方、乙方对政府采购供应商申请的综合授信额度及其担保的申请，实行共同调查，分别进行公正、独立的分析、评价和审批。

3.4 甲方根据有效综合授信额度审核供应商申请的每笔信用形式及金额前，需经过乙方对该笔信用形式及金额书面确认承担保证责任。对未经乙方出具担保确认函确认发放的信用形式及金额，乙方不承担担保责任。甲方同意在授信额度内的每笔融资均可以提前还款，贷款原则上按同期基准利率执行，具体执行利率视授信企业资质而定。

3.5 甲方、乙方共同对政府采购供应商的合同履约过程进行监管，甲方按照本级政府采购链融资封闭贷款运行协议对贷款进行监管，互通信息，共商解决问题方案。乙方负责与政府采购办和采购中心等的沟通工作。

3.6 甲方、乙双方在共同确定的整体综合授信业务规模和供应商范围内，就双方审批通过的供应商综合授信额度，甲方为供应商提供融资，乙方为供应商融资额的本金部分向甲方提供连带责任保证，不得拖延、拒绝。

3.7 如融资供应商未能按借款合同约定按时还款，甲方应自借款合同到期之日起 5 个工作日内书面通知乙方，乙方应自借款合同到期之日起 30 个工作日内向甲方履行代偿担保责任。

3.8 甲方为主，乙方配合，共同协商确定以下文件作为本协议的必要附件，由甲方上报银行总行批准，建立政府采购供应商履约融资担保综合授信业务专用绿色通道。

3.8.1 根据甲方、乙方的合作框架内容，甲方对特定的供应商借款人群体审批整体综合授信业务规模；甲方对乙方的担保资格审核，乙方全部对外担保信用放大倍数须符合国家有关规定，并审定相应的履约融资担保规模。甲方对乙方担保资格的核保每年 1 次，甲方的各相关分支机构不再对乙方进行逐单核保。

3.8.2 甲方、乙方共同设计和制定适合政府采购供应商业务特点的"本级政府采购链供应商融资授信业务管理办法""本级政府采购中标供应商授信业务方案""本级政府采购链融资封闭贷款运行协议"。

3.8.3 甲方、乙双方共同组织供应商融资担保业务洽谈会，共同协商确定特定范围的政府采购供应商名录。

3.8.4 根据政府采购特点，按照"流程从简，审批高效"的原则，甲方就本协议项下的合作业务设计银行内部的授权审批流程及办法，乙方就本协议项下设计担保公司内部授信审批流程及办法。

第四条　合作各方约定的其他事项

4.1 甲方、乙方共同开展的政府采购项下的融资不得用于炒作证券、期货，不得用于企业权益性投资、验资及其他法律法规、金融监管部门限制和禁止的行业及用途。

4.2 甲方、乙方在合作业务操作上应相互支持与配合，简化业务操作手续，最大限度地提高工作效率。

4.3 在合作业务存续期间，甲方、乙方根据各自规定，定期相互通报合作业务进展情况。

4.4 本协议约定内容将体现在甲方、乙方签订的最高额保证合同之中。

第五条　合作期限

本协议自合作各方签字盖章之日起至　　年　　月　　日止有效，到期后根据本协议实施情况协商是否继续履行或终止该协议。

第六条　保密条款

6.1 对本协议内容的保密义务，甲方、乙方在未获得对方事先书面同意的情况下，不能以自己的名义，向合作各方以外方披露本协议的存在及其内容。

6.2 甲方、乙方向对方披露的有关财务、商务、市场、管理、技术和经济方面的所有的有形和无形信息，均视为保密信息。

6.3 经甲方、乙方同意，不论本协议是否变更、解除或终止，本条款将持续有效。

第七条　协议终止

由于一方不履行本协议义务或严重违约，致使本协议无法履行或履行成为不必要时，另一方有权单方终止本协议，但应提前30天发出通知。

第八条　违约责任

本协议一经签订，即具有法律效力，甲方、乙方均应按照本协议的约定全面履行自己的义务，任何一方均不得违约。违约方必须赔偿因此给其他两方造成的实际损失。

第九条　协议生效及其他

9.1 本协议自甲方、乙方签字或盖章之日起生效。

9.2 本协议未尽事宜，由甲方、乙方协商解决，协商所形成的书面文件作为本协议的附件，与本协议具有同等法律效力。

9.3 如果在协议期间或期满之后甲方、乙方同意继续合作的，可另行签订协议。

9.4 本协议一式六份，甲方执两份，乙方执四份。

甲方：银行（公章）

法定代表人（或负责人）

签字：

　　　　　　　　　　　　　　　　　年　月　日

乙方：　　　　中小企业信用担保有限责任公司（公章）

法定代表人（或负责人）

签字：

　　　　　　　　　　　　　　　　　年　月　日

九、中小企业联保贷款授信

（一）联保授信定义及其类别

1. 联保模式。

联保模式是指中小企业按照自愿原则，依据一定的规则组成联保小组，由银行对联保企业进行授信，联保企业之间相互承担连带保证责任的一种融资模式。

2. 贷款分类。

（1）一般联保贷款。

①在联保协议范围内，借款人不能按时还款时，联保小组成员以其自身财产为其承担连带责任。

②联保成员连带赔偿责任制度：对于一般联保贷款，联保小组任一成员的贷款，由其他成员按比例承担保证担保责任；一旦联保贷款出现风险，所有成员集体负责偿还，联保小组成员之间相互监督制约，承担连带赔偿责任。

（2）特殊联保贷款。

①由联保小组成员出资设立风险基金，建立风险基金补偿长效机制。借款人不能按时还款时，首先由风险基金补偿，再由借款人、担保人各自资产清偿。

②建立小企业联保贷款风险准备金制度：对于特殊联保贷款，联保小组成员按贷款额度10%以上比例提供相应贷款风险准备金，在银行开立专户存放，并由各成员签订风险准备金使用协议，一旦某成员出现风险，联保小组成员所有贷款风险准备金优先偿还本笔贷款本息，再由借款人、担保人各自资产清偿贷款本息；联保小组成员应订立风险基金管理、使用、

处置、损失补偿协议，经银行审核同意后实施。

中小企业联保贷款模式见图 2 - 12。

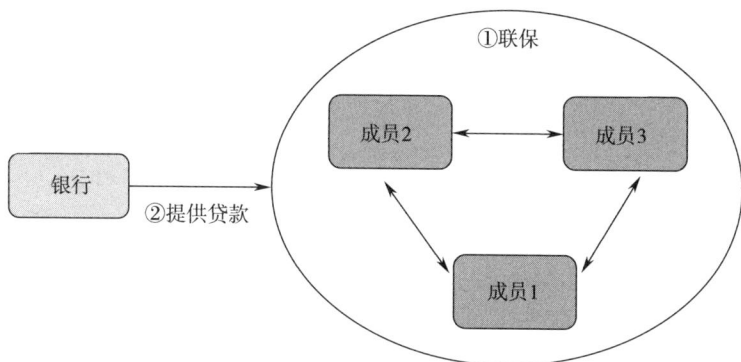

图 2 - 12　中小企业联保贷款模式

（二）适用对象

通常在各地的商业协会组织的商圈内的成员单位多为老乡或经营上的生意伙伴组成，成员之间彼此非常熟悉和信任。愿意为彼此在银行的贷款提供担保。

这些客户多为中型规模的客户群体，需求的授信量在 1000 万～3000 万元。

（三）贷款用途

贷款主要用于中小企业生产周转需要，不得用于国家明令禁止的投资领域和用途，不得用于偿还银行存量不良贷款或违规贷款。

（四）授信

授信是指各类贷款、贸易融资、贴现、保理、贷款承诺、保函、信用证、票据承兑等表内外授信业务。

联保小组所有成员对本组任何一位借款成员承担连带保证责任，根据联保小组各成员贷款的实际需求、还款能力、信用记录和联保小组的代偿能力，核定联保小组成员的贷款限额。

（五）银行益处

在该模式中，银行通过目标市场、客户准入标准、风险保证金、第三方监管等 4～5 道信用风险过滤屏，逐层筛选联保小组的信用风险，从而获得相对安全的局部信用环境，同时为银行带动其他相关业务收益。

（六）适用客户

鼓励在产业集群、国家级高新区、专业化市场、工业园区、块状经济体中选择优质生产型中小企业设立联保小组。

联保企业应以生产型企业或商贸流通型企业为主，谨慎支持电子网络联保模式。

1. 纳入联保模式化操作的企业，原则上应满足以下条件。

（1）符合银行授信业务的客户基本条件，授信用途符合国家法律法规及有关政策规定。

（2）原则上企业连续正常经营两年以上，成长性较好，现金流及利润稳定增长，企业所属行业符合银行信贷投向指引政策要求或为所属区域内政府重点支持的优势行业。

（3）企业经营的产业项目，应符合国家的法律法规、产业政策要求，重点支持节能环保业、高新技术产业、新能源、重大技术装备等潜质较大的行业。

（4）企业在银行信用风险评级原则上在 B 级（含）以上，生产型企业资产负债率原则上不超过 60%，流通型企业资产负债率原则上不超过 70%。

（5）企业及其主要股东、关键管理人员，近 3 年内没有不良信用记录及其他负面情况。

（6）原则上要求在银行开立基本结算账户或一般结算账户，主要结算业务在银行办理，并由银行代发工资、代缴水电费、代缴税费等。

（7）借款人和联保小组各成员的资产负债率在整个还款期内均应持续低于 60%。

（8）联保小组成员原则上不得少于 3 户。

（9）单一借款人只能加入一个信用联合体。

（10）由外部信用评级机构对其进行信用评级并出具信用评级结果。

（11）所有联保小组成员都应符合或超过贷款人设定的能够申请小企业联保贷款的最低信用等级标准。

（12）联保小组成员不是关联方。

2. 除需符合以上条件外，有下列情况的不得作为联保企业：

（1）主要投资者个人、关键管理人员或与其关系密切的家庭成员（包括三代以内直系亲属和二代以内旁系亲属关系）之间的联保。

（2）关联企业之间的保证。关联企业是指在资金、经营、购销等方面，存在着直接或者间接拥有或者控制关系，直接或间接地同为第三者所拥有或者控制，其他在利益上具有相关联的关系的企业。

（3）其他不宜作为保证人的保证。

（七）业务流程

1. 设立联保小组。

企业自愿组成联保小组，联保小组每组成员企业不得少于3户，单一借款人只能加入一个联保小组。联保小组应推选一名成员为联保小组组长，负责联保小组内有关事项的协调，并作为与银行联系的主要责任人。

2. 联保业务申请。

自愿组成联保小组的联保企业，应向经营单位提出联保申请，并提供以下资料：（1）联保申请书；（2）借款申请人及联保企业经年检合格的营业执照、组织机构代码证、税务登记证、贷款卡等；（3）借款申请人及联保企业法定代表人或负责人的身份证明，公司章程或企业组织文件；（4）借款申请人及联保企业近两年度财务报告、近期财务报表及报表附注等；（5）银行规定的其他资料。

3. 联保模式设计。

（1）银行接到企业联保申请后，根据企业提供资料逐户进行调查，并根据企业所属行业和类型，整合社会资源、设计联保融资模式；在提高对联保企业产品组合销售的基础上，根据企业在银行的信用履约记录执行差别利率。

（2）对不同类型的联保小组应确定不同的融资组合，原则上参照以下标准。

①对于生产型联保小组，应考虑采取"1＋N"或"2＋N"等形式，即联保小组成员具有履约还款能力，其中至少有1~2家生产型企业，经营效益良好，具备为第三方提供连带责任保证的能力。

②对于商贸流通型联保小组，应考虑通过公信力较强的渠道（包括政府、行业协会、地方商会或专业化市场等机构或单位的推荐并监管），选择联保小组成员；在联保模式下可以考虑增加担保公司保证，或增加货

押，或增加核心资产抵押等风险缓释措施。

③对于资质和资信好，且在银行结算量大、综合收益较高的商贸流通企业，可以适度弱化联保之外的其他担保要求。

4. 上报联保方案。

经营单位经过贷前调查形成联保方案，方案内容有以下。

（1）拟开发目标市场概述（包括运行情况、市场规模和特点、中小企业户数、企业所处地位等）；

（2）联保企业情况（包括企业信用评级、企业近两年经营情况、主要财务指标等）；

（3）联保方案设计（包括风险保证金比例、授信总额、单一最大敞口、主要风险点及控制措施、综合效益情况等）；

（4）主要法律文本或协议。

5. 方案的审查、审批。

审批机构在收到模式化方案后，主要从方案的可行性、风险控制的有效性、授信成本的经济性等方面进行模式化方案的审查、审批。具体审查包括以下内容。

（1）联保小组的设立等情况。联保小组成员只能参加一个联保小组，不得同时参加两个以上的联保小组。

（2）融资方案。是否根据区域和客户特点设计融资方案，是否设立风险保证金，以及经营单位有无对主要授信风险点的缓释措施等。

（3）主体资格。联保小组的合法性、真实性和安全性；联保户数不得少于4户；联保企业经营管理是否规范，信誉及履约记录是否良好；联保企业的生产经营项目是否符合国家的产业政策和环保要求等。

（4）法律文本中有关内容是否有重大遗漏等。

6. 授信调查。

方案批复同意后，银行客户经理应向银行个人征信系统等外部信用数据库查询借款人及企业实际控制人信用记录，对于联保小组成员开展授信调查。授信调查应坚持两人实地调查的原则，除按照银行中小企业授信相关管理要求进行调查外，还应重点调查以下内容。

（1）联保小组各借款人是否具备资格，是否符合联保模式化方案规定的设立条件和准入条件。

（2）借款用途是否用于自身经营。

（3）申请借款额是否适当，贷款期限是否合理，还款来源是否稳定、有保障，是否有足够的现金流或经营收入。

（4）借款人历史经营状况如何，是否存在经营风险。

（5）借款人信用情况，在银行或他行是否有不良记录。

银行客户经理根据调查情况，撰写联保小组借款人调查报告，签署明确意见后报经营单位负责人审核。

7. 授信的审查、审批。

经营单位负责人审核客户经理授信调查材料及意见，签署明确意见后报送分行审查、审批。

（1）审查原则。授信审查人员应坚持"整体性和区别性相结合"的审查原则，独立地对联保小组及其小组成员企业的还款能力进行评估；应注重联保小组整体的还款能力评估，客观评估其信用风险状况，并结合联保企业个体现金流情况，合理确定联保企业单一授信金额。有权审批部门必须在审批意见单上注明"联保模式"。

（2）授信额度管理。联保小组借款总额原则上不得超过设立风险保证金总额的4倍；联保企业的借款额度，应以联保企业第一还款来源为重要依据，同时应参考其在银行存入的风险保证金数额，银行核定的单户授信额度原则上不高于其风险保证金的4倍。银行每年可根据各成员企业的还款情况及信用程度适当调整贷款的授信额度。

（3）授信期限和用途。根据行业及产业特点、企业生产周期等选择不同的授信产品，宜选择流动性强、短期授信产品。授信期限根据授信种类、用途和成员企业生产经营活动周期确定，流动资金短期贷款一般不超过1年，中长期贷款原则上不得超过3年。原则上合作前3年不考虑中长期贷款。授信用途只能用于中小企业日常经营中的流动资金需求，不得以任何形式流入证券、期货市场，或者用于股本权益性投资，争取做到贷款封闭管理，专款专用。在确定的联保授信额度和期限内，联保企业可多次提取、随借随用、循环使用、到期归还。

（4）贷款利率。原则上应按贷款期限的一定比例进行上浮，对银行综合贡献度较高的借款人，经营单位可参照当地同业水平确定适当上浮比例，但不得低于同期人民币贷款基准利率。

8. 签订协议、授信放款。

（1）联保企业应与银行签订联合保证合同、联合质押合同和借款合同等主从合同，联保小组自联合保证合同签署之日起设立，应约定任一成员企业的授信出现风险时，首先由风险保证金偿还，不足部分由所有成员企业共同承担连带责任保证。

（2）联保协议有效期由借贷双方协商议定，须追加企业实际控制人个人或夫妻双方无限责任保证担保，办理风险保证金质押手续。

（3）联合保证合同期满，经银行同意后可以续签。

（4）银行客户经理将完整的授信资料移交放款部门，放款审核人员对放款资料的齐全性和一致性进行审核和核准，办理贷款发放手续。

9. 联保小组的退出、补充和解散。

联保企业在达到规定条件的前提下，可以退出联保小组，联保小组也可以按规定的条件吸收新的成员。

（1）联保企业的退出。

①联保小组全体成员企业清偿银行所有贷款本息后，拟退出的企业可以在通知联保小组其他成员企业，并经过银行同意后，自愿退出联保小组。

②对违反国家法律法规、联合保证合同等主从合同的联保企业，对违规使用银行贷款的联保企业，应在强制收回其所欠贷款本息或落实连带责任后，经联保小组其他成员企业一致同意和银行审查同意，责令其退出联保小组。

③联保小组成员企业减少后，联保小组必须与银行重新签订相关联合保证合同。

（2）联保小组成员的补充。

符合参加联保小组条件的借款人，经联保小组全体成员企业一致同意和银行审查同意后，可以补充到联保小组，并重新签订联合保证合同。

（3）联保小组的解散。

联保企业全部清偿授信额度项下贷款本息等相关债务，经共同协商同意，向银行申请后可以解散。在联保小组任一成员企业未还清贷款本息之前，联保小组不得解散。

（八）风险控制

1. 严把客户准入关。

银行应重点选择成长性强、现金流及利润稳定的企业为合作对象，重点考察第一还款来源可以预期、经营者诚信记录良好、有诚意与银行建立长期合作关系的企业，支持其向规模发展。

2. 加强风险预警工作。

（1）根据联保企业的生产、经营管理情况，对其授信总额、资产负债指标、盈利指标、流动性指标、贷款本息偿还情况、资产质量和关键管理人员的诚信状况等，设置授信风险预警线，随时通过电话、邮件、实地考察等进行动态监控，及时发出预警信号。

（2）联保企业互相监督，及时报告其他联保企业出现的异常情况。

3. 风险保证金管理。

联保企业按照授信金额约定比例缴存风险保证金，风险保证金缴存方式为银行存单质押。

（1）联保企业须签订联合保证合同，同时追加企业实际控制人提供个人或夫妻双方无限连带责任担保（另行签订个人保证合同）。

（2）存单质押要求：

①经营单位应结合联保企业和联保小组整体资信状况，要求借款人提供一定比例的存款质押，质押的存款可以是单位存款和储蓄存款；并签订联合质押合同，按照总行存单质押管理有关规定办理。

②质押存单到期日应与授信/融资到期日相匹配。

③风险保证金总额须覆盖最大一笔单户授信金额，风险保证金在联保企业借款本息未全部还清前，不得随意动用。

④风险保证金为联保企业在银行全部贷款本息提供连带责任担保，任一联保企业贷款本息出现逾期时，银行有权按照联合质押合同从联保质押存款账户（含存续期间产生的利息）中扣划逾期贷款本息的全额，用于支付贷款本息或以其他方式实现质权，收回贷款本息。

4. 企业信用评价。

在银行办理联保授信业务的法人企业，应按银行对公客户信用风险评级相关要求，进行信用风险评级和债项评级，原则上联保小组银行信用评级不低于 B 级。

5. 道德风险防范。

经营单位应通过政府机构、行业协会、地方商会或核心企业等公信力较强的机构或单位引入联保企业，要充分警惕借款人以联保形式向银行恶意骗贷。

6. 建立授信退出机制。

出现下列情况之一的，应立即停止对该联保小组及联保企业的内部授信，停止发放新贷款，提前收回联保模式项下的贷款，切实防范风险，并报总行中小企业业务部备案：（1）出具假合同、虚假报表，无真实贸易背景的交易；（2）不按规定用途，挪用贷款（承兑）资金的；（3）联保企业关联交易频繁，存在转移利润的倾向；（4）发生产品严重积压，联保企业利润大幅下降的；（5）企业发生重大商业纠纷的；（6）企业出现贷款逾期、承兑垫款的，或法定代表人或主要股东出现贷款逾期或担保逾期的；（7）其他风险事项。

7. 贷后管理。

（1）银行要随时掌握联保企业的生产经营情况，按月了解联保企业的产品销售情况，考察企业的销售收入归行率。

（2）银行须按照银行中小企业授信业务管理要求，对联保企业进行贷后管理，应充分发挥联保企业之间的相互监督作用，通过多渠道了解企业的经营动态及财务状况。

（3）联保模式项下贷款一经逾期，经营单位在10日内要向所有联保企业下发催收通知书，并及时扣划风险保证金代偿，不足部分应及时向法院提起诉讼。

（4）应指定专门部门定期或不定期，通过现场或非现场方式，开展联保授信业务的重检工作，对重检发现的问题组织整改。经营单位对联保企业每月进行一次风险检查，监测企业资金状况及生产经营情况，确保专款专用。对存在潜在风险的联保业务，上报分行预警委员会讨论处理；已对银行信贷资产带来实质影响的授信业务，应立即组织清收退出。

（5）授信本息收回后，应将联保授信的管理、使用及归还情况进行整理归档，并将借款人贷款使用期间的信用记录通报给全体联保企业。

【案例】

大连钢材现货交易市场联保融资

一、企业基本概况

大连钢材现货交易市场是由大连宏业物资储运公司和中国物资储运总公司大连仓库共同主办的大型金属材料现货交易专业市场。该市场是国家级中心批发市场，为辽宁省五大生产资料市场和大连市十大专业批发市场之一。

该市场占地 10 万平方米，是大连市目前规模最大的钢材交易场所。市场采取"前店后库"式的经营模式，"前店"为综合商务交易楼，楼内设交易厅、洽谈室、信息中心、商务中心、工商管理所及银行办事处，店内外环境幽雅，交易方便。"后库"为货场，场内有封闭式库房，露天水泥地面货场，一次性可储存钢材 12 万吨。

联保企业相关情况说明：

1. 大连中海金属集团。

大连中海金属集团有限公司注册资金 6200 万元，目前该集团已拥有下属二级单位 20 余家，经营范围有建筑用钢材、汽车、仓储物流、金属回收、报废车拆解及餐饮酒店，获得了"大连市综合实力百强民营企业""中国服务业企业 500 强""辽宁省十佳诚信企业"等十几项荣誉。

2. 大连新宇钢铁有限公司。

大连新宇钢铁有限公司是一家专注于建筑钢材贸易及物流的企业，公司注册资金 2500 万元，在大连市各大钢材市场均有销售网点，同时在长春市金属库、沈阳钢材市场、中储物流中心设有分公司，并通过了国家ISO 9000 管理体系认证。

3. 大连兴河海物资有限公司。

大连兴河海物资有限公司是经营优质钢材的国际、国内综合贸易企业，与国内外各大钢铁企业建立了紧密的合作关系。

二、银行切入点分析

为快速拓展大连钢铁市场，扩大中小企业客户群体，某银行决定开展联保贷款，考虑到大连中海金属集团规模较大，企业负责人在行业内威望较高，选择其为组长单位。银行认真分析小组内企业真实的交易记录，经与钢贸行业专业人员的沟通和了解，得知做钢贸业务（板材、管材、型材）的企业销售毛利率一般都维持在6%~8%，现金流较大。

银行效益：

1. 有利于银行风险的缓释和控制。多个企业+风险保证金+实际控制人三者联合担保，其中有4家企业还增加担保公司担保，有效地降低了银行的贷款风险。

2. 增加存款。联保企业一经启用授信额度，就要按总授信额度的25%存入风险保证金，即存入2600万元的存款；企业办理结算业务（联保企业均表示授信申请批复后，将全部或部分结算业务放入银行），按目前企业结算量的1/3估算，银行可增加日均存款3000万元左右。

3. 增加中间业务手续费收入。联保企业的授信额度如用于银行承兑汇票，按目前开票手续费0.5‰计算，银行将增加手续费收入5.2万元，如串用为流动资金贷款，则还可增加流动资金贷款利息收入。

4. 增加贴现利息收入。钢贸企业以银行承兑汇票方式作为结算工具较为普遍，不仅企业本身可在银行办理贴现业务，也可将开出的票据拿回银行办理贴现业务，按当前银行票据贴现利率5.1%、贴现金额5000万元（半年）计算，银行可增加贴现利息收入127.5万元。

三、关于授信额度

授信品种拟为30%保证金的银行承兑汇票，授信品种：银行承兑汇票、流动资金贷款、贸易融资。

担保方式：联保（分两组）+实际控制人个人连带保证。

联保小组授信总额：6800万元。

1. 准入制度。

担保联合小组中任一家企业都必须符合银行授信政策，且经营状况良好，确保任一企业都有还款能力和担保能力。联保小组成员企业必须具备以下条件：

（1）在国家工商行政管理部门登记、注册，具有独立法人资格，且合法存续。

（2）从事符合国家政策规定的经营活动，贷款用途符合国家产业政策。

（3）有较好的经济效益，具备一定比例的自有资金，偿债能力较强。

（4）重合同、守信誉，企业在银行信用评级高于 B 级。

（5）具有良好的财务核算和完善的管理规章制度。

（6）在银行大连分行所属机构开立基本账户或一般结算账户，并在账户内进行经济活动。

（7）企业主要股东、关键管理人员近 3 年内没有不良信用记录。

（8）银行认为其他必备的条件。

（9）除需符合以上条件外，有下列情况的不得作为联保小组成员企业：①主要投资者个人、关键管理人员或与其关系密切的家庭成员之间的联保；②关联企业之间的保证（这里的关联企业指在资金、经营、购销等方面，存在着直接或者间接拥有或者控制关系、直接或间接地同为第三者所拥有或者控制、其他在利益上具有相关联的关系的企业）；③其他不宜作为保证人的保证。

2. 风险保证金。

每家企业在使用授信前须缴纳授信总额 25% 的风险保证金，该保证金存入银行保证金账户，作为风险代偿资金，如果担保联合小组中有企业出现贷款资金无法偿还情况时，首先用风险保证金偿还，不足部分由联保小组成员企业提供连带责任保证。

3. 企业法人代表个人保证。

担保联合小组中企业有融资需求时，除企业间交叉担保外，同时追加企业法人代表或实际控制人个人资产保证，防止公司资产抽逃至个人名下。

4. 贷款种类及用途限制。

贷款种类限于银行承兑汇票（申请可串用为流动资金贷款、贸易融资类贷款，具体以总行规定为准）。

贷款用途限于企业购销钢材的正常资金周转。按照《流动资金管理办法》严格监督贷款流向。

5. 贷款发放及管理。

（1）设立联保小组应当向银行提出申请，经银行核准后，所有联保小组成员企业应当共同与银行签署联保协议。联保小组自联保协议签署之日起设立。联保协议有效期由借贷双方协商议定。联保协议期满，经银行同意后可以续签。

（2）联保小组成立后，各成员企业应共同出资设立风险保证金，在银行开立专户存储。风险保证金专户在联保小组成员借款本息未全部还清前，不得动用。

（3）联保小组借款总额不得超过设立风险基金总额的4倍。

（4）银行对成员企业的贷款额度，原则上采取根据企业净资产总额的一定比例，确定授信额度的方式。成员企业的授信敞口平均一般不超过净资产的60%，银行每年可根据各成员企业的还款情况及信用程度适当调整贷款的授信额度。

（5）联保贷款期限根据借款种类、用途和成员企业生产经营活动周期确定，流动资金短期贷款一般不超过1年，中长期贷款原则上不得超过3年。原则上合作前3年不考虑中长期贷款。

（6）银行受理成员企业的借款申请后，应收集、调查、分析其生产经营状况，组织人员认真评定企业信用等级。

（7）成员企业在授信额度内，需要使用联保贷款授信额度时，向银行提出借款申请，银行按权限及相关程序发放贷款。成员企业在确定的授信额度和授信期限内，可多次提取、随借随用、循环使用、到期归还。

（8）银行加强对各成员企业的内部稽核制度。对借款企业联保贷款每月进行一次风险检查，监测企业资金状况及生产经营情况，确保专款专用。

6. 联保协议。

必须签订银行、所有成员企业的联保协议，约定任一成员企业的授信出现风险时，首先由风险保证金偿还，不足部分由所有成员企业共同承担连带责任保证。

7. 联保小组的变更及终止。

联保小组全体成员企业偿还银行所有贷款本息后，联保小组可以重新组合。对违反联保协议的成员企业，经联保小组全体成员企业一致同意后，可开除其成员资格。但被开除的企业在退出前须还清所有借款本息。联保小组变更后，必须与银行重新签署联保协议。

出现下列情况之一的，联保小组自动解散：

（1）联保小组成员企业数少于银行规定的最低户数；

（2）根据联保协议约定或经联保小组全体成员企业共同协商决定解散；

（3）联保小组半数以上成员企业无力承担连带责任；

（4）联保小组严重违反联保协议。

联保协议期内，联保小组解散不影响联保小组各成员企业履行连带还款责任。

[附件1]　联保模式操作流程

联保模式，是指目标市场内中小企业按自愿原则，依据一定的规则组成联保小组，由银行对联保小组成员进行授信，成员之间相互承担连带保证责任的一种融资模式。银行通过设立4～5道信用风险过滤屏，逐层筛选联保小组信用风险，获得相对安全的局部信用环境，同时带动其他相关业务收益。

联保模式操作流程见图2－13。

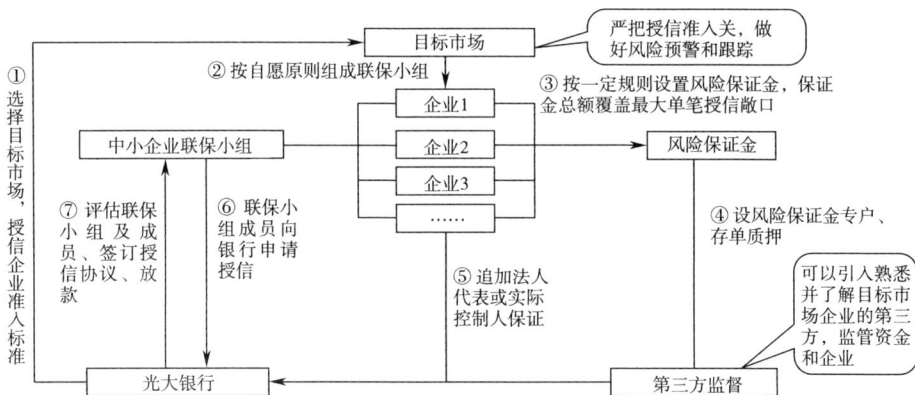

图2－13　联保模式操作流程

[附件2]　联保业务风险、效益特点

风险揭示：

一是关注区域信用环境和联保企业资信。

二是防止企业之间恶意串通骗贷。

控制措施：

一是选择拟开发目标市场。选择区域发展态势较好的、具有集聚和协作等特点的中小企业客户群。先从区域客户群中筛选优质中小企业客户。

二是自愿组建联保小组。联保小组成员不得少于4个，彼此熟悉和了解，形成内生性信用关联关系。联保小组成员内部之间相互监督、自行筛选品行良好的中小企业。

三是政府等信誉介入。由政府等牵头组织推荐并协助银行管理和协调。

四是选择授信产品。根据行业及产业特点、企业生产周期等选择不同的授信产品，通过授信品种控制信贷资金用途。

五是建立联保资金监控机制。引入第三方可以是担保公司，也可以是区域内资信较好的行政事业单位，作为联保风险金的监管方，在联保授信出现风险时，先由联保风险金偿付，再由联保体成员代偿。

六是加入法人代表或实际控制人连带责任保证。防止联保小组成员企业资金抽逃或转移风险。

效益形成特点：

一是传统的存贷款收益。（1）银行承兑汇票保证金存放；（2）贷款利息收入；（3）风险保证金存款。

二是带动对私业务收益。员工发卡、对私存款、房屋按揭、代发工资、基金和理财等。

三是拉动对财政存款和相关项目的收益。财政等无贷户低成本存款，配套大企业、大项目等金融衍生服务。

四是形成远期持续和近期社会效益，塑造金融品牌。

[附件3] 联保申请书

银行：

我们自愿遵循"自愿组合、诚实守信、风险共担"的原则，向贵行申请成立联保小组，保证遵守银行的各项规定，按照借款金额的____%缴存风险保证金，缴存方式为存单质押，并承诺如下：

一、本联保小组每一成员企业向贵行借款时，由联保小组的其他所有成员企业提供最高额连带责任保证，即互相联保；

二、保证期间为自借款之日起至借款到期后2年；

三、保证范围包括借款的本金、利息、罚息、逾期利息、复息、违约金、损害赔偿金和因借款人违约致使贷款人采取诉讼方式所支付的律师费、差旅费及贷款人实现债权的其他费用；

四、不管借款用于任何用途，都不影响保证人承担连带责任；

五、因借款人违反合同或借据约定，贷款人有权提前收回尚未到期的贷款，保证人应承担连带保证责任；

六、督促借款人履行合同，当借款人发生贷款挪用或其他影响贷款偿还的情况时，及时报告贷款人。

申请人（联保企业）签章：

年　月　日

[附件4] 联保授信方案

表2－1　　　　　　　　　　　联保授信方案

项目名称	××地区××行业/市场/园区中小企业联保模式						
联保企业情况	企业名称	资产负债率	流动比率	销售收入	总资产	上年利润	信用等级	拟授信敞口
	企业一							
	企业二							
	企业三							
	企业四							
	企业五							
	……							

	融资模式	联保小组授信总额（万元）	保证金比例（％）	最大单一授信敞口（万元）	授信品种	补充说明
联保方案	例如：5户联保＋实际控制人个人连带保证＋货押	11000	25%	≤2750	流动资金贷款、贸易融资……	市场提供监管
	主要风险点					
	风险控制措施					
	综合效益情况					

[附件5] 联合保证合同

合同编号:(　　)＿＿＿银联保字第＿＿＿号

甲方:＿＿＿＿＿分行(甲方)

全　　称:

住　　所:

邮政编码:

电　　话:

传　　真:

法定代表人/负责人:

乙方:联保企业(保证人)

公司一(全称):	公司二(全称):
住　　所:	住　　所:
邮政编码:	邮政编码:
电　　话:	电　　话:
传　　真:	传　　真:
法定代表人:	法定代表人:
银行及账号:	银行及账号:
公司三(全称):	公司四(全称):
住　　所:	住　　所:
邮政编码:	邮政编码:
电　　话:	电　　话:
传　　真:	传　　真:
法定代表人:	法定代表人:
银行及账号:	银行及账号:

公司五(全称):

住　　所:

邮政编码:

电　　话:

传　　真:

法定代表人:

银行及账号:

合同签订地点：_____

合同签订日期：____年____月____日

甲、乙双方本着"平等、诚信、自愿、互利"的原则，为明确各方权利与义务，根据《合同法》《担保法》《物权法》等法律、法规的有关规定，经充分协商特订立本合同。

在本合同中，甲方为债权人，参与联保的全部企业简称为乙方或联保小组，单指联保小组中的一员时，简称为联保企业，当联保企业向甲方借款时，其他所有联保企业均为保证人。

第一条　乙方声明与承诺

（一）乙方自愿组成联保小组，本合同签订前，甲方已分别给予乙方各成员企业一定授信额度，并根据具体业务批复签订或即将签订各自的综合授信协议（以下简称主合同）、最高额质押合同、个人保证合同等主从合同。

（二）乙方同意：自____年____月____日至____年____月____日，当联保小组中的联保企业向甲方提出使用主合同项下的额度时，其他各联保企业均自愿为其相关债务提供连带责任保证，且无须另行签署保证合同。联保企业与甲方签订的相关借款合同、银行承兑汇票协议等一切对甲方承担债务的融资协议文本材料均构成本协议项下的主合同，主合同的到期日可以晚于上述截止日期。

（三）联保小组中的任一联保企业未按主合同约定履行债务的，其他各联保企业均自愿履行保证责任；甲方可直接要求任一个或多个联保企业承担保证责任，各联保企业授权甲方扣收自己开立在银行股份有限公司及其所有分支机构的所有账户中的资金以抵偿主合同项下的债务。扣划款项为外汇的，按扣划日甲方所公布的外汇买入价折算。

（四）发生以下事项时，各联保企业应于事项发生后5个工作日内书面通知甲方：

1. 联保企业发生隶属关系变更、高层人事变动、公司章程修改以及组织机构调整等；

2. 联保企业生产经营发生严重困难、财务状况恶化或发生重大诉讼、仲裁事件等可能影响其履行本合同项下保证责任的；

3. 联保企业变更名称、住所、法定代表人等工商登记事项。

（五）联保企业实施以下行为，应提前 10 个工作日书面通知甲方，并征得甲方书面同意：

1. 改变资本结构或经营方式；

2. 为联保小组之外的第三人债务提供保证担保，或以其主要资产为自身或第三人债务设定抵押、质押担保等可能影响其履行本合同项下保证责任的。

（六）各联保企业完全了解其他联保企业主合同项下借款的实际用途，为主合同债务人提供保证担保完全出于自愿，在本合同项下的全部意思表示真实。

（七）如联保小组成员为其自身债务提供了物的担保的，甲方有权选择要求其他联保小组成员先于物的担保履行保证责任。

（八）如任何联保企业违反主合同或本合同项下义务，甲方有权宣布本合同所担保债务全部提前到期，其他作为保证人的联保企业均须按本合同约定履行连带保证责任。

（九）联保企业在本合同存续期间，不参加其他联保小组（含银行或其他银行的联保小组）。

第二条 保证项下的债权种类和范围

（一）本合同项下，各联保企业应承担保证责任的主债权范围为所有联保企业对甲方所承担的债务，包括但不限于本金、利息、罚息及其他相关费用。

各联保企业应承担保证责任的债务种类包括但不限于：（1）本币、外币贷款；（2）承兑汇票承兑；（3）承兑汇票贴现；（4）进口开证；（5）进口、出口押汇；（6）出口打包放款；（7）银行保函；（8）出口托收押汇/贴现。

（二）在本合同约定的期限内，各联保企业可以循环使用其授信额度，每笔业务的起始日、到期日、利率及金额，以主合同的借款凭证或相关债权凭证为准。

（三）在本合同约定的期限内，甲方发放贷款和提供其他银行信用时无须逐笔办理担保手续。每笔业务的金额、利率、期限确认及变更也均无须征得本协议乙方的确认。

（四）在本合同约定的期限内，如联保企业向甲方所借款项为外币的，乙方按照联保企业融资的原币种就该项债务向甲方承担担保责任，结汇（或购汇）汇率由甲方依据实现债权当日的外汇卖出价（或买入价）进行折算。

第三条 保证期间

（一）本合同担保的主合同项下每笔具体债务的保证期间单独计算，自每笔被担保的债权诉讼时效届满之日起两年止。

（二）银行承兑汇票、进口开证和保函项下的保证期间为甲方垫付款项之日起两年止。

（三）商业承兑汇票贴现的保证期间为贴现票据到期之日起两年止。

（四）甲方与债务人就主合同债务履行期限达成展期协议的，保证人的保证期间自展期协议重新约定的债务履行期限届满之日起两年止。

（五）若发生法律、法规规定或主合同约定的事项，导致债务提前到期的，则保证人保证期间自债务提前到期之日起两年止。

第四条 违约责任

（一）本合同生效后，甲方和各保证人均应全面履行本合同约定的义务，任何一方不履行或不完全履行或违反约定义务的，应当承担相应的违约责任，并赔偿由此给对方造成的损失。

（二）因保证人违约致使甲方采取诉讼或仲裁方式实现债权的，保证人应当承担甲方为此支付的律师费、差旅费及其他实现债权的费用，该等费用不计入担保限额内，保证人需另行支付。

（三）因保证人过错造成本合同无效的，保证人应在保证范围内赔偿甲方全部损失。

（四）联保企业之间互相且独立承担连带责任，甲方有权要求任一成员承担全部责任，该成员有权向其他责任方进行追偿。

第五条 其他约定

（一）甲方与债务人协议变更主合同的，无须经保证人同意，各保证人仍应继续履行其在本合同项下的保证责任。

（二）本合同项下各保证人提供的担保都是独立的，不受其他保证人提供的担保是否有效或存在其他瑕疵的影响。

（三）本合同独立于主合同，不因主合同的无效而无效。如主合同无效，保证人仍应按本合同的约定承担责任。

（四）甲方为申请人（债务人）办理信用证项下的融资业务或以信托收据形式放单的，各保证人仍须按本协议的规定承担保证责任；如开证行根据申请人的申请对信用证进行修改（包括但不限于对信用证金额、有效期、装运期、单据等进行修改）的，各保证人仍须按本合同的约定和信用证修改后的内容（包括但不限于对信用证金额、有效期、装运期、单据等）承担保证责任。

（五）甲方转让全部或部分债权的，保证人应继续向甲方及或债权受让人承担保证责任。

第六条　争议的解决

本合同在履行过程中发生的争议，由双方协商解决；协商不成的，按下列第____种方式解决：

（一）诉讼。由甲方住所地人民法院管辖。

（二）仲裁。提交_____（仲裁机构）按其仲裁规则进行仲裁。

在诉讼或仲裁期间，本合同不涉及争议部分的条款仍须履行。

第七条　其他事项

（一）保证人声明：保证人的保证行为符合本公司章程及章程规定的程序和权限，不违反法律、法规及其他相关规定；如果上述声明有虚假或隐瞒，保证人愿意承担由此产生的全部责任。

（二）本合同项下发生各类业务的主合同、借款凭证或相关债权凭证不再送达保证人。

（三）_____。

第八条　合同的生效

本合同自各方签字或盖章之日起生效。

第九条　附则

本合同正本一式_____份，各方当事人各执一份，具有同等法律效力。

保证人（签章）　　　保证人（签章）　　　保证人（签章）
法定代表人：　　　　法定代表人：　　　　法定代表人：
或委托代理人　　　　或委托代理人　　　　或委托代理人

保证人（签章）　　　　保证人（签章）

法定代表人：　　　　　法定代表人：

或委托代理人　　　　　或委托代理人

甲方（签章）

负责人

或授权代理人：

［附件6］联合质押合同

合同编号：（　　）＿＿＿光银联质字第＿＿＿号

甲方：质权人

全　　称：

住　　所：

邮政编码：

电　　话：

传　　真：

法定代表人/负责人：

乙方：联保全部企业（出质人）

公司一（全称）：　　　　　公司二（全称）：

住　　所：　　　　　　　住　　所：

邮政编码：　　　　　　　邮政编码：

电　　话：　　　　　　　电　　话：

传　　真：　　　　　　　传　　真：

法定代表人：　　　　　　法定代表人：

银行及账号：　　　　　　银行及账号：

公司三（全称）：　　　　　公司四（全称）：

住　　所：　　　　　　　住　　所：

邮政编码：　　　　　　　邮政编码：

电　　话：　　　　　　　电　　话：

传　　真：　　　　　　　传　　真：

法定代表人：　　　　　　法定代表人：

银行及账号：　　　　　　银行及账号：

公司五（全称）：

住　　所：

邮政编码：

电　　话：

传　　真：

法定代表人：

银行及账号：

合同签订地点：

合同签订日期：_____年_____月_____日

甲、乙双方本着"平等、诚信、自愿、互利"的原则，为明确各方权利与义务，根据《合同法》《商业银行法》《物权法》等法律法规的有关规定，经充分协商特订立本合同。

在本合同中，甲方为质权人。参与联保的全部企业简称为乙方或联保小组，单指联保小组中的一员时，简称为联保企业。当联保企业向甲方借款时，简称为借款人，其他联保企业为出质人。

第一条　乙方声明与保证

乙方自愿组成联保小组，本合同签订前，甲方已分别给予乙方各成员企业一定授信额度，并根据具体业务批复签订或即将签订各自的综合授信协议（以下简称主合同）。

乙方同意：自_____年_____月_____日至_____年_____月_____日，当联保小组中的联保企业向甲方提出使用主合同项下额度时，只要其债务本金额度及所有联保企业累计债务本金余额均在本合同第二条所列的全部质押权利凭证项下总金额人民币_____元（大写_____元）内，所有联保企业均自愿以其在本合同第二条所约定的质物为其提供质押担保，且无须另行签署质押合同。联保企业与甲方签订的相关借款合同、银行承兑汇票协议等一切对甲方承担债务的融资协议文本材料均构成本合同项下的主债权合同，主债权合同的到期日可以晚于上述截止日期。为此，全体出质人声明和保证如下：

（一）出质人已按有关规定和程序取得本合同担保所需要的授权。

（二）出质人对质物具有充分的、无争议的所有权或处分权。

（三）质物依法可以流通或转让。

（四）质物没有被查封、被扣押、被冻结或设定质押等情况。

（五）如以存款时约定为自动转存的整存整取定期存单出质的，出质人承诺自出质之日起放弃自动转存。

（六）同意办理质押权利凭证项下权利的止付。

（七）质权人依本合同处置质押权利凭证时，无须提供出质人身份证件、预留印鉴、密码等即可办理。

（八）完全了解其他联保企业主合同项下的借款用途，为主合同借款人提供质押担保完全出于自愿，在本合同项下的全部意思表示真实。

（九）出质人已就本合同项下的质押事宜征得质物共有人的同意。

（十）质物不存在其他影响质权人实现质权的情形。

第二条　质物的设定

全体出质人均同意以各自合法拥有的后附件所列质物作为主债权的质押担保。

第三条　质押担保项下的主债权种类及数额

（一）本合同项下，各出质人应承担质押担保责任的主债权范围为所有联保企业对甲方所负有的债务，包括但不限于本金、利息、罚息及其他相关费用。

出质人承担质押担保责任的债务种类包括但不限于：（1）本币、外币贷款；（2）承兑汇票承兑；（3）承兑汇票贴现；（4）进口开证；（5）进口、出口押汇；（6）出口打包放款；（7）银行保函；（8）出口托收押汇/贴现。

（二）在本合同约定的期限内，各联保企业可以循环使用其授信额度，每笔业务的起始日、到期日、利率及金额以主合同的借款凭证或相关债权凭证为准，每笔业务的到期可以晚于本合同的到期日。

（三）在本合同约定的期限内，甲方发放贷款和提供其他银行信用时无须逐笔办理担保手续。每笔业务的金额、利率、期限确认及变更也均无须征得本协议乙方的确认。

（四）在本合同约定的期限内发生的业务，币别不限，乙方按照联保企业融资的原币种就该债务向甲方承担质押担保责任，结汇或购汇汇率由甲方依据实现质权当日的外汇卖出价（或买入价）进行折算。

第四条　质权的效力

质权的效力及于质物的从物、从权利、加工物、混合物、附合物、代位物和孳息。

第五条　质物的移交和保管

（一）本合同项下质押财产应于本合同签订之日起＿＿＿日内由出质人全部交付质权人，同时将质押财产的所有有效证明和权利凭证交与质权人保管，本协议约定的质物及相关凭证、移交物、手续未全部移交或办理完毕的，甲方有权拒绝接受任一联保成员的融资申请。

（二）质权人应当妥善保管质押财产，为了安全和方便，因质权人保管不善致使质押财产毁损、灭失的，质权人负有赔偿责任。全体债务人归还全部主合同项下债务的，质权人应当及时返还质押财产。

第六条　质权的实现

（一）任一主合同项下债务履行期限届满质权人未受清偿的，质权人可以直接选择任意一份、几份或将全部出质权利兑现或变现并优先受偿，未兑现的质物继续为其他债权提供担保。

（二）出质的权利期限届满日先于主合同项下债务到期日的，质权人可依法将出质的权利变现，所得价款优先用于偿还主合同项下债务，或向双方商定的第三人提存。出质的权利期限届满日后于主合同项下债务到期日的，质权人可在主合同项下债务到期未受清偿时，依法提前兑现出质人的质物权利并优先受偿。

（三）质权人行使质权时有权处置任一个或多个出质人的质物。

（四）部分借款人的被担保债权出现违约时，甲方有权将其他未届到期日的被担保债权视为交叉违约，出质的存单兑现后，甲方有权以剩余款项对未届到期日的贷款提前清偿。

第七条　其他约定

（一）质权人与借款人协议变更主合同，无须经出质人同意，出质人仍继续履行其在本合同项下的担保责任。

（二）出质人在本合同第一条中作虚假陈述与声明的，给质权人造成损失的应予赔偿。

（三）质权人转让部分债权的，有权决定是否转让相应的质权，甲方应配合办理相应的转让手续，否则甲方有权宣布相应的贷款或全部贷款提前到期，提前实现质权。

（四）甲方为申请人办理信用证项下的融资业务或以信托收据形式放

单的，出质人仍须按本合同的规定承担担保责任；如开证行根据申请人的申请对信用证进行修改（包括但不限于对信用证金额、有效期、装运期、单据等进行修改）的，出质人仍须按本合同的规定和信用证修改后的内容（包括但不限于对信用证金额、有效期、装运期、单据等）承担担保责任。

第八条 违约责任

（一）本合同生效后，质权人和出质人均应履行本合同约定的义务，任何一方不履行约定义务的，应当承担相应的违约责任，并赔偿由此给对方造成的损失。

（二）出质人如有下列行为之一，给质权人造成经济损失，应给予全额赔偿：

1. 隐瞒质物存在共有、争议、被查封、被冻结、被监管或已经设立质押等情况的。

2. 未经质权人书面同意擅自处理出质的权利的。

3. 其他影响质权人实现质权的。

（三）因出质人违约致使质权人采取诉讼或仲裁方式实现债权的，出质人应当承担质权人为此支付的律师费、差旅费及其他实现债权的费用，该等费用不计入上述质押担保限额内，出质人应另行支付。

第九条 争议的解决

本合同履行中发生争议，由双方协商解决；协商不成的，按下列第____种方式解决：

（一）诉讼。由质权人住所地人民法院管辖。

（二）仲裁。提交_____（仲裁机构）按其仲裁规则进行仲裁。

在诉讼或仲裁期间，本合同不涉及争议部分的条款仍须履行。

第十条 其他事项

出质人已阅知所担保的主合同。

第十一条 合同的生效

本合同自各方签字或盖章之日起生效。

第十二条 附则

本合同一式____份，双方各执一份，效力相同。

出质人（签章）：　　　　　出质人（签章）：　　　　　出质人（签章）：

法定代表人：　　　　　　　法定代表人：　　　　　　　法定代表人：

或授权代理人：　　　　　　或授权代理人：　　　　　　或授权代理人：

出质人（签章）：　　　　　出质人（签章）：　　　　　质权人（签章）：

法定代表人：　　　　　　　法定代表人：　　　　　　　负责人：

或授权代理人：　　　　　　或授权代理人：　　　　　　或授权代理人：

［附件7］质押权利凭证清单

质押权利凭证清单见表2－2。

表2－2　　　　　　　　　　质押权利凭证清单　　　　　编号：＿＿＿＿＿＿

序号	质押权利凭证名称	质押权利凭证编号	质押权利凭证数量	面值/评估价值（万元）	银行	户名	质押权利凭证到期日	出质人	备注
1									
2									
3									
4									
5									
6									

出质人：	质权人：
法定代表人（签字或盖章）： （或授权代理人） 　　　　　年　月　日	法定代表人/负责人（签字或盖章）： （或授权代理人） 　　　　　年　月　日

本质押权利凭证清单是合同编号为＿＿＿＿＿＿＿的联合质押合同的组成部分。

十、中小企业电子仓单融资模式

电子仓单融资，是指借款人以其持有的电子仓单出质，并由电子交易市场负责监控企业交易资金流和仓储物流，向银行申请短期融资的一种融资业务。

（一）适用对象

在电子交易市场内进行交易的商户，例如，橡胶、塑料、棉花、成品油、粮食等交易市场内的交易会员。例如，金银岛、广东塑料交易所、浙江塑料城网上交易市场。

（二）产品优势

1. 业务适用范围较广，避免了一般实物质押方式带来的各种费用和管理困难，操作成本较低。

2. 为日益发展的电子商务提供特色金融支持，具有广泛的合作前景。

这种双向保全机制在提高效率、降低成本的同时，解决了大宗交易信用问题。而在交易完成前，买卖双方都是匿名方式，从而避免跳过平台私自线下交易。风险控制有两个关键点：一是卖家是否有现货；二是买家是否有能力付款。而电子市场一方面通过仓库监管的方式，保证卖家提供现货；另一方面电子市场可以委托银行监管资金，保证资金安全。这种"双管齐下"的模式，正好解决了买卖双方存在的信用风险，并降低了传统交易方式的"看货"成本。

"仓单模式"以3家为典型，适合该模式在线交易的商品首先必须标准化，而且成交量比较大。银行与电子交易市场协作提供以现货吞吐为核心的大宗产品全方位解决方案。在全方位电子商务平台内，实现物流、资金流、信息流封闭循环运作。

仓单质押贷款可以解决部分中小企业资金短缺问题；有利于银行规避经营风险并拓展新的经济增长点；开展仓单质押贷款对第三方物流企业而言，可以利用能够为货主企业办理仓单质押贷款的优势，吸引更多的货主企业进驻，通过收取手续费、提供场所及信息等形式增加企业的经济收益。

大宗现货交易B2B模式见图2-14。

（三）业务流程及所需资料

1. 业务流程。

（1）借款人为电子交易市场会员企业，以电子交易市场推荐或认可推荐为主，银行核定单户会员企业授信额度。

（2）买卖双方按照电子合同金额的一定比例将保证金存入银行指定的专户监控，监管账户封闭运作。

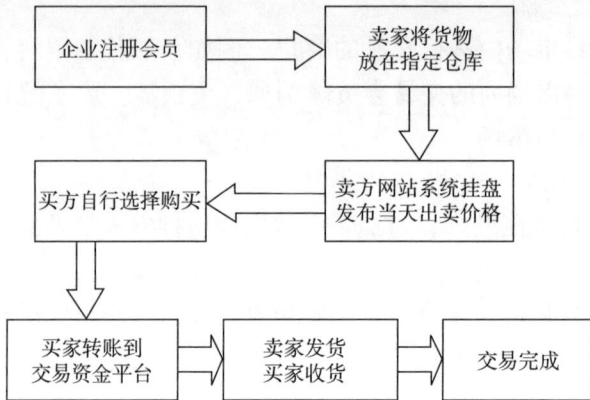

图 2－14　大宗现货交易 B2B 模式

（3）银行根据保证金存入通知单按照市场结算规则向借款人放款。

（4）银行委托网上交易市场采取补充保证金、警戒或强行平仓等措施。

（5）买卖双方货物交割完毕后，电子交易市场通知借款人归还贷款。

2．所需资料。

（1）电子市场的资料。

①市场管理公司的营业执照、法人代码证书、税务登记证；

②市场管理公司的财务报表等资料；

③市场管理公司的经营情况等资料。

（2）借款人的资料。

①借款公司的营业执照、法人代码证书、税务登记证；

②借款公司的财务报表等资料；

③借款公司的贷款卡等。

（四）产品优势及风险控制

1．产品优势。

仓单除作为期货实物凭证外，已成为一种重要的融资工具。商品期货进入指定交割仓库形成仓单，由于仓单代表着相应的标准化商品，所以仓单本身就可以进行抵押或融资。

2．风险控制。

以浙江塑料城网上交易市场电子仓单融资为案例说明如下。

（1）企业基本概况。

浙江塑料城网上交易市场是国内首家塑料电子交易中心。在国家发展改革委员会、商务部和中国石化协会等有关部门关心支持下，国内各大塑料企业的积极参与下，浙江塑料城网上交易市场稳健发展，业绩骄人。2008年该网上交易市场被列入第一批国家信息化试点单位，先后被评为"中国十强创新市场"、"浙江省重点流通企业"和"浙江省服务业试点示范企业"。浙江塑料城网上交易市场是专业从事塑料原料大宗商品中远期现货交易的电子交易平台，年交易额突破450亿元，其制定的"中国塑料价格指数"已成为我国塑料行业的价格风向标。市场通过其开创的"中塑电子仓单"，为交易商提供中远期现货交易平台。

（2）银行切入点分析。

目前，有1000多家企业入市参与交易。塑料城市场对交易设置了货款及电子仓单监管、电子合同代为转让等有效的风险管理措施。银行与塑料城市场共同搭建了电子交易授信平台，采取"双额度授信＋货款质押＋电子仓单监管"的风险控制模式，为该市场核定不超过2亿元的初期授信规模，以交易商自有货款为质押，向经市场推荐的交易商批量核定法人账户透支额度，对法人透支账户实施专户管理，并由该市场于每月20日统一划款还本付息。

（3）银企合作情况。

依托这一模式，银行已批量新增中小企业授信客户25户，授信金额4500万元，派生存款1650万元。

十一、境内海陆仓货押授信

（一）境内海陆仓货押授信定义及种类

境内海陆仓货押授信业务是指银行根据借款人的订单提供预付账款融资，从货物起运地至目的地，由银行委托的监管公司全程控管货物，企业贸易链与资金链结合的未来货权全程质押融资模式。

授信产品为国内信用证和银行承兑汇票。（1）国内信用证：境内海陆仓货押优先使用国内信用证；（2）银行承兑汇票：通常需要银行直接交付给供应商，同时供应商、借款人、银行签订三方合作协议，约定供应商必须将货物交付给银行指定的物流公司。

避免使用流动资金贷款，如果客户一定要现金付款，必须与银行签订委托付款协议，由银行将信贷资金直接划付给确定的收款人。

（二）流程描述

1. 申请人向银行申请启用货押额度，需提交与下游买家的订单（购销合同），以及申请人分别与下游买家签订的"订单融资三方合作协议"，如不能签订订单融资三方合作协议，则由申请人出具承诺函，承诺双方贸易的唯一回款账号为银行指定账号，并在与下游的购销合同中约定。

2. 办理融资时，申请人与银行共同向物流公司提供质押物提取通知书（附确认回执），物流公司派遣监管人员到供应商进行提货。监管公司提货后，确认装车数量后，向银行出具经申请人、物流公司共同确认的质押物清单，物流公司介入全程运输（包括陆运和水运运输）。

3. 银行根据质押物清单核定货物价值，根据出质人与供货商签订的购销合同向申请人上游发放流动资金贷款。

4. 放货时，在符合银行在合同项下的最低数量和价值的质押物等方面的要求前提下，已储存在堆场的超出最低数量和价值的质押物部分，物流公司可根据申请人的申请自行办理放货。在低于或等于最低数量和价值的质押物部分需要提货时，由申请人向银行提出申请，并根据提取货物的数量和价值向银行存入足额的赎货款项，银行向物流公司发出放货指示。

境内海陆仓货押授信业务流程见图2-15。

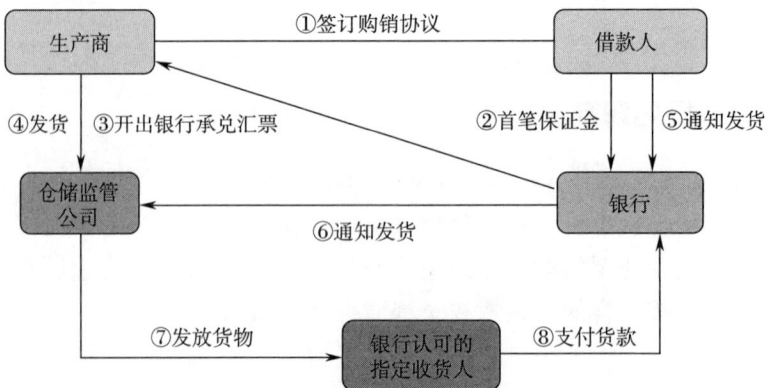

图2-15　境内海陆仓货押授信业务流程

（三）风险点控制措施

1. 货物控制。

（1）物流公司对质押物装船/装车运输时的相关运输单据应当注明收货人不可撤销为物流公司代银行。

（2）质押物在运输途中，物流公司继续监管相应的质押物。物流公司必须全程控制质押物的装车、装箱、装船、运输（包括船运、仓库至港口间的汽运）等环节。若因物流公司对质押物运输过程的监控不力而导致影响银行行使质押权的，物流公司承担赔偿责任。

2. 质量控制、保险等。

由申请人委托物流公司代为购买质押物运输保险，保险第一受益人为银行。

3. 其他管理措施。

（1）质押物装船/装车后，物流公司必须立即更新"质押物清单"，并且在"质押物清单""状态"一栏注明质押物的状态为"在库"或者"在途"。更新后的"质押物清单"载明的质押物应涵盖之前已经出具的"质押物清单"载明的、处于监管状态的质押物。"在库"是指未装船/装车运输的质押物；"在途"是指运输途中的质押物。物流公司保证任何时点"在库"和"在途"的质押物之和符合质押合同的要求。更新后的"质押物清单"原件应及时交付银行。

（2）锁定其下游买家的回款路径：银行与申请人及下游企业签订"订单融资三方合作协议"，不能签订订单融资三方合作协议的，则由申请人出具承诺函，并在与下游购销合同中进行约定双方贸易回款账号为银行保证金账号。

【案例】

广州保税区宇新物流有限公司授信方案

一、企业基本概况

广州保税区宇新物流有限公司注册资本为 100 万元，公司经营范围为：货运代理，煤炭批发经营，批发和零售贸易（国家专营专控项目除外），以及货物进出口、技术进出口（法律、行政法规禁止的项目除外，法律、行政法规限制的项目须取得许可后方可经营）。该公司从内蒙古购买煤炭后，自行运输，销售给广东本地的电厂。

二、银行切入点分析

广州保税区宇新物流有限公司注册资本较小，但是联结两头的公司都属于大型公司，且购买的煤炭可以由银行委托的物流公司完全控制。银行认为，主要控制了客户的资金流和物流，授信风险就可以得到控制。

三、银行授信方案

（一）方案

申请人：广州保税区宇新物流有限公司

质物：无烟煤

出质人：广州保税区宇新物流有限公司

业务模式（现货质押/未来货权质押）：现货质押

授信品种（信用证开证/银行承兑/流动资金贷款/其他）：流动资金贷款

供货方：内蒙古鄂尔多斯和陕西神木地区的煤矿

货权形式（标准仓单/非标准仓单/动产）：动产

监管区域：内蒙古包头市哈业胡同镇煤炭堆场至秦皇岛码头和黄埔港码头、秦皇岛码头至黄埔港码头

监管人：广州中远物流有限公司

监管模式：输出监管

监管合同及厂、商、银合作协议：非标准合同

盯市渠道及取值方法：中华商务网

保证金比例：0

质押率：70%

赎货期：120 天

（二）货押业务方案流程

1. 申请人向银行申请启用货押业务额度时，需提交与下游买家的，下游购销合同中将双方贸易的唯一回款账号为某银行账号。

2. 广州中远物流有限公司提供质押物提取通知书（附确认回执），广州中远驻场监管人员在煤炭堆场过磅装车，确认装车数量后，在质押物提取通知书（附确认回执）上盖章，并向银行出具质押物提取通知书（附确

认回执），广州中远介入由煤炭堆场至秦皇岛码头的火车运输，秦皇岛码头至黄埔港码头的水运运输。

3. 银行根据质押物提取通知书（附确认回执）核定货物价值，根据出质人与供货商签订的购销合同向申请人上游发放流动资金贷款。

4. 放货时，在符合银行合同项下的最低数量和价值的担保物等方面的要求前提下，已储存在堆场的超出最低数量和价值的担保物部分，广州中远可根据申请人的申请自行办理放货。在低于或等于最低数量和价值的质押物部分需要提货时，由申请人向银行提出申请，并根据提取货物的数量和价值向银行存入足额的赎货款项，银行向广州中远发出放货指示。

十二、进口海陆仓货押授信

（一）进口海陆仓货押授信定义及相关要求

1. 进口海陆仓货押授信业务是指银行根据借款人的进口协议提供预付账款融资，从货物到港后，由银行委托的监管公司全程控管货物，企业贸易链与资金链结合的未来货权全程质押融资模式。

2. 银行提供进口信用证捆绑进口押汇业务，首先，银行签发进口信用证帮助申请人完成货物进口，在货物到港后，银行立即为客户办理进口押汇；其次，由银行指定的物流公司全程控管货物，监控货物交付给确定的下游买家。

3. 下游买家为实力强大的特大型集团企业，有着较好的商业信誉。

（二）流程描述

1. 申请人在银行开立即期信用证给供应商。开证受益人为进口合同项下的卖方，并确认开证金额与进口合同一致。

2. 国外供应商在银行开证日后最长不超过约定期限内发货。

3. 银行在收到进口信用证项下单据后，为申请人办理进口信用证押汇。押汇金额为信用证项下的到单金额，但最高不超过开证总额；若信用证项下的到单金额大于开证总额，申请人将用自有资金以 T/T 付款的方式将两者的差额支付给供应商。

4. 银行指定监管人办理质押物的通关手续并对货物进行监管：（1）银行在办理完押汇后，将信用证项下的单据正本交付给银行指定的监管人；（2）当货物运输至港后，由银行指定的监管人办理报关、缴税、检验检疫、提货等货物进口所必需的一切通关手续；（3）通关手续完成后，由银行指定的监管人对货物进行监管。监管人需与银行签订银行版本的"进口货物仓储监管协议"。

5. 申请人提货并销售，销售货款支付至银行指定账户：（1）申请人给银行提供与下游经销商的销售合同正本及副本，与银行签订应收账款质押/转让协议和质押合同（对应的每笔销售合同都需要签订一份质押合同），并将本批货物的销售货款支付至银行指定账户用于偿还银行押汇款项；（2）银行在收到申请人提供的购销合同、应收账款质押/转让协议、质押合同后，通知监管人放货。

6. 要求申请人自开证之日起最长不超过 120 天完成赎货。

进口海陆仓货押授信业务流程见图 2－16。

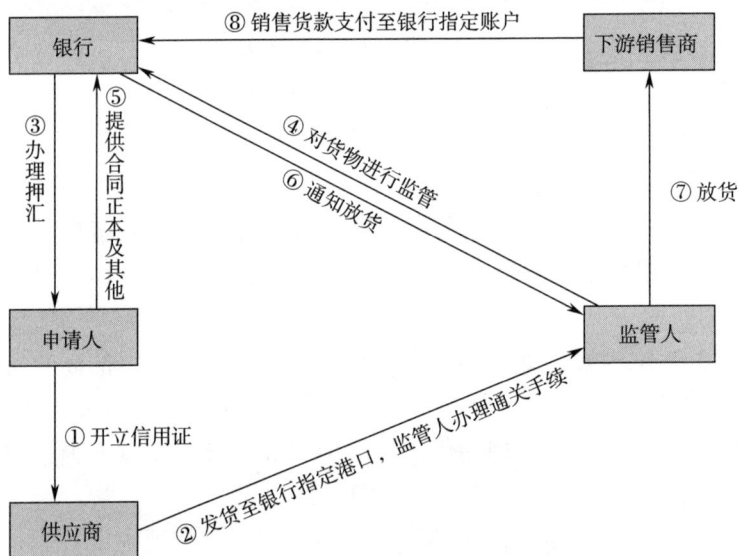

图 2－16　进口海陆仓货押授信业务流程

（三）风险控制

1. 销售回款不能覆盖授信敞口的问题。

为防范风险，申请人每笔销售货款支付到银行的保证金账户后，银行将根据该笔销售货款的金额和所对应货物的数量计算该笔销售款下的货物的单价（销售单价）。若申请人的销售单价低于银行押汇时核定价格（押汇单价）的5%时，银行要求申请人补足保证金；如出现申请人分多笔押汇的情况，则按最低一次的押汇单价取值。

$$押汇单价 = 押汇金额 ÷ 货物数量$$
$$销售单价 = 销售货款金额 ÷ 货物数量$$
$$应补保证金 =（押汇单价 － 销售单价）× 货物数量$$

申请人需要在收到银行的补款通知单后3个工作日内补足保证金。以上条款在银行与申请人签订的质押合同（对应的每笔销售合同都需要签订一个质押合同）中明确约定，并规定如申请人不能按约定进行补款的，银行有权宣布授信提前到期，有权处置质押标的物。

2. 付款路径锁定。

银行要求申请人在基础交易合同中标注相关债权已质押给银行的条款，要求申请人的下游买家直接将货款支付到申请人在银行的保证金账户。

3. 下游销售商选择。

按照银行应收账款质押授信原则，银行根据以下标准对申请人的下游买家进行筛选：（1）公司注册资本5000万元以上，资产规模较大；（2）所从事的行业前景良好，且从业时间在8年以上；（3）经营稳定，主业突出、鲜明，具备竞争优势，有较稳定或上升的市场份额；（4）已与申请人有稳固的业务合作关系或者良好的合作历史；（5）资信良好，在银行无不良信用记录，在他行无不良信用余额；（6）公司经营活动的现金流连续、稳定，有不断补充的现金流可以用来支付申请人的货款。

【案例】

深圳市东方投资有限公司海陆仓融资

一、企业基本概况

深圳市东方投资有限公司具有丰富的行业经验、专业水平和开拓创新能力，其高级管理层过往的诚信状况及经营业绩优良，无不良记录。公司以有色金属销售为主，主要经营电解铝、铝合金、电工铝杆、锌锭、铝锭、电解铜等有色金属物流配送业务。目前铝锭的销售收入占该公司销售收入的 95% 以上。

（一）上游供货商情况

1. 澳大利亚铝业联合公司业务遍及全球五大洲的 19 个国家，其产品主要销往欧洲、东亚（日本/韩国）、东南亚和北美，目前是唯一能够迅速及大规模增加产能的供货商，并且位置贴近中国，能够满足经济迅速增长时期我国在铝方面的需要。

2. 深圳东方投资有限公司从事铝锭销售生意多年，在业界有较高的知名度，客户群体比较稳定，这些客户与该公司合作多年，合作意向较强，合作记录良好，回款及时。

（二）下游买家分析

1. 广亚铝业有限公司，位于佛山市南海区，现拥有固定资产 6 亿元，铝型材年产能达 12 万吨的国内大型现代化铝型材制造企业，被评定为"建筑铝型材定点生产企业"，拥有"中国名牌产品""中国驰名商标""广东省著名商标""广东省民营科技企业"等一系列荣誉称号。

2. 台山市金桥铝型材厂有限公司，注册资本 8000 万元，20 多年来，公司的总生产量为 53000 吨，多年前就被列入中国大型铝型材企业的行列之中；集团的铝型材现被广泛地使用在建筑业、运输业、电子业、其他工业及耐用消费品行业等。

3. 广东豪美铝业有限公司，是一家集专业研发、制造、销售各种建筑铝型材和工业型材于一体的专业化、集团化的高新技术企业，是国内专业生产建筑铝型材的定点企业和建设部机械建筑总公司指定的门窗幕墙材料的生产基地。

4. 辽宁忠旺集团有限公司，是辽阳忠旺铝型材有限公司与香港港隆实业股份有限公司于 1989 年合资兴建的我国东北地区最大的中外合资企业。集团总资产 97.1 亿元。

5. 广东兴发铝业有限公司，为中国最早生产铝型材的企业之一，现已成为中国著名的专业生产建筑铝型材、工业铝型材的大型企业，拥有年产铝型材 15 万吨的生产能力，是中国建设部铝合金建材定点生产基地，被行业协会评为"中国铝型材企业十强第一名"。

二、银行切入点分析

供铝锭 24 万吨，合同期限为 7 年，以每月供货 2 万吨、价格 1.5 万元/吨计算，每月需要开证金额为 3 亿元，每年的资金需求约为 36 亿元。

银行认为：如果可以全程控制物流和资金流，可以提供信用授信，通过控制物流来控制风险。

风险点控制措施：

1. 货物控制：申请人在银行办理完信用证押汇之后，货物必须受银行认可的监管公司监管，监管公司凭银行出具的提货通知书为申请人办理提供手续，银行做到对货物控制，规避了风险。

2. 申请人将货物销售对应的应收账款质押给银行，下游客户回款到银行指定账户，押汇到期之前所有销售回款都回到银行监管账户，保证了押汇到期时有足够的资金偿还。如果押汇到期时下游客户未将货款打到银行监管账户，那么申请人必须以自有资金用于归还银行到期押汇。

3. 质量控制、保险等：供货商在出口港做质检，并在信用证单据中提交质检报告，最终检验标准根据卸货港 CCIC 检验结果为准。质量要求如下：原铝、A7E（铝含量不小于 99.7%，铁含量不超过 0.2%，硅含量不超过 0.1%）、A8（铝含量不小于 99.8%，铁含量不超过 0.12%，硅含量不超过 0.1%）。

三、银企合作情况

银行为申请人提供 3 亿元等值的美元进口信用证，担保方式为信用，货物到港后，立即办理押汇。

十三、保税仓融资

（一）保税仓融资定义及其优势

1. 定义。

保税仓融资模式，是指境内企业在保税区进口贸易项下以拟进口的货物作质押，适用于进口开证和该信用证项下进口融资及付款保函的一种短期贸易授信业务。

2. 产品优势。

（1）保税仓是用来存储在保税区内未交付关税的货物的多功能仓储库房，就如境外仓库一样，货物存放在保税仓可以节省一大笔租金费用，尤其是时间较长时，这项优势更加明显，因保税仓的仓租较便宜，而且可在货物申报时直接在保税仓报关。

（2）在保税仓融资模式下，如果企业在办理保税区进口贸易时，因一般授信额度限制或无法落实足额担保，而面临交易困难，就可以向银行申请保税仓融资业务，帮助企业完成进口贸易。

（3）在保税仓融资模式下，在缴纳一定比例的保证金后，企业可以将拟进口的货物作质押，而无须再提供第三方担保、现有动产和不动产的抵（质）押等其他担保。

（4）在进口过程中，货物提前到港后，进入保税仓仓库，由于进口商没有资金完成提货，可以将存放在保税仓仓库中的货物进行质押，银行给进口商提供融资，用于解付进口信用证；企业在筹措资金后完成进口报关，缴纳关税后，银行释放货物。

（二）业务流程提要

1. 客户需要提交的材料：主体资格证明文件、客户签字盖章的代理申报检验检疫委托书、国税登记证复印件、代理进口货物通关所需的其他材料、具体办理进口开证及进口信用证项下融资时银行要求提交的材料等；

2. 客户拟进口的货物类别需要符合银行要求；

3. 进口商提供的运输单据中需要有提单或符合银行要求的其他提货凭证。

（三）风险控制

进口商必须将准备缴纳的关税足额提前存入银行，银行根据进口商品的属性、价值核定质押率。一旦需要处置货物，银行首先代进口商缴纳关税，才能提取保税仓仓库中的货物，在市场上处置。

【案例】

青岛路牛纺织有限公司保税仓融资

一、企业基本概况

青岛路牛纺织有限公司注册资本 500 万元，公司主要经营纺织原料、棉纱、棉布、棉短线、羊毛化纤、针纺织品、纺织染料、纺织辅料、纺织机械、纺织机械配件、货物进出口、技术进出口，商务信息咨询。公司多年从事纺织品的进出口贸易，从事棉花的进口业务，并与美国、印度、南非等多个棉花主产国家和地区的主要供货商建立了良好的合作关系。为保证进口棉花的品质，进口棉花 5100 吨，累计实现购付汇 750 余万美元，全年实现销售收入 7045 万元。

二、银行切入点分析

企业融资需求：企业长年经营进口棉花，对市场有准确把握，但由于进口棉花为大宗货物交易，必然产生大额贷款、各项海关赋税，导致占压该进口企业大量资金，加大企业的资金压力。

该企业进口后，商品存放在国家保税仓仓库，等待单据齐备后，报关提货；因该公司自有资金紧张，为了给该公司提供融资，盘活在保税仓仓库的货物，银行可以要求该客户缴存税费后，按照货物价值的六成，提供融资。

三、银企合作情况

对于保税区交易货物的企业，银行为其办理保税融通减免保证金的开证业务，引入第三方物流单位，标的物进入监管单位仓库后由其实施监管操作；银行在收到企业存入足额保证金并收到相应提货申请后，发指令给监管单位指示其放货。操作过程中，如遇到货物价格波动，监管单位随时提示银行，要求客户补足保证金，从而规避风险。保税融通业务既确保了银行对货权的转移占有，有效地控制了企业的信用风险，又为企业业务发展提供了充足资金。

十四、封闭式现货市场质押授信

（一）封闭式现货市场质押授信定义及优势

1. 产品定义。

封闭式现货市场现货质押模式，是指银行委托市场管理方作为监管机构，在 24 小时封闭运行的监管模式下，由市场推荐的出质人将其存放在现货市场的货物质押给银行以获得融资的动态质押模式。

2. 产品优势。

（1）实现整个市场的货物均是银行质押物，从而形成一个相对封闭运行的动态质押业务流程，可以有效地防止市场内商户随意提取货物的风险。

（2）借助市场控管所有商品，可以有效地提高监管的效率。

（3）市场管理方给市场内商户提供协助融资增值服务，可以有效地吸引商户入驻，提高招商率。

封闭式现货市场现货质押授信流程见图 2 - 17。

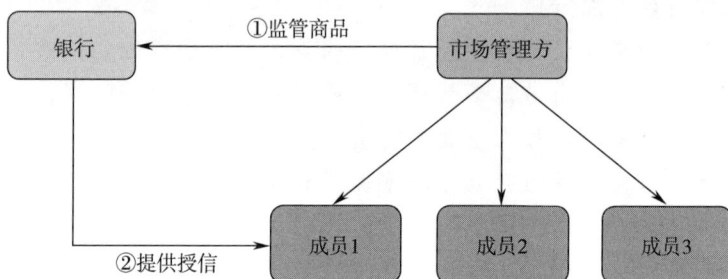

图 2 - 17　封闭式现货市场现货质押授信流程

（二）基本规定

为有效控制业务操作过程中的风险隐患，现通过业务指引形式对银行、监管方、市场、出质人各方的职责及操作细节问题明确如下：

1. 出质人职责。

（1）出质人应保证是出质货物唯一的所有权人，同时应将动产总量控制范围内的全部货物和每批进入监管场地的货物全部质押给银行。

（2）出质人在提出出质申请前，必须提前 3 个工作日安排货物入库。

（3）在监管方和银行核库前，出质人需积极配合先行将证明质押物货权等相关资料一并提交给银行和监管机构，包括购销合同（如与代理商签订的合同需提交该代理商代理资格授权证明）、增值税发票、运输单据、入库单及工厂出具的产品质量证明书、免检证书（如需要还应提供银行认可的第三方检验机构出具的质检证书）等。如供应方不能随货物及时交付增值税发票，增值税发票必须在合同签订日后 1 个月内补交到银行经营机构。在新增质押物时，如出质人暂时不能提供上述单据，则必须向银行提供由市场出具的入库单（需盖章），后补资料最晚于 3 个月内补齐，逾期未补齐的，银行有权终止合作。

（4）出质人正式提出出质申请时，应向银行提交"质物种类、价格、最低要求通知书"（代出质通知书）及拟质押物清单。

（5）获得银行融资后，如出质人在银行要求的最低数量之上，就超出部分申请提货或者换货时，无须追加或补充保证金，可直接向监管方申请办理提货或换货。

（6）如出质人申请赎货后，货物数量突破银行要求的最低数量时，出质人应事先向银行提出提货申请，并填写提货申请书，经银行同意后凭银行签发的提货通知书，向监管方办理提货。

（7）出质人赎货方法分为以下两种：

①追加或补充保证金（即打款赎货）。

②向银行事先提供与质物种类、价格、最低要求通知书（代出质通知书）要求相符的质物（即以货换货）。

（8）出质人新增最低数量以上质押物入库或因跌价进行补货或最低数量以下换货时，也需向银行提供与首次出质时相同的证明质押物货权、质量相等的相关资料。

2. 市场职责。

（1）向银行推荐合格的商户作为授信出质人，并提供相应担保措施。

（2）进一步完善市场的软件系统，保证能提供正确、便捷的数据服务，最终实现与银行端口对接。

（3）严格执行出入库管理制度，监控每单货物的进出库，并在系统内及时登记。

（4）完善堆场的物理建设，库位标示清楚，吊牌等醒目放置。

（5）确保货物按各家联保户独立集中堆放，且堆放整齐。

（6）配合监管公司做好日常监管工作。

（7）每日按出质人提供库存清单，内容包括但不限于：出质人名称、品种、规格、数量、重量、库位。其中出质人名称应为"××企业"，每日的库存清单须由市场盖章确认。

（8）出库前，市场须提供仓库货位平面图、标明质押物区域，并与监管公司共同确认。若货位发生变动，必须重新出具货位平面图并确认。

3. 监管公司职责。

（1）收到银行质物种类、价格、最低要求通知书（代出质通知书）的传真件后，凭所附的出质人提供的拟质押物清单核库，盘点完毕后，与出质人双方共同确认质押物的情况，向银行出具质物清单（代质押确认回执）（将经过核对无误的出质人提供的拟质押物清单作为附件，双方必须加盖骑缝章）；如银行在核库过程中发现实际质押物与中外运提供的质物清单（代质押确认回执）不符，将要求出质人重新提供拟质押物清单，重新核库，重新出具质物清单（代质押确认回执）（将经过核对无误的出质人提供的拟质押物清单作为附件，双方必须加盖骑缝章）。

（2）现场监管人员根据仓库实际情况，绘制库位图，结合出质人提供的拟质押物清单，对所有货位的货物进行逐一盘点，并登录在库位图上。

（3）监督市场对各户联保出质人的货物进行独立堆放，且按出质人签发库位图、质押物明细和质物清单（代质押确认回执）。

（4）每日对库存发生变化的质押物进行详细盘点，核对进出库数据是否与库存数量相符。

（5）每日上午10时出具相关监管质物的进出库和库存的质押物明细，并签章后传送给银行，同时自行做好数据备份留档。

（6）每月组织一次全面盘点，对仓库内所有质押物逐一盘点，确保账物相符。

（7）监管人员必须协助银行的查库工作，做到随叫随到，及时提供查库当天质押物清单和库位图。

（8）当出质人库存货物有新增或出库时，除传真质押物库存清单外，监管方还应跟踪装车、卸车情况并实时登记质押物变动的货位。装车或卸车后，监管人员应立即对发生变化的货位进行盘点，及时更新库位图，并向银行重新出具质押物明细。

（9）监管人员必须2人以上24小时入驻市场，进行全天候无缝隙监管。

（10）如申请人申请赎货，突破银行要求的最低数量的时候，银行签发的提货通知书为出质人办理提货及质物出仓、出库的唯一有效凭证。

（三）业务流程

1. 市场内商户提出融资申请；

2. 市场向银行提供收集的出质人提交的证明质押物货权、质量等相关资料，与原件及质物种类、价格、最低要求通知书（代出质通知书）内容进行核对，在核库的现场与银行交接材料；

3. 银行、监管公司对质物清单（代质押确认回执）进行全面核查；

4. 查库，并填制"银行核库（查库）通知/报告书"存档备查，如发现问题应及时向银行书面反馈；

5. 出质人要求打款赎货时，应根据出质人提交的提货申请书上的质物数量进行核价，并计算质押率和确认提货量。审核同意后，在货押业务提货审批表上签署意见，连同提货申请书、保证金入账凭证或还款凭证（凭证上应注明货押业务编号）提交银行。

（四）风险控制

1. 根据出质人提出的出质申请，银行对出质人出具的拟质押物清单进行全面核查。

2. 在出质人提出出质申请后，在质物种类、价格、最低要求通知书（代出质通知书）（附上出质人出具的拟质押物清单作为附件）上盖章（包括骑缝章），然后先传真给监管公司，再收到质物清单（将经过核对无误的出质人提供的拟质押物清单作为附件）。

3. 监管公司每月组织不少于两次的查库，并填制银行核库（查库）通知/报告书，及时与银行沟通查库时发现的问题。

（五）特别操作

1. 以新增质押物替换保证金。

（1）出质人向银行提出以货换保证金的书面申请。

（2）出质人参照首次出质流程向监管方及银行申请核库。

（3）各方核库结束后，银行审核出质人申请，并进行核价、计算后向银行提交相关材料。

（4）银行在核价审核后，发出退回保证金通知书。

2. 跌价补偿。

如质押物市价跌幅超过核定价格的5%，银行向出质人发出补款/补货通知单，此时出质人应及时在银行规定的日期内按照规定的数额补款或补货。如申请人未按约定补款或补货，银行有权宣布授信提前到期，并有权处置质押货物。其中应补款项或补充货物的计算公式如下：

应补保证金 = 目前授信敞口 - 质押物市价 × 库存质押物数量 × 初始质押率

应补货物数量 = [（目前授信敞口 / 初始质押率）- （质押物市价 × 库存质押物数量）] / 质押物市价

3. 提货。

如出质人需在质押物最低库存下提货，则需向经营机构提交提货申请书，由经营机构初步核价、计算质押率和确认提货量，并向指定保证金账户划入一定金额的保证金（如需），具体计算方法如下。

如在提货当日质押物市价涨幅超过核定价格的5%，则可按如下公式计算提货数量：

可提货物数量 =（质押物市价×库存质押物数量×初始质押率 - 风险敞口）/ 质押物市价

如所需提货数量超过可提货数量，则超过部分需按以下公式支付赎货保证金：

需支付赎货保证金 = 提货数量×质押物市价×初始质押率[①]

【案例】

佛山市三益公司燃料油质押授信

一、企业基本概况

佛山市三益沥青有限公司是广东省一家主要生产销售沥青的民营企业，现有员工80多人。该公司目前使用的油库都具有完善的配套设施，可同时为车、船收发油料。注册资本5000万元，近年珠江三角洲的工业和建筑对沥青的需求不断加大，该公司的业务也不断扩展。公司总资产37739万元，流动负债20996万元，净资产16742万元，实现销售收入124120万元，实现利润2194万元。

二、授信方案及银行切入点分析

申请人：佛山市三益沥青有限公司

质押物：燃料油（180 CST、280 CST）

出质人：佛山市三益沥青有限公司

业务模式：现货动产质押

授信品种：银行承兑汇票、流动资金贷款

供货方：中油燃料油股份有限公司湛江公司

货权形式：动产

仓库位置：佛山市三益沥青有限公司自有仓库

---

① 质押物市价核定标准参照中华商务网上海地区每日价格汇总。

监管人：广东××仓储管理有限公司

监管模式：输出监管

监管合同及厂、商、银合作协议：标准合同（部分修改）

盯市渠道及取值方法：中华商务网并结合增值税发票及厂家发货单

保证金比例：不低于30%

质押率：不超过70%

赎货期：4个月

回购/担保安排：

1. 货物控制。引入银行认定的监管公司对物流进行监管，申请人提货需由银行出具提货通知书，通过控制公司的物流进而控制资金流。

2. 质量控制、保险等。原油产品由中油燃料油股份有限公司湛江公司提供。中油燃料油股份有限公司是中国石油控股的下属子公司，是集燃料油品的进口、销售、生产加工于一体的实体型企业，是国内唯一负责奥里乳化油进口分销的专业化公司。该公司油库（即湛江油库）已被上海期货交易所指定为首批5个燃料油期货交割库之一，是上海期货交易所目前最大的燃油期货交割库。据了解，湛江油库总库容94.5万立方米，有10万立方米储油罐6座，5万立方米储油罐6座，2万立方米储油罐2座，5000立方米储油罐1座，共15座储油罐组成。该油库投资额约5.2亿元，属于国家一级燃料油中转库，质量有保证。原油为不易变质、不易盗抢，但是属于易燃的危险物品，所以需企业购买足额保险，并把受益人转为银行。

3. 其他管理措施。为防范风险，实现银行效益最大化，一是设定跌价补偿制度，即若在授信期内原油跌价幅度超过10%，则要求申请人必须补足相应金额的保证金；二是对赎货期进行控制，即制定赎货期限为4个月，若4个月内申请人未能全部赎货，银行即可要求补充保证金。

三、银企合作情况

银行给予2亿元的授信额度，30%的保证金，风险敞口1.4亿元。

银行承兑汇票手续费收入：每4个月完成一个购销周转流程，2亿元银行承兑汇票可周转4次，可实现开票手续费收入8亿元×0.05% = 40万元，如银行对该企业授信2亿元，预计可带来日均存款8000万元，最高时点存款1亿元。

十五、未来提货权质押授信

未来提货权质押是指以中小贸易商与核心客户签订的物资供应合同项下未来的货物作为质押，银行为中小贸易商提供融资，以销售回款作为第一还款来源的融资业务。

（一）业务流程

1. 银行与借款人、仓储公司及卖方商议操作模式，确定相关的协议。

2. 银行为借款人核定授信额度，并签署融资协议（如流动资金贷款合同或银行承兑协议），卖方签署货物指定发送承诺书（承诺书中声明，厂商将货物发送至银行指定的目的地，通常由银行提供标准版本，卖方签署即可），与仓储公司签订《货物质押保管协议》（货物进入仓储公司仓库后，制成仓单交由银行保管）。

3. 银行发放贷款或出具银行承兑汇票。

4. 卖方收到货款或银行承兑汇票后，根据货物指定发送承诺书的路径发货。

5. 仓储公司收到货物后制作成仓单，将仓单提供给银行。

6. 借款人提供现金或银行承兑汇票质押赎货。

未来提货权质押授信流程见图2－18。

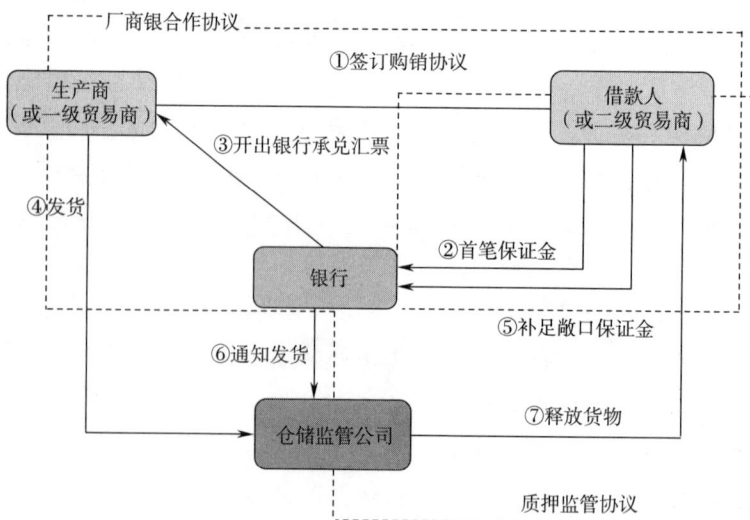

图2－18　未来提货权质押授信流程

（二）授信方案

1. 核定授信额度。

申请人向银行申请授信，向银行提供购销合同。

2. 签署三方合作协议。

（1）银行与授信申请人、供货商签署"厂、商、银合作协议"，如果采购合同中是以供货商的分公司名义签署，应有相关的授权书；

（2）银行与授信申请人、监管人签署仓储监管协议。

3. 融资发放。

银行根据单笔采购合同的数量和确定的质物价格，开立以供货商为收款人的银行承兑汇票，由银行客户经理将银行承兑汇票交付至供货商指定人员，并取得收票回执；或向经销商发放贷款，并将贷款资金直接划至供应商指定银行账户。银行承兑汇票期限不超过 6 个月，贷款期限不超过 4 个月，赎货期为融资后 120 天以内，在货物未全部提取前，如遇商品价格下跌，由申请人补齐差额。

4. 货物发运及收货出质。

（1）如果供货商对申请人采取工厂提货方式发货，申请人需委托银行作为其代理人代理收货，供货商交货时需出具以银行为收货人的单据，银行则委托监管人作为银行代理人代理收货。

（2）监管人收货后即对质物名称、规格、数量等基本信息向银行进行出质确认，并负责运输至银行指定的仓库。

（3）货物达到指定仓库后，银行实施核库；监管人从工厂收货后到申请人提货期间承担监管责任。

（4）如果供应商直接将货物发送至银行指定仓库，需出具以银行为收货人的单据，银行则委托监管人作为银行代理人代理收货；货物到达指定仓库，银行货押中心实施核库，监管人收货后即对质物名称、规格、数量等基本信息向银行进行出质确认；监管人从货物到达指定仓库后至经销商提货期间承担监管责任。

5. 申请人提货。

（1）仓储期间，银行对质押物设定最低价值，最低价值按照质押率折扣后足以覆盖申请人授信敞口。

（2）当质物价值高于最低价值时，申请人就超出的部分可直接向监管人提货。当质物的价值接近或等于质物的最低价值时，监管人通知银行和申请人；若申请人不能保证有质物进库，且要提取货物时，应事先向银行提出提货申请，补充保证金或归还贷款后由银行向监管人出具提货通知书，申请人方可提货，银行出具的提货通知书是监管货物出库的唯一凭证。

（3）无论是否提货，申请人每次融资后需在规定的赎货期内存入100％保证金或归还全部贷款。

（三）风险控制

1. 货物控制。

（1）银行委托监管人收货后，监管人即对质物名称、规格、数量等基本信息向银行进行出质确认。

（2）仓储期间，监管人每日向银行报送库存数据，确保货物数量。

（3）银行通过动态监管模式来控制货物，即银行对质押物设定最低价值，当质物价值高于确定最低价值时，申请人就超出部分可直接向监管人提货；当质物价值接近或等于质物最低价值时，监管人通知银行和申请人，若申请人不能保证有质物进库，且要提取货物时，应事先向银行提出提货申请，补充保证金或归还贷款后由银行向监管人出具提货通知书，申请人方可提货，银行出具的提货通知书是监管货物出库的唯一凭证。

2. 跌价补偿。

融资发放后，银行指定专人负责跟踪质押物市价变动情况，当质押物价格下跌幅度超过10％时，银行有权对质押物价格进行调整，申请人须在接到银行通知之日起5个工作日内通过补款或补货的方式，将质押率恢复到70％以内；如果质押率超过85％，银行有权提前终止合同并直接拍卖或变卖质物，拍卖或变卖所得款项用于归还银行贷款本息。

3. 按要求核查库。

银行委托监管人将货物送达指定仓库后，需进行现场核库，对质物的所有权、质量、数量、质押效力等内容进行确认，并签署核库意见。

银行严格按照货押业务相关要求，定期或不定期（至少每月一次）对监管仓库进行巡查，检查质押货物数量是否短缺、货物质量是否下降、出库手续是否完整，做好查库记录，发现问题及时处理。

4. 票据交接及收货核对。

供应商在收妥票据后须向银行出具收票回执，并定期（至少每月一次）以书面形式与银行进行货款及货物交付情况的核对，如遇到收货不正常的情况，立即调查收货异常原因并采取相应风险防范措施。

【案例】

广州市银华裕丰钢铁有限公司未来货权质押

一、企业基本概况

广州市银华裕丰钢铁有限公司注册资本 1 亿元。主营业务：生产、加工建筑钢材，成型钢筋加工（含冷轧带肋钢筋、钢筋焊接网及各种建筑钢筋加工），销售本企业产品。主导产品：钢筋混凝土用热轧带肋钢筋、冷轧带肋钢筋、低碳钢热轧盘条、钢筋混凝土用钢筋焊接网等系列产品及深加工产品。公司地处珠江三角洲中心腹地——广州市银华区东南部，广珠、广深高速公路沿线，距南沙港 10 公里、广州铁路三眼桥货场 30 公里，水陆交通四通八达，地理位置得天独厚。公司占地面积 21 万平方米。公司总资产 12.28 亿元，流动负债 6.19 亿元，实现销售收入 18.99 亿元，利润总额 1631 万元，净利润 1479 万元。

公司经过十几年的发展和市场开拓，已成为广东建筑钢材市场重要供应商之一，已连续三届获得国家质检总局颁发的"国家免检产品"证书。裕丰商标先后被广州市、广东省工商行政管理局认定为广州市、广东省著名商标。已先后入编全国铁路建筑材料采购名录和广州市政府采购名录，并成为广东省高速公路工程主供品牌。

1. 上游供应商。五矿钢铁有限责任公司，主营业务钢铁贸易、进出口业务，经营钢材 1441 万吨，其中进出口钢材 87 万吨，进出口额 10.4 亿美元；内贸经营钢材 1354 万吨，金额 60 亿美元。该公司资产规模近百亿元，为中国最大的钢材贸易企业。商业信誉良好，与广州市银华裕丰钢铁有限公司合作 11 年，交易额达 10 亿元，履约记录良好。

2. 交货方式。货物由生产厂家发出，经过陆运、海运等方式将货物运到四方协议中约定的目的港/站。

3. 货物运输和保险。由五矿负责运输，将货物直接运输到南沙货运码头，保险由双方合同约定的运输公司购买。货物到达目的港后如果不办理赎货则转为现货质押。

二、银行切入点分析（货押业务方案流程描述）

1. 五矿钢铁有限责任公司、广州市银华裕丰钢铁有限公司与银行达成合作意向并签订厂商银合作协议书。

2. 深圳五矿与银华裕丰签订购销合同，合同中约定代理收货人为银行，并约定运输方式以及到达目的港——广州市南沙货运实业有限公司码头。

3. 银华裕丰向银行存入不低于30%的保证金，并同意以未来货权质押给银行。

4. 若采取银行承兑汇票支付，银行向深圳五矿开出银行承兑汇票，深圳五矿收到银行承兑汇票后，向银行出具银行承兑汇票收妥确认函，并在合同约定的时间内组织货源；若用现款支付，由银行发放贷款划至深圳五矿公司指定账户。

5. 深圳五矿公司准备发货前通知银行，明确此次发货数量、到达的目的港/站以及预计到达目的港/站的时间等因素。

6. 货物到达目的港/站前，银行通知银华裕丰打款赎货。

7. 银华裕丰向银行存入赎货相应保证金，银行为其办理手续，并出具提货委托书。

8. 银华裕丰凭银行出具的提货委托书前往目的港/站办理提货。

9. 货物到达目的港或站后，银华裕丰也可以选择不打款赎货，而是将货物存放在广州市南沙货运实业有限公司码头仓库直接转为现货质押。

银华裕丰公司货押授信业务流程见图2-19。

三、银企合作情况（风险点及控制措施）

1. 货物控制。由银行认可的监管仓库进行监管，申请人提货需由银行出具提货通知书，通过控制公司的物流进而控制资金流。

2. 质量控制、保险等。大型钢厂的产品质量可以保证。因钢材为不易变质、盗抢、毁灭的易监管产品，无须购买保险。

3. 其他管理措施。为防范风险，实现银行效益最大化，一是设定跌价补偿制度，即若在授信期内钢材跌价幅度超过10%，则要求申请人必须补足相应金额的保证金或等值的货值；二是严格按照总行制定的货押管理办

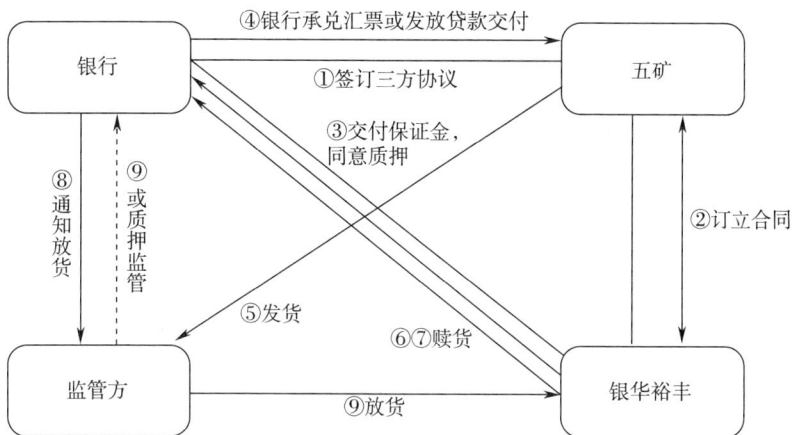

图 2-19 银华裕丰公司货押授信业务流程

法执行。

拟同意给予广州市银华裕丰钢铁有限公司 3 亿元的综合授信额度，用于未来货权质押的厂商银三方协议，使用银行承兑汇票方式操作，收款人限定为五矿公司，开立银行承兑汇票保证金比例 30%。授信额度的测算如下：

公司上半年的销售额约为 11 亿元，平均每月销售额约为 1.83 亿元（11 亿元 ÷6≈1.83 亿元）。

以银行设定的赎货期 4 个月为准，每 4 个月销售额约为 7.32 亿元（1.83 亿元 ×4=7.32 亿元）。

考虑到银行承兑汇票业务客户需要缴存 30% 的保证金，因此，如果银行给予银华裕丰 3 亿元的授信额度，敞口部分为 2.1 亿元，约占销售额的 29%（2.1 亿元 ÷7.32 亿元≈0.29）。

根据以上数据测算，银行授信额度 3 亿元除去保证金，敞口部分 2.1 亿元约占银华裕丰 29% 的销售额，属合理范畴。假定银行以上述方案给予授信，则预计可带来日均存款至少 1 亿元，中间业务年收入 20 万元，收益比较可观。

委托收货协议

甲方：××银行_____分行

乙方：

鉴于：甲方授予乙方最高授信额度____万元，期限1年，（具体内容见编号为第____号《综合授信协议》，以下简称授信协议），该授信额度或部分授信额度用于支付乙方与_____（以下简称卖方）之间的_____（以下简称贸易合同）项下的款项。

现经两方平等协商，达成如下协议：

一、乙方不可撤销的委托甲方作为唯一的收货人收取卖方发出的贸易合同项下的货物，同意卖方在办理运输时，以甲方为唯一的收货人。

二、当贸易合同项下的货物到达指定港口或者站场后，乙方不得自行办理有关提货事宜；否则，乙方将承担相关违约责任，甲方有权要求乙方以及担保人提前清偿已使用授信额度。

三、在甲方接受乙方的委托办理收货过程中，若由于非甲方的原因造成货物灭失、毁损等对乙方不利情形的，甲方不承担任何责任。

四、在甲方接受乙方的委托办理收货过程中，若由于任何原因造成货物灭失、毁损等情形的，乙方应在3日内补充与灭失、毁损的货物价值相当的质押物作为乙方在授信协议项下债务的质押担保或提供甲方认可的其他担保。否则，乙方将承担相关违约责任，甲方有权要求乙方以及担保人提前清偿已使用授信额度。

五、本协议自各方盖章之日起生效。

六、关于本协议的任何纠纷，按照授信协议的规定处理。

甲方：
负责人或者授权人：

乙方：
法定代表人或者授权人：
　　　年　　　月　　　日签订于____（分行所在地）

十六、中小医院购置设备融资授信

中小医院购置设备融资授信，是银行与租赁公司、医疗设备经销商合作，采取信用捆绑方式，为中小医院提供购置医疗设备的专项融资服务。

（一）营销要点提示

1. "三甲"医院和"二级甲等（含）"医院之类大型公立医院财政投入相对集中，现金流充裕，其使用贷款意愿较低，营销难度较大，合作范围较窄。

2. 医改中政府投入力度最大、发展最快的县级（大部分为二级医院）及二级以下的基层医院对银行授信最为迫切。

3. 医院收入来源于就医的公众个人，除特殊情况外，应收账款金额小，医保机构欠款有固定的回款期和较高的保障性，医院的现金流稳定而且保障性强。

4. 医院的管理人员一般具有较高学历和专业职称，个人素质较高，信用度高。

5. 医院财务特点。

（1）收支结余较少。由于公立医院定位为公益性质的事业单位，财务实行收支平衡，一般收支结余接近于零或为负数，医院的实际盈利能力需要考虑收支结余加上每年提取修购基金的合计数。

（2）医疗收入占比和规模直接反映医院的医疗能力和市场竞争力。医院医疗收入具体分为门诊医疗收入和住院医疗收入两大块，收入多少取决于两大因素——医院规模大小和特长医疗所形成的竞争能力，一般来说二级以上的医院具有较强的竞争力。

（3）我国尚未实行医药分家，医院收入中药品收入较高，一般在45%以上，但是反映医院医疗能力和市场竞争力的是医疗收入，医疗收入占比高的医院医疗技术水平高，市场竞争能力强。

（二）适用客户分析

1. 高端医疗器械市场。国内近70%的高端医疗器械市场主要集中在通用电气、飞利浦、西门子三大跨国公司。主要产品是磁共振、分子影像、介入及外科产品、诊断 X 线、临床系统。

2. 医疗设备销售模式（以 GE 产品销售模式为例）。GE 的医疗产品通过直销和代理商渠道进行销售，代理商负责划定区域的产品销售。通用电气（中国）医疗集团针对代理商制定有各项严格的管理制度，对代理商的代理资格进行严格评定，代理商只允许销售 GE 品牌；同时对销售区域进行明确划分，不允许串货。

（三）授信方案

1. 借款主体——医院的准入标准：具备医保定点资质，年营业收入在 5000 万元以上，购买设备价值在 500 万 ~ 5000 万元的县级以上二级医院。医院的采购一是根据自身的发展需求，二是受当地主管部门的管理，具有不确定性。银行授信业务随着 GE 的销售链跟进，在购买方存在融资需求的情况下，银行才能对该医院提供营销，故不太适宜采用名单制管理。

2. 授信金额：银行根据各医院收入和资金需求核定医院实际能够承受的贷款额度。采取医院首付款 20%，授信金额以医疗设备销售价格的 80% 为限。

3. 授信期限：授信期限最长不超过 3 年。

4. 贷款用途：根据各个医院的实际经营需求，采购专业医疗设备。

5. 还款方式：根据医院经营稳定、现金流比较均衡的特点，采用按月等额还款或等本金还款。

6. 还款资金来源：一是医疗设备经营产生的现金流；二是医院治疗、药物等的其他经营收入和结余；三是财政部门的拨款；四是代理商保证金专户资金池内资金。

7. 担保主体医疗设备代理商的准入标准：具有医疗器械经营许可证，取得医疗设备生产厂家授权代理资格的独立企业法人。代理商在银行开立保证金账户，按贷款金额存入 10% 保证金，并提供全程全额连带责任保证担保。

（四）业务流程

1. 医院向设备供应商采购设备，招标完成后，签订商务合同。根据代理商评级不同向医疗设备供应商付定金 50% ~ 100%。

2. 银行收集客户授信资料、进行项目调查后，上报授信审批中心审批。

3. 授信审批通过后，银行与医院、代理商签订借款合同及保证合同。落实首付款后，银行向医院一次性放款，医院签订一个借据，放款中心一次性出账，医院于次月开始等额还款或等本金还款。

4. 贷款发放到医院账户后，由医院账户转入代理商账户。

5. 根据医疗设备的产品出厂地，国产设备，银行就贷款部分开立足额银行承兑汇票，付给医疗设备供应商；进口设备，银行就贷款部分开立足额银行承兑汇票，付给与医疗设备供应商合作的外贸公司。

6. 医疗设备供应商给医院安装医疗设备，从签订商务合同到医疗设备安装，国产设备约 2 个月时间，进口设备约 4 个月时间。

医疗设备业务流程（物资流）见图 2 - 20，医疗设备业务流程（资金流）见图 2 - 21，医疗设备业务流程（时间流）见图 2 - 22。

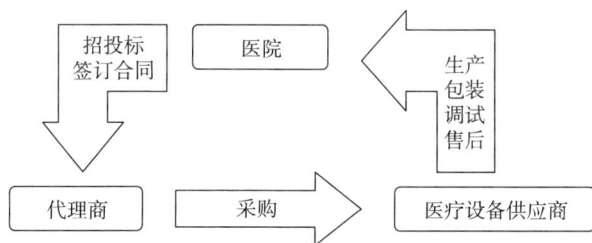

图 2 - 20　医疗设备业务流程（物资流）

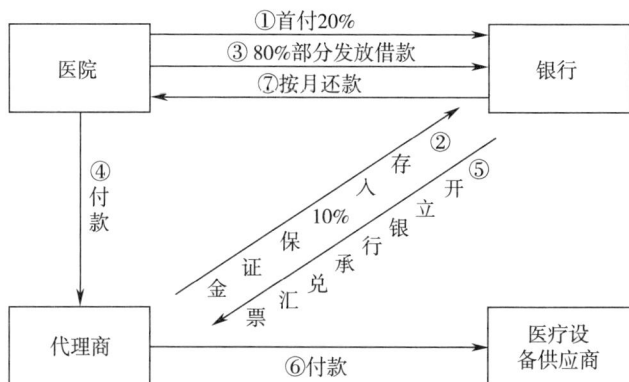

图 2 - 21　医疗设备业务流程（资金流）

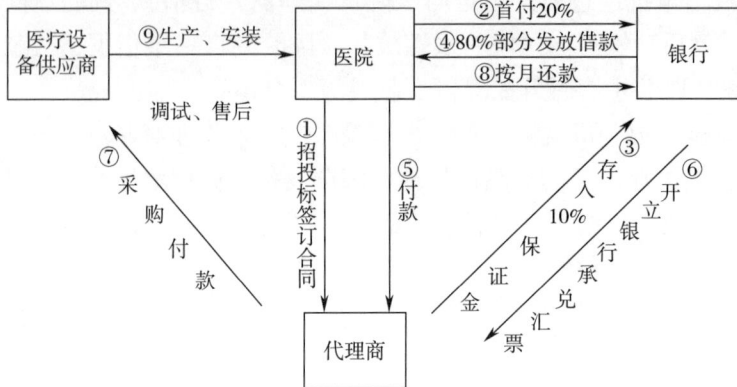

图 2-22 医疗设备业务流程（时间流）

（五）风险控制（授信风险缓释措施）

1. 由代理商提供连带责任保证。

2. 建立风险准备金制度，单个代理商在银行开立一个保证金账户，对用款医院均按贷款金额的 10% 缴纳保证金，进行专户资金池管理，用于对医院贷款欠付贷款本息的补偿，至每笔贷款全部清偿完毕。

3. 代理商不向医院开具购货发票，至贷款结清后再办理资产所有权的转移，在贷款期限内所有权仍属于代理商。如果医院连续 3 期或累计 5 期不能正常偿付银行贷款，代理商在履行保证责任后，可进行调剂销售。

4. 还款方案设计为每月等额或等本金还款，在贷款期内，随着每月的还款，保证金覆盖比率逐渐增高，银行的授信风险随之逐渐降低。

5. 随着业务规模的发展，经销商存入保证金的金额对借款单一主体的覆盖率越来越高。

6. 医疗设备融资贷款合作协议等文件经法律合规部门审核。

7. 银行每月应与代理商沟通医院还款情况和医疗设备运营情况，代理商协助督促医院按期履约还款。

（六）银行益处（综合效益测算）

1. 医院市场客户群整体素质相对较高，客户现金流稳定，还款来源有保障，分期还款医院压力小。根据借款人的具体情况，实行一院一策的授信政策和不同的利率标准。

2. 贷款后代理商在银行开立 100% 保证金银行承兑汇票，并开立有保证金账户，经营单位有存款、贷款收益，同时针对医院、代理商可以营销年金、三方存管业务、网银、信用卡和代发工资业务。

十七、货权质押授信

（一）货权质押授信定义及分类

1. 货权质押业务是指企业法人以自有动产或货权为质押，银行向企业提供用于满足企业物流或生产领域配套流动资金需要的一种授信业务形式。

2. 货权质押业务包括动产质押和仓单质押融资，仓单质押融资又包括标准仓单质押融资和非标准仓单质押融资。

（二）适用对象

1. 行业选择。

该业务多适用于商品流通企业。仓单质押融资适用于流通性较高的大宗货物，特别是具有一定国际市场规模的初级产品，如有色金属及原料、黑色金属及原料、煤炭、焦炭、橡胶、纸浆以及大豆、玉米等农产品。任何特制的商品、专业机械设备、纺织服装、家电等产品，一般难以取得银行仓单融资的机会。

2. 客户选择。

（1）客户定位：贸易流程清晰、便于银行对贸易中一个或多个环节进行有效控制的客户群体。

（2）贸易型企业应要求经营稳定、贸易背景可靠、进销渠道和经营渠道较为稳定，在当地同行业中市场份额相对突出，积极营销高端生产商的一级经销商（代理商）；生产加工企业应选择经营健康，具有良好盈利能力，库存合理，具备良好的监管条件，并优先选择原材料为质押物。

（3）重点开拓贸易链条清晰，产业链整合程度较好，主动配合银行进行物流、资金流管理，经销主业突出，综合贡献度高的核心产品上下游客户。

（4）培养能实现大部分物流、资金流控制，能准确了解大部分经营及相关信息的客户。

（5）审慎对待资金流体外循环、多元化经营、行业波动过大和淘汰率过高的较高风险客户。

（三）货权质押融资主要特点

1. 货权质押融资与特定生产贸易活动相联系，是一种自偿性贷款。一般贷款随货物的销售实现而收回，与具有固定期限的流动资金贷款、抵押贷款相比，周期短、安全性高、流动性强。

2. 适用范围广。货权质押融资不但适用于商品流通企业，而且适用于各种生产企业，能够有效地解决企业融资担保难问题。当企业缺乏合适的固定资产作抵押，又难以找到合适的保证单位提供担保时，就可以利用自有存货作为质押申请贷款。

3. 质押物受限制程度低。与固定资产抵押贷款不同，质押项下货物受限制程度较低，货物允许周转，通常可以采取以银行存款置换货物和以货物置换货物两种方式。质押物受限制程度低，对企业经营的影响也较小。

4. 仓单质押融资业务要求银行有较高的风险监控能力和较高的操作技能。仓单质押融资中，抵押货物的管理和控制非常重要，由于银行不具有对实物商品的专业管理能力，就需要选择有实力、信誉高的专业仓储公司进行合作。同时，银行需要确认仓单是否是完全的货权凭证、银行在处理仓单时的合法地位、抵押物价值的评估等问题。

（四）货权质押授信规则

1. 货权质押业务授信只能用于授信申请人自身正常的生产经营周转，用于确定真实的贸易合同，不得用于期货或股票的炒作、投资，也不得用于长期投资项目。

2. 货权质押业务授信金额，必须与申请人实际经营规模和经营活动资金需求相匹配；授信额度期限最长不超过 1 年，单笔业务期限一般不超过 6 个月。

3. 货权质押业务的质押率原则上不高于 70%，经办机构须按照货物品种、生产厂家及品牌、申请人经营能力的不同，合理谨慎地确定质押率。质押率由审批部门最终审定。

4. 质押率的计算公式为：质押率 =（授信金额 - 保证金）÷质押货物总值。

（五）客户、质物的特定要求

1. 办理货权质押业务的客户应满足的条件。

（1）贸易企业：①进销渠道通畅稳定，行业经验两年以上、无不良资信记录，或银行认可的核心生产厂商的分销商；②专业进出口公司需无逃套汇、骗税走私等不良资信状况。

（2）生产加工企业：连续经营两年以上，生产经营正常、主导产品销售顺利、应收账款周转速度和存货周转率不低于行业平均水平、无不良资信记录或银行认可的核心生产厂商的配套厂家。

2. 货权质押业务项下的动产、仓单、提单须具备的基本条件。

（1）出质人拥有完整、合法、有效的所有权。

（2）无其他抵押、质押行为。

（3）不存在产权或其他法律纠纷。

3. 办理货权质押业务的商品须满足的条件。

（1）属于企业正常经营周转中的短期存货，有良好的流通变现能力。

（2）货物通用性强，有成熟的交易市场和通畅的销售渠道，价格易于确定，价格波动区间能够合理预测。

（3）货物质量稳定，易于仓储、保管、计量，不易变质、损毁，有形及无形损耗均能合理预测。

（4）货物本身适销对路，市场需求旺盛，供货商实力雄厚，技术水平较高，在行业内具有品牌优势。

（5）质量和价格确定有较强专业性的货物，要求提供银行认可的质量检验及价格认定材料。

4. 核库与查库。

（1）核库是指银行有关人员在货权质押业务授信后第一次出账前，定期或不定期向仓储监管机构查验质押标的物状况，以及检查仓储监管机构是否按双方监管协议的要求履行对质押标的物的监管责任的行为。

（2）现货质押业务授信的第一次出账，必须在出账前3个工作日内进行核库，如遇特殊情况，需当天核库。先款（票、证）后货的货权质押业务，需在货物入库后的3个工作日内进行核库。

（3）核库的内容包括：①检查质押标的物的品种、数量、质量、包装、件数和标记，与质押标的物清单及仓储监管机构的记录是否相符；

②质押标的物摆放是否规范，是否符合安全要求；③存货人与出质人是否一致；④仓储监管机构是否按双方签订的监管协议履行监管职责等。

（4）对于非仓储监管机构的仓库监管，核库时需检查仓储监管机构是否已进驻并已切实履行监管职责，监管程序及操作是否符合银行要求，是否存在流于形式的风险等。

5. 跌价补偿。

（1）跌价补偿是指根据银行与申请人签署的有关货权质押业务文件和合同约定，在办理货权质押业务过程中，当申请人质押的标的物价格下跌，导致质押率高于货权质押业务合同规定的质押率时，银行要求申请人在规定的期限内补充保证金或相应价值货物的相关安排。

（2）跌价补偿条款必须在银行与申请人签订的最高额质押担保合同、质押担保合同等担保文件中明确约定，并规定如申请人不能按约定对质押标的物的价格下跌进行补款或补货的，银行有权宣布授信提前到期，有权处置质押标的物。

（3）根据不同的质押标的物品种及价格的波动性，银行与申请人约定的标的物质押率浮动幅度一般可在15%之内，当质押率超出货押业务合同规定的5个百分点时，经货权质押中心主任签批确认，审查岗据此通过经营单位向申请人签发补款/补货通知单，将质押率下降到规定的水平。

经营单位对货权质押中心发出的补款/补货通知单，须在1个工作日内通知到申请人，正本须由申请人签收。申请人补款或补货的时间为自收到银行相关通知之日起不超过5个工作日。

（4）跌价补偿中应补款项或补充货物的计算公式为：①应补保证金 =（原出质单价 – 目前货物市价）×原出质货物数量×初始质押率，其中，申请人所补款项应存入保证金账户。②应补货物数量 = 目前使用敞口余额/（目前货物市价×初始质押率）– 原出质货物总数量，其中，申请人所补货物品质和等级不得低于原质押物。

（六）盯市制度

1. 逐日盯市是指货权质押中心盯市岗位人员按照审批要求对已质押给银行的货物或为银行所控制的货物的价格进行每日跟踪、反馈、提示预警的行为。

2. 盯市人员应每日跟踪和掌握各种质押标的物当天的市场行情，并与出质时的价格进行对比，对质物价格跌幅超过 5% 的货物应立即填写"价格预警/异常变动通知单"，报货权质押中心审查岗；盯市人员还应定期制作价格走势图，以供上级领导分析决策时使用。

3. 为了跟踪和掌握各种货物的市场行情，应选择合适的信息获得渠道，如通过专业网站、专业市场或当地有公信力的市场报价等渠道及时掌握市场行情；所选择的报价渠道和计算方法应严格按照审批要求执行。

4. 为了便于盯市人员及时获得出质货物价格，在货权质押中心签发核价单时，应复印一份在盯市人员处留存；盯市人员应按货物的种类分别保管，以便每日与市场行情比较。

5. 盯市人员应将每日货物行情表，以邮件形式发送货权质押中心有关岗位和相关经营管理部门，以便相关岗位和各经营部门及时掌握信息；当出现因产业政策变化、突发事件或其他原因可能导致相关质押标的物价格出现较大幅度波动时，无论该标的物价格是否已经达到预警价位，盯市人员应及时在每日发送行情信息时以文字说明方式予以提示。

6. 货权质押中心审查人员在定价过程中，应以盯市人员发布的每日货物价格信息作为参照，按照审查意见要求的定价原则进行定价。

（七）营销建议

1. 加强对客户群的分析，加强业务交叉营销。应提高单一客户的业务贡献度。

2. 立足于交易批发市场、港口码头等有形市场探索规律和开发模式。

3. 立足于产业链的商品融资客户批量开发：

（1）从核心厂商入手批量开发上游供货商及下游经销商：对于已经建网或已建立授信关系的核心厂商，应积极拓展核心厂商的保兑仓或未来货权质押业务，以核心厂商的供、产、销环节为主线，提供全方位的金融服务，并通过结算回款路径控制、信用捆绑、回购担保等手段，进一步加大与核心厂商的业务合作深度；从单纯的单一企业合作向批量化上下游企业合作转化，实现产业链开发收益最大化。

（2）从单一供货商或经销商开发延伸至核心厂商：在日常业务中加强信息核对和交流，对于银行已先期对核心厂商上下游进行开发的，将通过产业链条的延伸聚焦核心厂商，实现产业链的全面开发。

4. 把握行业模式化经营的内涵与要求，提供较为标准化、流程化的操作模式，深化企业合作关系，推动由单纯存货融资合作向产品供销关系深入合作转化，从单纯的单一企业合作向批量化上下游企业合作转化，实现产业链客户全面与深度合作。

5. 着力培育未来货权下的开证业务，使其能与现货下的票据业务并重为银行商品融资业务两大支柱之一。

6. 推动全过程物流控制的在途监管业务，根据在途监管业务特点修订仓储监管协议，并修订相关货物存放、核查库管理要求。

7. 在信贷资源趋近的情况下，加大现有产品组合创新力度，如货权质押与保理产品的结合，票据的组合运用等。

8. 加大与仓储监管公司合作，开发提供快速融资的产品。

（八）风险控制

1. 做深做透、熟悉行业，谨慎进入不熟悉行业及没有能力进行有效风险控制的行业。

2. 在信贷资源趋近的大市场环境下，在对行业、市场进行充分调研的基础上，找准目标行业和主推行业，有的放矢地投入资源。

3. 继续实施核心厂商名单准入管理，加强区域重点企业合作。

（九）操作要求

1. 提高方案设计的可操作性。

商品融资业务方案设计应具有市场化、操作性强、风险管控理要点突出的特点。在设计方案前，银行应了解客户物流环节、销售环节、资金流环节的实际情况和需求，避免出现方案与实际情况脱节，最终授信方案和客户实际资金使用计划及需求不符，客户额度使用率不高，或者项目的收益率及风险把握度无法完全到位等情况。

商品融资业务操作具有较大的复杂性和专业性，要求严格按照业务方案设计流程进行操作和规范化管理。因此，在业务操作过程中，要关注交易环节的物流和资金流，提高对销售回款渠道、单据及货权控制、采购销信息收集分析、企业对账、业务周转速度等关键环节的监控；关注企业资金流和物流，确保贸易背景真实；掌握企业资金流向，提高应对市场价格频繁波动的风险防御能力。

2. 提高业务贡献度。

要在最大限度为客户做好服务的基础上实现货押业务收益，包括存款、货权质押管理手续费、中间业务收入、利息收入等的稳步增长，用产品的优势带动并形成银行更多方面的优势。

仓单质押监管协议

编号：_____号

货物所有权人及出质人：　　　　　（以下简称出质人）
住　　　所：
邮政编码：
法定代表人/主要负责人：
电　　　话：
传　　　真：
开户银行：
账　　　号：
联　系　人：

质权人：____银行　　　　　　　　（以下简称银行）
住　　　所：
邮政编码：
法定代表人/主要负责人：
电　　　话：
传　　　真：
联　系　人：

保管商（仓储保管人）：　　　　　（以下简称保管商）
住　　　所：
邮政编码：
法定代表人/主要负责人：
电　　　话：
传　　　真：
开户银行：
账　　　号：

联　系　人：

鉴于（债务人名称）＿＿＿＿＿与银行已经签订编号为＿＿＿＿＿的《＿＿＿＿＿＿》及其项下已经或即将签订的具体业务合同、协议、承诺、有效凭证及其他文件（以下合称主合同），为保障主合同项下银行的全部债权，出质人自愿向银行提供仓单最高额质押担保，保管商同意按本协议的规定承担责任。

本协议下的仓单质押监管业务为（以在"□"内打"√"确认的内容为准）：

□ 进口贸易项下的仓单质押监管业务；

□ 国内贸易项下的仓单质押监管业务。

对于本协议中标明仅适用于上述两类业务中某一类业务的条款，仅在本协议项下所叙做的业务属于该类业务时适用；未标明仅适用于某类业务的条款为通用条款，不管所叙做的业务属于哪一类业务，均应适用执行。

综上所述，本协议三方经平等自愿友好协商，就有关事宜商定如下条款，承诺信守：

第一章　进口贸易项下的有关单据与报关报检
（本章条款仅适用于进口贸易项下的仓单质押监管业务）

第 1 条　进口业务项下的有关单据

1.1 在出质人未清偿主合同项下银行全部债权前，相关进口业务项下的所有单据正本均由银行负责处置。

1.2 进口业务项下的货权凭证必须是全套清洁的海运或联运提单，提单收货人为空白指示或者根据开证行指示，并且要在提单的"NOTIFY PARTY"（通知方）栏上加注"＿＿＿＿＿＿＿＿＿银行"。

1.3 单据的交付

为了通关的目的，出质人在此应银行要求委托保管商办理相应报关报检、提货等事宜。相关单据的交付方式为：

□ 出质人将装箱单、检验单（包括质量检验单和重量检验单等）、报关报检委托书、发票等报关所必须单据的原件交给银行，由银行将正本提单及上述单据一起交付保管商。

□ 银行将正本提单交付保管商，出质人将装箱单、检验单（包括质量检验单和重量检验单等)、发票等报关所必须单据的原件交付保管商。

银行和/或出质人应在船舶到港前 3 个工作日采取特快专递或专人送达的方式将上述提单等单据送达到保管商。因银行和/或出质人交付进口业务项下单据不及时、不全面等原因导致的报关报检的迟延或其他损失,保管商不承担责任。

第 2 条　报关报检

2.1 出质人应银行要求,委托保管商代为办理货物的报关报检事宜,出质人与保管商双方应签署《代理报关委托书》(见附件 1)和《代理申报检验检疫委托书》(见附件 2)。

2.2 本协议三方约定,若进口业务项下相关单证或货物在报关报检过程中因保管商的故意或过失行为发生丢失、灭失、破损、短少等问题,保管商仅向银行承担责任,出质人在此同意放弃对保管商的追索权利。

2.3 保管商应在收到银行和/或出质人送达的提单等货权凭证当天,以特快专递或专人送达方式直接向银行和/或出质人出具《单据收取确认书》(见附件 3)以确认上述单据交接事实。

2.4 报关时,保管商如果发现实际货物与有关单据记载不符,应立刻通知银行和出质人。

2.5 保管商代为清关后,将《中华人民共和国海关进口货物报关单》(以下简称关单)、《中华人民共和国出入境检验检疫通关单》(以下简称商检单)、进口关税发票、增值税发票等单据的复印件直接送交给银行。

2.6 保管商代为清关完毕并提取货物后,应按照本协议的约定进行货物仓储,并出具仓单。

第二章　先款后货情况下的交货与验收
(本章条款仅适用于国内贸易项下的仓单质押监管业务)

第 3 条　到货通知:如果收货人为银行代出质人,银行在此授权保管商代替银行办理相关接货手续。货物到达后,保管商应通知银行及出质人,共同到现场办理入库验收等相关手续。

第 4 条　到货验收:出质人及/或供应商保证按时运交货物至指定地点。货到后由出质人、银行、保管商三方共同办理接货以及验收入库手续,货物入库验收证明由三方各执一份。货物验收后入库时,保管商应按附件4的格式签发仓单，出质人应作成质押背书，然后将仓单交给银行保管。

第三章　最高额质押担保

第5条　出质人所担保的最高债权额为：（币种）＿＿＿＿＿＿＿＿＿，（金额大写）

该最高债权额仅为主债权本金的最高限额，在本金不超过上述限额的前提下，由此而产生的本协议第7条约定范围内包括本金在内的所有应付款项，出质人均同意承担担保责任。银行与债务人办理具体业务签订借款凭证或电子数据或具体业务合同时无须征得出质人同意也无须再通知出质人。

第6条　出质人所担保的主债权的发生期间为＿＿＿年＿＿＿月＿＿＿日至＿＿＿年＿＿＿月＿＿＿日，债务人履行债务的期限依主合同项下每一具体业务合同（或契据）之约定，履行期限届满日不受主债权发生期间是否届满的限制。

第7条　最高额质押担保的范围为：本协议第5条约定的被担保之最高主债权本金及其利息、罚息、复利、违约金、损害赔偿金、质押财产的保管费用、实现担保权利和债权的费用（包括但不限于处分质押财产的费用、诉讼费、律师费、差旅费）和所有其他合理费用（包括但不限于出质人欠缴保管商的监管费、仓储保管费等）。上述担保范围中本金之外的所有费用，不计入本协议项下被担保的最高债权额。

第8条　有下列情形之一时，本协议项下被担保的债权确定：

8.1 本协议第6条约定的主债权的发生期间届满；

8.2 依据法律规定或主合同约定银行宣布主合同项下全部债务提前到期；

8.3 依据本协议约定银行提前行使质权的；

8.4 法律规定的被担保的债权确定的其他情形。

第9条　本协议项下被担保的债权确定，发生以下效力：

9.1 被担保的债权确定时未清偿的主合同项下的债权，不论该债权履行期限是否已经届满或者是否附加有条件，均属于被担保的债权的范围；

9.2 被担保的债权确定时，本协议第7条中约定的除本金外的所有款

项,无论在确定时是否已经发生,均属于被担保的债权的范围;

9.3 自被担保的债权确定之日起,至被担保的债权全部清偿完毕,若主合同债务人发生未依约履行偿债义务的情形,则银行有权处分本协议项下质押财产。

第四章 仓单质押

第10条 本协议项下仓单是由保管商制作的作为提取仓储货物的提货权凭证,但不包括期货标准仓单(即由期货交易所统一制定的,由期货交易所指定交割仓库在完成入库商品的验收,确认合格后签发并在期货交易所注册生效的提货权凭证)。

保管商在本协议项下开出的仓单以出质人为存货人。经出质人背书质押并移交仓单后,银行即对仓单以及仓单项下货物享有质权。出质人应当通知保管商该质押事项。除依据仓单或本协议的规定提取货物之外,保管商不得允许任何单位或个人以任何方式或理由提取全部或部分货物。

第11条 仓单正本(即有权提货联)仅有一份。仓单及依照本协议规定而在该仓单下开出的《部分提货通知》(附件5)是提取货物的唯一有效凭证,仓单质押给银行后,如果银行在仓单上作成了解除质押的背书并将仓单交还给出质人,则出质人有权凭仓单提取货物;未经银行书面通知保管商,该仓单不得补办、挂失和注销。

第五章 货物仓储

第12条 保管商应在下述仓库储存货物:_____(仓库地点及名称),保管商保证其对该仓库/仓库监管区域享有所有权或排他的使用权。未经出质人和银行双方一致书面同意,保管商不得改变货物存储仓库;但发生不可抗力或银行行使质权时要求改变仓库的情形除外。

第13条 保管商应妥善保管货物_____(如有具体存储要求可在此明确);其保管条件不得低于出质人明确说明的要求、有关货物包装提示的保管要求、国家标准要求以及行业标准要求。

第14条 出质人或银行或受以上两方中的任何一方委托的任何第三方,均有权随时单独或共同检查货物的储存状况,包括库存货物的型号、数量、保管状况等,保管商应予配合并提供真实的情况说明,银行提出要求时保管商应向其出具证明文件。执行本条规定时，搬倒费等相关费用（额外收取，另附加计入应付仓储费中）由出质人承担。

第15条　以销售价格（即销售发票确定的货物价格）为参照，质押期间，当质押仓单项下的货物的市场价格（即_____）下跌且其降价幅度超过销售价格的____%时，出质人应在银行向其提出补足保证金或追加质押财产或其他担保方式（包括提供银行认可的票据、存单、仓单质押担保等。票据、存单质押应达成相应的担保协议，追加仓单的应背书该仓单是为主合同项下债权提供质押担保的）要求的2个营业日内一次性向保证金账户追加保证金或追加质押财产或其他担保方式，追加金额或追加质押财产或追加其他担保财产价值为质押仓单项下所有货物所对应的货物价值差额［该价值差额＝（货物销售价格－银行认定的市场价格）×货物数量］。逾期未补或未补足的，或者提出该要求后质押财产价格继续下跌，总跌幅超过____%且出质人仍未追加保证金或者提供新的担保的，视为出质人违约，银行有权宣布主合同提前到期，要求债务人提前偿还已使用额度并提前行使质权。

第16条　货物的仓储费、管理费、仓储保管期间等由出质人和保管商协商确定。仓储费和管理费已由保管商与费用承担人协商一致并达成协议。

第17条　费用承担人未能按时足额向保管商支付仓储费、管理费的，或者约定的保管期间届满或出质人违反其与保管商之间的约定的，保管商有权向出质人行使追索权并追究其违约责任，并可在出质人持有已解除质押的仓单要求提货时就该仓单下货物行使留置权，但是，保管商不得因前述情形而对银行或/及任何仓单合法持有人（出质人除外）：

17.1　行使抵销权、抗辩权，或对质押财产行使留置权；

17.2　要求其代偿出质人的债务或给予垫付、补偿或赔偿；

17.3　拒绝银行行使质权或拒绝仓单合法持有人（出质人除外）的提货要求。

对于银行处置仓单下的货物并以处置所得款项完全清偿其债权之后应返还出质人的剩余部分，保管商有权要求优先受偿，其优先受偿的范围为出质人尚欠保管商的仓储费、管理费、违约金和其他应付款项。

第18条　费用承担人欠缴保管商仓储费、监管费等相关费用超过

____个月的，保管商应及时通知出质人及银行，经向费用承担人催告____日后仍未收回的，出质人构成本协议项下违约事项，保管商书面告知银行及出质人后，银行为确保主合同项下债权应提前行使质权，保管商可终止监管责任。

第19条　虽然银行并无义务为费用承担人垫付仓储费、管理费，但银行决定垫付时保管商应予接受。在任何情况下，如果银行为费用承担人垫付了仓储费、管理费，则出质人应向银行作出全额偿付，并应就垫付款项按每日万分之五向银行支付自垫付之日起的罚息。

第六章　保险

第20条　因货物发生保险事故或其他毁损、灭失所得的保险赔偿金和其他赔偿金，应直接支付给银行或者全额存入保证金账户（该保证金账户的账号为_____，上述账户开立后任何时候所收到的任何款项均作为保证金向银行提供保证金质押担保。仓单质押期间，未经银行书面同意，财产保险合同不得作任何修改、中止或终止，否则，银行除有权追究投保人的违约责任以外，同时有权（但无义务）自行选择保险公司和投保险种并办理有关保险手续，由此产生的一切费用由投保人承担。本协议项下货物的财产保险采用如下方式（以打✓的□选项为准，其余□打×）：

□ 出质人投保：出质人应按银行的要求办理全额财产保险并承担一切有关费用；保险应以出质人为投保人，并以银行（保险标的的质权人）为第一受益人或被保险人或者注明银行为保险货物的质权人且保险公司在保险合同下的一切应付款均应直接付给银行；保险单正本及缴费凭证等有关文件正本应交给银行保管。

□ 保管商统一投保：保管商应根据银行认可的标准和险种对全部货物投保并自行承担相关费用（保管商可将该部分费用计入仓储费内），在办理投保手续后，保管商应将保单正本移交给银行，经银行同意保管商也可只移交保单复印件（加盖保管商印章）但银行有权随时要求核对原件。

□ 本协议项下货物属于不易毁损灭失货物，不必投保；因保管商保管不善导致货物毁损灭失的，使得货物变现之价款不足以清偿银行债权的，则保管商对该清偿义务承担连带责任。对于银行需要向出质人返还的货物，则由保管商负责赔偿。其他由于不可抗力、自然灾害、盗抢、意外事故等任何原因导致货物发生毁损灭失的，均由出质人承担该损失，并且出质人应向银行补足质押财产。

第七章　质权的行使

第21条　被担保的债权确定后，若主合同债务人发生未履行偿债义务的情形，则银行有权随时行使质权，并处分本协议项下的质押财产。

第22条　如除本协议约定的担保方式外，主合同项下还存在其他担保的（包括主合同债务人以自己的财产向银行提供的抵押/质押担保），则出质人对银行承担的担保责任不受任何其他担保的影响，也不因之而免除或减少。银行有权选择优先行使本协议项下的担保权利，出质人放弃任何其他担保的优先抗辩权；银行因任何原因放弃对主合同债务人财产享有的抵押权/质权、变更抵押权/质权的顺位或内容，造成银行在上述抵押权/质权项下的优先受偿权丧失或减少时，出质人承诺对银行承担的担保责任也不因之而免除或减少。

第23条　发生下列任一情形后，银行有权随时转让仓单或者凭仓单提取仓单质押项下的货物，依法进行处置，以拍卖、变卖所得价款优先清偿或折价抵偿债权：

23.1　债务人在主合同及本协议项下任何债务到期（含提前到期），但未能完全适当地履行清偿义务或责任；

23.2　出质人及/或保管商未能完全适当地履行其在主合同及/或本协议下的任何承诺、保证、义务或责任；

23.3　债务人、出质人或保管商发生申请或被申请破产、重整、和解或解散、停业/关闭、被吊销营业执照/经营许可、被接管、合并/分立、终止或其他类似的情形，或者发生注册资本减少、改制、承包或租赁经营，或者发生涉及重大诉讼/仲裁/强制执行程序等对其履行本协议产生严重不利影响的事件；

23.4　由于不可抗力的发生导致保管商难以或可能难以履行本协议项下的保管义务；

23.5　出现第18条规定之情形的，银行有权提前行使质权；

23.6　出现使银行在主合同或本协议项下的权利难以实现或无法实现的

其他情况。

第 24 条　根据保全或实现主合同项下债权、行使质权或处置质押仓单项下货物的需要，银行有权向出质人之外的任何第三方转让仓单及仓单项下的全部或部分货物。在银行转让仓单及/或处分仓单项下的全部或部分货物时，出质人授权银行：

24.1 出质人同意授权银行自行转让仓单及就仓单项下的全部或部分货物进行变卖/拍卖，银行的一切符合本协议的行为视为出质人的行为；银行按照本协议转让仓单及所签订的相应货物变卖/拍卖协议，出质人皆承认其法律效力。

24.2 银行在转让仓单及/或变卖/拍卖仓单项下的全部或部分货物时，出质人保证配合办理相关手续，若出质人无法及时开出增值税发票，银行有权以不含税价格进行变卖/拍卖。待出质人增值税发票开出后，税费部分货款由买方另行支付。

24.3 银行以拍卖方式处分仓单项下的全部或部分货物时，银行有权委托在中国境内注册的、具备相应资格的拍卖机构进行拍卖，出质人对银行选定的拍卖机构不得提出反对或异议；银行可按届时未受清偿的被担保债权的总金额或其一定比例提出拍卖保留价，也可不提出拍卖保留价，凡依此进行和成交的拍卖，出质人均同意接受。如拍卖未成交，银行有权委托该拍卖企业或其他拍卖企业降低价格或不降价格再行拍卖，再行拍卖次数不限。

24.4 银行转让仓单的价格及/或变卖/拍卖仓单项下货物的价格，由出质人与银行协商确定。但是，如果在银行限定的协商时间内，双方无法就价格达成一致，则由银行委托具有相应资格的评估机构评估货物的价格，出质人在此承诺并接受该评估机构及评估价格并不提出反对或异议。

24.5 银行接受出质人的委托在转让仓单及变卖/拍卖仓单项下货物时所产生的全部相关费用，由出质人承担。银行不向出质人主张任何报酬。

24.6 银行转让仓单及/或变卖/拍卖仓单项下货物后，所得款项用于偿还债务人在主合同项下的债务。银行行使本协议项下的质权后，其债权仍未得到足额清偿时，银行有权继续追偿。

第八章　保管商的保证与承诺

第 25 条　除本协议其他条款的规定之外，保管商在此向银行和出质人保证与承诺如下：

25.1 保管商在仓单正面记载"已知本仓单项下货物质押给银行"的内容，并保证履行本协议约定的责任和义务；

25.2 保管商不得将质押仓单项下货物转交给任何其他第三方保管或使用；

25.3 任何司法或行政机关对仓单及/或其项下货物采取扣押、查封等任何强制措施时，保管商有义务向该等机关说明仓单质押情况，并应毫不迟延地书面通知银行和出质人，若因保管商的迟延通知给银行造成损失，保管商和出质人对该损失承担连带赔偿责任；

25.4 保管商承诺在银行行使质权时予以协助、配合并提供便利。

25.5 保管商的其他承诺。

第 26 条　发生下列事项时，银行不承担责任；若保管商证明自己无过错的，应由出质人承担相应责任与损失：

26.1 因货物的自然性质、内在质量瑕疵或缺陷、合理损耗而造成的损失；

26.2 外包装完整，封闭无异状而内件短少、毁损或与标记不一致的；

26.3 因不可归责于银行、保管商的事故或事件，造成货物的损坏、毁灭、短缺或迟延交货的。

第九章　提货规定

第 27 条　出质人可采取如下方式提取仓单项下的货物（以打✓的□选项为准，其余□打×）：

□ 货物置换：采用该方式时，出质人必须事先将新质押财产交付给保管商，并按照本协议第一条的约定办妥交货及验收手续。

□ 缴纳保证金：采用该方式时，出质人必须事先在银行存入保证金，并经银行审核并确认保证金入账。

□ 提前还款：采用该方式时，出质人必须向银行提前偿还款项，并经银行审核并确认款项入账。

□ 提供其他担保方式（包括提供银行认可的票据、存单质押担保等）：采用该方式时，出质人必须办理完毕相应担保手续。

其后，银行向保管商签发加盖银行专用印鉴的《部分提货通知》，就该通知所载允许提取的货物而言该通知应被视同已解除质押的仓单，由银行与出质人凭质押仓单及《部分提货通知书》向保管商提货。

提前还款数额或补充、追加的保证金数额或其他担保方式所代表的提货价值，按照（以打✓的□选项为准，其余□打×）：

□ 担保率的倒数关系计算，即提货价值＝提前还款数额或补充、追加的保证金数额或其他担保财产价值×1/质押率。

其中，"质押率"指在经销商申请提货时按照下述公式计算的比率，即质押率＝尚未结清的融资金额（包括尚未到期的融资金额以及已经到期但尚未清偿的融资金额）÷仓单项下可用货物（指出质人申请提货当时仍由保管商有效监管并且未被采取任何强制措施的货物）当时的可变现价值（按照银行认定的市场价格计算）。本协议项下质押率应不高于（　　　）%。

□ 各方协商确定为＿＿＿＿＿＿＿＿＿＿＿＿。

第28条　出质人按照第27条的约定提取部分货物时，则各方在此同意（以打✓的□选项为准，其余□打×）：

□ 保管商就质押仓单项下剩余货物重新出具新仓单，出质人应按照前述约定办理仓单质押手续并将新仓单交付银行持有。

□ 保管商就质押仓单项下剩余货物不再出具新仓单，仓单项下的货物根据银行出具的《部分提货通知书》及保管商出具的《部分提货通知书（回执）》自动进行调整。

第29条　除出质人依照上述约定提取已解除质押货物，或者银行行使质权时自行提取质押财产之外，保管商不得凭任何单位/人士签发或提交的任何文件、凭证、指示而允许提取质押财产。有关《部分提货通知》须不存在任何涂改、修改或补充并且须加盖银行专用印鉴方为有效，用作有效提货凭证的有关文件正本由提货人在文件抬头右上方加盖专用印鉴后留存于保管商处，作为保管商已交付货物的依据。

第30条　在出质人违反主合同或者本协议时，银行有权随时向保管商发出书面通知，终止对出质人提取质押财产的授权，保管商接到该通知后，不得再为出质人办理提货手续。

第十章　专用印鉴及授权承办人签名式样

第31条　出质人、银行、保管商三方互留印鉴及授权承办人签名式样。每一经授权的承办人都是该方在本协议项下的全权代表，经事先向其他两方送达书面通知且经被通知方在该通知上盖章确认收悉，任一方有权随时变更专用印鉴及/或承办人及/或其授权范围。

第十一章　违约责任

第32条　保管商未能妥善保管质押仓单项下货物，导致质押仓单项下货物毁损、灭失或保管商丧失占有的，或者保管商违反本协议的规定允许出质人或其他任何第三方提取或使用质押仓单项下货物的，均应按质押仓单项下货物的市场零售价格（该价格以银行自行委托的价格评估机构评估的当地零售价格为准，评估费用由保管商另行承担）或其购销协议中约定价格（以上述两价格中较高的为准）向银行支付所涉及质押仓单项下货物的全额价款作为补偿金以补偿银行的损失。

一方违反本协议的约定，应当向守约方支付违约金或损害赔偿金。迟延履行给付金钱义务的，应当按照下述约定支付违约金（以打√的□选项为准，其余打×）：

□ 主合同融资额度的_____%；

□ 日_____元人民币，计算至违约方履行给付金钱义务时止；

□ 其他：_____向守约方支付滞纳金。

违反其他合同义务给守约方造成损失的，应当赔偿对方所遭受的包括但不限于本金、利息、罚息、通信费、差旅费、律师费、调查取证费用和诉讼/仲裁费用等损失。

第33条　债务人违反主合同或者出质人违反本协议，保管商违反本协议，银行有权宣布全部授信额度提前到期、停止债务人使用授信额度或削减授信额度，并有权采取相应的救济或补救措施，要求债务人及其担保人提前偿还已使用授信额度。

第十二章　不可抗力

第34条　本协议的任何一方因不可抗力而未能完全适当地履行其义务时,应在不可抗力发生后3个工作日内向另外两方书面通知有关情况,并于不可抗力发生后10个工作日内向另外两方提供当地公证部门或有权国家机关出具的证明文件正本。任何一方在遭受不可抗力后未能按本条前述规定履行其通知义务或提供证明文件的义务时,或在本协议另有约定的情况下,均不得以不可抗力为由要求减少或免除其任何义务或责任。

第十三章　法律适用与争议解决

第35条　本协议适用中国法律。各方有关本协议的一切争议,可由各方协商解决,协商不成的,应由银行住所地人民法院管辖。

第十四章　合同的生效

第36条　本协议自三方的法定代表人/主要负责人或其授权代表签字或盖章并加盖单位公章/合同专用章后生效。

第十五章　附件

第37条　本协议附件是本协议不可分割的组成部分,与本协议正文具有同等法律效力。

第38条　本协议包括下列附件:

(1) 附件1:《代理报关委托书》;

(2) 附件2:《代理申报检验检疫委托书》;

(3) 附件3:《单据收取确认书》;

(4) 附件4:《仓单》;

(5) 附件5:《部分提货通知》及回执;

(6) 附件6:《承办人授权书及印鉴样式》;

(7) 本协议三方共同签署并指定为本协议附件的其他文件。

上述附件都是本协议的有效组成部分,本协议正文(包括本协议第41条的特别约定)与任何附件不一致时,以附件为准;附件之间不一致时,以较后签署的为准。

第十六章　附则

第 39 条　本协议正本一式三份，三方各执一份，具有相同法律效力。

第 40 条　通知

40.1 与本协议有关的任何通知均应发送至被通知方在本协议首部列明的通信地址和联系人。如果任何一方的上述联络方式发生变更，则其应毫不延迟地通知其他方；

40.2 除非双方另有约定，否则所有通知将被认为是于下列日期正式送达被通知方：（1）如为递交，则以被通知方的任何工作人员或收件代理人收到之日为送达日期；（2）如为在同一城市（包括市区与郊区）采用挂号邮件、快递或邮政特快专递，则以邮件发出之日起的第三个工作日为送达日期；（3）如为异地的挂号邮件、快递或邮政特快专递，则以邮件发出之日起的第七个营业日为送达日期。但是，前述规定的送达日期与被通知方实际收到或正式签收的日期不一致时，则以各日期中最早的日期为送达日期。

第 41 条　本协议三方在此作出特别约定如下：

本协议由三方在_____订立。

（以下无正文，为签署页和附件）

（本页为签署页）

出质人：　　　　　　　　　　　　　　　　　　（盖章）

法定代表人/主要负责人：　　　　　　　　　　　（签字或盖章）

（或授权代表）

　　　年　　　月　　　日

银行：　　　　　　　　　　　　　　　　　　　（盖章）

法定代表人/主要负责人：　　　　　　　　　　　（签字或盖章）

（或委托代理人授权代表）

　　　年　　　月　　　日

保管商：　　　　　　　　　　　　　　　（盖章）

法定代表人/主要负责人：　　　　　　　（签字或盖章）

（或委托代理人授权代表）

　　年　　月　　日

附件1：

代理报关委托书

　　（　　）报托第____号

致：_____海关

　　我单位现委托_____（代理单位）代理我单位向贵单位进行货物报关，合同号：_____

　　货名：_____　　件数：_____

　　毛重：_____　　净重：_____　　价值：_____

　　我单位保证遵守《中华人民共和国海关法》及国家有关法规，保证所提供的单证与所申报货物相符，对所有申报货物的品名、价格、数量及其他应报各项的真实性、合法性负责，如有违反国家的有关规定和法规或有不符之处，由我单位自行负责。

　　本委托书有效期至本委托项下货物报关、缴税及退税完毕止。

　　报关委托单位名称：（盖章）

　　海关注册登记编码：

　　法定代表人姓名：

　　经办人：

　　联系电话：

　　传真：

　　地址：

　　代理单位名称：（盖章）

　　海关注册登记编码：

法定代表人姓名：

经办人：

联系电话：

传真：

地址：

日期：　　　年　　月　　日

附件2：

代理申报检验检疫委托书

致：＿＿＿＿＿＿＿＿＿＿＿＿出入境检验检疫局

我单位现委托＿＿＿＿＿＿＿＿＿＿＿＿＿＿＿＿＿（代理单位）向贵局报检下列货物：

一、货物名称：

合同号：＿＿＿＿＿＿　件数：＿＿＿＿＿　毛（净）重：＿＿＿＿＿

商品总值：

二、所提供资料：合同□　　发票□　　提单□　　（请选择）

其他资料：＿＿＿＿＿＿＿＿＿＿＿＿

三、检验检疫费由代理单位代为缴纳。

我单位保证遵守《中华人民共和国进出口商品检验法》《中华人民共和国进出境动植物检疫法》《中华人民共和国国境卫生检疫法》以及检验检疫法规，保证所提供的单证真实，并与所申报的货物相符。未经检验检疫，保证不擅自将货物调运、销售或使用。如有违反，本公司愿承担一切责任。本委托书有效期至本委托书项下货物检验检疫完毕止。

委托单位（盖章）：

法定代表人：

经办人：

地址：

联系电话：

日期：　　　年　　月　　日

代理单位（盖章）：
法定代表人：
经办人：
地址：
联系电话：
日期：　　　年　　月　　日

附件3：

单据收取确认书

致：_____银行_____：

我公司同意接受_____公司（以下简称乙方）委托，按照合同法等相关法律和行业惯例以及编号为_____号《仓单质押监管协议》中的有关约定，为其下列提单等凭证资料项下的货物提供报关等服务。我单位确认下列提单等凭证资料已由贵行交接给我公司，我单位也已知晓下列提单等凭证资料及其项下的货物已质押给_____银行，我单位将严格按照上述《仓单质押监管协议》中的约定履行报关、保管、监管职责。

凭证名称	单证编号	货物名称	产地	规格	货物数量

公司名称：
有效印鉴：
　　年　　月　　日

附件4:

仓　单

(第一联:提货凭证;此联为正本)

仓单编号:　　　　　　　　　　签发日期:　　年　　月　　日

存货人名称:

联系地址:　　　　　　　　　　　　　　　　邮编:

经办人:　　　　　　　电话:　　　　　　　传真:

货物状况:　　　　　　(数量单位:＿＿＿,销售价格单位:元人民币/每数量单位)

序号	货物名称	型号规格	单位	数量	质量等级	包装	销售价格	货物识别号码	备注

1. 以上货物存储地点及仓库为:＿＿＿＿＿＿＿＿＿＿＿＿＿。

2. 本仓单正本可以背书方式进行质押或转让,背书次数不限,但被背书人接受仓单前应向保管商查询本仓单的真实性及是否已挂失。仓单持有人(存货人,但经背书后即改为被背书人)可凭本仓单正本提取本仓单项下货物。仓单副本不做提货凭证,不得转让或质押。

3. 本仓单一式三联:第一联"提货凭证"为仓单正本,作为唯一有效的提货凭证可进行质押或转让;第二联"保管商存根"为仓单副本,由保管商留存备查;第三联"存货人存根"为仓单副本,由存货人留存备查。仓单正本仅有一份,共1页,持有人遗失仓单正本后应及时向保管商书面申请挂失,由保管商按相关约定办理。

特别事项:本仓单依据保管商与＿＿＿＿＿＿＿＿银行以及存货人、出质人＿＿＿＿＿＿＿＿＿＿签订的编号为＿＿＿＿＿＿＿＿＿《仓单质押监管协议》出具并适用该协议的规定；本仓单所记载货物的销售价格总额为：
（人民币大写）_____整，即（小写）￥_____。

保管商名称（盖章）：
联系地址：　　　　　　　　　　　　　　　　邮编：
承办人：　　　　　　　电话：　　　　　　　传真：

十八、电子交易市场资金监管业务

（一）电子交易市场资金监管模式

1. 电子交易市场资金监管业务是银行与大型电子支付商户联合为银行企业客户提供的，用于商户平台所属会员进行买卖双方交易的一种电子支付模式。

2. 其业务模式采取由银行负责电子支付交易的付款清算，商户平台负责交易数据、款项划转等电子信息指令的传送，从而完成整个电子支付过程。其资金的归集，全部集中在银行的电子交易市场资金监管业务账户中，所有的电子信息指令均由商户平台发送；该账户资金只能根据系统联机接口，由商户发送实际付款及退款指令进行资金的划付及退款，商户不能随便动用。

3. 电子交易市场资金监管业务与普通 B2B 电子支付业务的区别：银行为商户分别开立内部账户（银商宝业务往来账户），业务资金归集在银行内部账户中，银行根据商户发出的相应指令对资金进行划转或退回。

（二）适用客户

1. 电子交易市场资金监管业务的适用范围为电子支付大宗 B2B 交易，特别是物流港口运输及大型钢铁、丝绸、化工品、燃料油、粮食等交易市场。

2. 电子交易市场资金监管业务根据商户的需要，支持付款确认和退款交易的审核模式和非审核模式；商户可根据自身需要，选择审核或非审核模式：

（1）商户审核模式是指付款方企业客户通过商户网站申请付款确认或退款交易后，商户需要登录银行企业网银对相应交易进行确认审核，从而完成付款确认或退款交易。

（2）商户非审核模式是指付款方企业客户通过商户网站申请付款确认或退款交易后，商户无须登录企业网银对相应交易进行确认审核，所有付款确认和退款交易均通过与银行间的系统连接，自动传送完成。

（三）基本原则

1. 电子交易市场资金监管业务商户的开立，同现有的电子商户开立流程一致，仅通过支付系统后台管理中商户信息的 B2B 商户业务类型标识，来区分电子交易市场资金监管业务商户和普通电子商户的资金归集模式。

2. 电子交易市场资金监管业务按照合同号进行管理，在商户端应能产生唯一合同号，银行支持商户一个合同号下多次预付款。

3. 电子交易市场资金监管业务内部账户开立在分行机构，按商户建立分户，不计息。

4. 银行与商户合作，应签订银行电子支付合作协议书，将此协议作为主协议，同时签订银行电子支付（B2B）合作协议为补充协议。

5. 电子交易市场资金监管业务支持同行和跨行交易，跨行交易均走大小额系统，在付款确认时收取付款方的跨行手续费；若付款方账户余额不足，支付系统将会记录欠款信息，每月将统一批量扣款收取付款方所欠相应的手续费。

6. 银商宝商户的手续费收取标准，由银行根据标准与合作商户进行约定；收取的商户手续费是根据付款方在合同预付款时收取银商宝商户的手续费。

7. 为防范商户付款确认指令发送有误，给付款方客户造成资金损失，需要银行与合作的银商宝商户确定保证金额。保证金额的数额由银行根据调查情况及商户的资信情况自行确定。

（四）业务功能

1. 电子交易市场资金监管业务功能分为预付款、付款确认、单笔退款三大功能。

2. 业务流程：付款方客户成为电子交易市场资金监管业务商户的会员后，将通过商户平台完成合同约定，并进行合同的预付款；预付款完成后，预付款项将归集在银行内部账户中，待付款方收到供货方或承运方发出货品或提供的服务后，付款方在商户平台上完成付款确认动作，从而完成整个支付流程。

3. 电子交易市场资金监管业务涉及的客户类型，包括付款方企业客户和银商宝商户。

（五）业务特点

1. 企业客户（付款方）和商户，必须在银行开立基本存款账户或一般存款账户，并开通银行企业网银专业版，且模式必须为非银行代管模式。

2. 企业客户，通过企业网银中"电子支付—电子交易市场资金监管业务管理—电子交易市场资金监管业务签约管理"功能，申请开通电子交易市场资金监管业务服务；开通成功后可以在商户网站购买商品或服务，通过银行企业网银专业版完成付款。

3. 客户申请成为银行电子交易市场资金监管业务商户，需要按照普通电子支付商户接入流程进行，支付后台操作员在支付后台补录业务相关信息。

4. 银行为商户开立电子交易市场资金监管业务专用账户，该账户为银行内部账户，账户内资金不计利息。

5. 预付款是指资金由付款方企业账户付至银行内部账户的过程。企业客户申请成为电子交易市场资金监管业务商户会员，通过互联网在商户平台网站与商品或服务提供方签订合同后，需要通过企业网银完成合同预付款交易，且预付款资金归集在银行的银行内部账户中，而不是商户的结算账户。

6. 付款确认是指资金由银行内部账户付至实际收款方的过程。商户根据会员对交易的确认信息或按照与会员约定的方式代为确认后，向银行发出付款确认指令；银行收到商户发出的付款确认指令后，根据商户的指令将会员的预付款，从电子交易市场资金监管业务内部账户划至实际收款方。

7. 当银行电子交易市场资金监管业务实际付款为跨行交易时，需要收取客户（实际付款方）跨行手续费，并直接由该客户在银行开立的付款账户中扣收该手续费。若付款方客户账户余额不足或账户冻结或账户状态不正常导致手续费扣收失败的，银行将登记客户欠款信息，并于每月直接从客户在银行开立的账户中自动扣收所拖欠的跨行交易手续费。

8. 退款是指付款方客户预付款项未付至实际收款人账户情况下的退款。商户根据会员对交易的申请退款信息，向银行发出退款指令；银行收到商户发出的退款指令后，根据商户的指令将退款金额，从银行电子交易市场资金监管业务内部账户中扣除，划转至对应的原付款方账户中。若退款金额大于预付款金额或引起银行电子交易市场资金监管业务银商宝账户透支的，不允许退款。

9. 客户款项已付至实际收款人账户情况下的退款处理：由商户与客户及收款方自行线下协商处理。

10. 付款方企业客户和商户，均可通过银行企业网银，查询所有银商宝交易明细，查询合同号信息及订单号信息。

十九、中小煤炭企业货押授信

（一）目标客户

1. 中小型煤炭生产企业。

经营模式单一，以煤炭生产、销售为主，拥有自己的采矿企业，大多建有煤炭储运地，企业实力一般，银行融资议价能力强，主要融资方式以货押为主，企业自身承担风险的能力弱，质押货物的销售收入是银行主要的还款来源。

2. 中小煤炭洗选、运销企业。

这类企业为流通性企业，拥有自身的仓储货物场地或物流园区，经营模式主要是坑口购入煤炭后仓储，分批次供应给火电企业，或者火车外运至外省，资金缺口为煤炭购入付款和煤炭销售回款的时间差。该类企业仓储设施完备，场内货物存量稳定，非常适宜银行货押产品介入。

（二）银行货押企业准入选择

1. 具备相关政府部门批准的煤炭经营资质；

2. 原则上必须是有固定的供应商或者自有煤矿的煤炭运销企业、洗煤企业，或者有固定供应商的炼焦及煤焦一体企业；

3. 经工商管理登记机关登记注册的企业法人，企业管理基本规范，年检合格，依法进行税务登记、照章纳税等，在银行无不良记录；

4. 企业法人代表或实际控制人从业经历在 3 年以上，且信用良好、无不良记录，通过贷款卡年检；

5. 企业管理规范，在土地、环保、安全等方面符合政府有关部门标准；

6. 有稳定的销售渠道和供货合同；

7. 年经销煤炭 30 万吨以上；

8. 监管货量 10 万吨（含）以上或者货值 5000 万元（含）以上；

9. 货物存放于独立、封闭、出入库管理完善的监管场地；

10. 监管场地交通、通信便利。

（三）货押操作模式

1. 现货质押。

（1）融资产品：流动资金贷款、银行承兑汇票、国内信用证等。

（2）质押物：原煤（无烟煤、烟煤、褐煤）、主焦煤、1/3 焦煤、动力煤、精煤、焦炭等煤炭。

（3）操作模式：动态。

（4）定价机制：按市场价与合同发票价孰低值定价，多煤种企业，按照最近一个结算期间购进的煤炭均价取价（结算发票价值之和除以结算发票吨数之和）。

（5）保证金比例：不低于 30%。

（6）质押率：不高于 70%。

（7）监管人：银行认定的监管机构。

（8）赎货期：单笔业务不超过 180 天。

（9）监管合同及厂商银合作协议：标准合同，非标准合同须经法律合规部审查同意。

（10）监管场地独立、封闭，企业自身管理规范，出入库管理严谨，银行客户经理/产品经理可每季度核库一次。

2. 未来货权质押。

（1）融资产品：流动资金贷款、银行承兑汇票、国内信用证等。

（2）质押物：原煤（无烟煤、烟煤、褐煤）、主焦煤、1/3 焦煤、动力煤、精煤、焦炭等煤炭。

（3）操作模式：静态。

（4）定价机制：按市场价与合同发票价孰低值定价。

（5）保证金比例：不低于30%。

（6）质押率：不高于70%。

（7）监管人：总对总认定监管机构。

（8）赎货期：单笔业务不超过180天。

（9）监管合同及厂商银合作协议：标准合同、非标准合同须经法律合规部审查同意。

（10）供货商限定为：①年产量高于300万吨（含），产品以优质电煤、焦煤、无烟煤为主；②剩余可采资源储备量在15年以上；③客户信用评级在BBB级（含）以上；④经营性现金流入量不低于20亿元（含）；⑤至少有一个单井产能不低于90万吨/年。

（11）监管场地独立、封闭，企业自身管理规范，出入库管理严谨，银行客户经理/产品经理可每季度核库一次。

（四）风险控制

1. 货押操作风险控制措施。

（1）监管采用总对总协议项下的监管机构进行监管（第三方输出监管），实施24小时监管。同时在银行的质押物显著位置插牌标明该货物已经质押给银行字样，便于银行核查。

（2）质押物的质量及稳定性方面：①首次出账前，银行针对特殊煤种或者无法确定质押货物质量时，抽样后送权威第三方进行质检，以此次检验结果作为质量、价格的确定依据之一，检验价格核定是否符合当地市场情况；②质押煤炭原则上要求质押的煤炭热值在4000卡以上；③在业务叙做过程中对新入库及长期不动库存保留抽检的权利，以防因质量差异造成的货值差异；④对于新入库的煤炭，第三方检验机构出具的质检报告可作为其质量确认依据；⑤应不定期对质押货物进行抽样质检。

（3）质押物的其他风险：要求企业购买以银行为第一受益人的财产综合险。

（4）资金使用：如授信品种为流动资金贷款，采取受托支付方式，开立银行承兑汇票结算的银行承兑汇票收款人为供应商，同时，为防止企业将银行的流动资金贷款挪作他用，银行发放贷款后，将全程跟踪关注企业的用款情况。

（5）质押物重量、数量、质量的核定：①煤炭的储存主要为散堆，在每一笔业务授信前，监管方出具测量重量的方案，对散装的质押物（堆场），制定详细测量体积与密度的方法，通过模拟计算的结果与实际数量比较，掌握误差率；②首次出质时，检验品质。

（6）经营单位和货押中心按时查库，必要时增加查库频次。平时通过质押物每日报表、现场非现场查岗等方式加强对监管机构的管理。

（7）进行盯市，关注质押物的价格变化情况。①盯市时，对于质押货物，取内蒙古煤炭网质押物所在地当地该煤种价格或者同一用途煤种价格作为盯市依据每日盯市，并登记盯市信息表；②对于多煤种的洗煤等生产企业取当地洗精煤的价格作为盯市价格依据，仓储企业取煤炭实际用途煤种价格作为盯市依据；③盯市时由于盯市可取值煤种的价格与银行货押品不能一一对应，银行货押品取价为均价，所以，只取盯市煤种价格的波动信息作为盯市依据；当盯市煤种的价格波动超过5%时，及时发送预警信息。

2. 信用风险控制措施。

（1）大型煤炭企业资金实力雄厚，环节内供销双方交易量关联企业占比较大，持续性强，利润稳定，还款意愿强，银行介入困难，主要风险是操作风险，主要的风险控制点是严格按照银行货押管理办法办理业务，避免降低标准融资。

（2）中小型煤炭企业仓储场地不规范，出入库管理相对薄弱，主要风险是货物市场价格判断不准、产权确认、仓储监管合规和货物数量品质确定。风险控制的要点是充分调研当地市场价格，严格控制按照市场价和发票价孰低的原则确定出质货物价值，通过核实发票、结算凭证保证货权真实，引入合格的监管企业实行24小时监管，利用激光盘点仪等高科技手段确认货物数量、采取第三方质检的方式保证货物质量等手段保证质物真实、有效、足值。同时，要随时关注国家、自治区煤炭行业政策，防止政策性风险。

（3）煤炭运销企业自身实力较弱，风险主要体现在货物销售是否稳定，市场波动承受能力和出入频繁监管要求高。对于煤炭运销企业主要考核销售合同，销售价格与成本价格，确保销售回款的封闭。

二十、中小纸品企业货押授信

（一）纸品企业货押授信申请方案（举例）

申请人：福宁市天华纸业有限公司。

质押物：废纸、高强瓦楞纸。

出质人：某纸业有限公司。

业务模式（现货质押/未来货权质押）：现货质押。

授信品种：银行承兑汇票（可串用国内信用证）。

供货方：上游客户。

货权形式：动产。

仓库位置：申请人仓库。

监管人：厦门中大货运有限公司。

监管模式（输出监管/独立监管）：输出监管。

监管合同及厂商银合作协议：标准合同。

盯市渠道及取值方法：参照目前中国再生资源交易网（ZZ91 再生网）等网站并结合采购发票及厂家发货单。

保证金比例：40%。

质押率：不超过 70%。

赎货期：银行承兑汇票到期前 1 个月。

（二）货押业务方案流程描述

在货押业务操作方案和相关授信额度获批后，银行客户经理与申请人洽商相关业务操作细节。（1）由经营单位客户经理向厦门中大货运有限公司出具"查复及出质确认书"，并由其进行书面确认；（2）出质人应将出质的质物清单等权利凭证移交银行，银行按照现行制度规定要求进行登记和保管；（3）经营单位提供证明质物价格的资料（发票、合同、报关单、付款凭证或指定市场报价等），并填写质押物价格审核确认单，登记货权质押业务台账；（4）货押中心综合岗核价并签署质押物价格审核确认单；（5）审查岗核库，出具核库意见，计算质押率，确定放款额，报货押中心负责人复审并签发确认意见；（6）出账，经营单位提交授信批复、货押业务操作方案批复、物权单据原件、银行核库（查库）通知/报告书、质押物价格审核确认单、保证金入账证明、质押登记及货权质押业务台账、经营单位各级人员签名确认的货押业务出账审批表、额度启用通知书等材料；（7）货押中心审查货押业务出账审批表是否填写完整，核对仓储监管机构认定意见，按照质押物价格审核确认单认可的价格和查复及出质确认书所确认的质物数量计算质押物价值，并计算质押率和可用授信金额；确认客户经理登记货权质押业务台账；签署出账意见并报货押中心负责人签署意见；（8）放款中心核对方案审批意见和授信审批意见是否落实；复核货押业务出账审批表；按照放款中心职责审查全部出账材料；办理出账；（9）提货，在货押方案约定的赎货期，当质物的实际价值超出银行要求的最低价值的，申请人就超出部分提货或者换货时，无须追加或补充保证金，可直接向监管方申请办理提货或换货，监管方应当严格按照本合同的约定予以办理，并保证提货或换货后处于监管方占有、监管下的质物价值始终不得低于银行要求的质物的最低价值；当质物的实际价值等于银行要求的最低价值时，申请人应当事先向银行提出提货申请，填写提货申请书，并追加或补充保证金（即打款赎货），或者向银行事先提供与银行要求相符的质物交付监管方占有、监管（即以货换货），经银行同意后，凭银行签发的提货通知书，向监管方办理提货；当质物的实际价值等于质物的最低价值时，银行签发的提货通知书为申请人办理提货及质物出仓、出库的唯一有效凭证，没有银行签发的提货通知书则申请人不得提货、监管方不得给申请人放货。

（三）申请人情况

1. 基本情况。

该公司的经营范围为纸制品制造，以生产高强度瓦楞纸为主，拥有先进的年生产能力 15 万吨的三叠网长网纸机生产线，固定资产投资 2 亿元左右，产品主要销往福建、广东包装生产企业，是当地纳税大户之一。

2. 资信情况。

（1）企业共获银行授信额度 21980 万元，银行风险敞口余额 10650 万元。无历史不良垫款等情况，银行信誉良好。

（2）与银行的合作情况：银行对申请人授信额度 4000 万元，风险敞口 2000 万元；担保方案：以申请人自有货物（高强瓦楞纸）质押，目前已启用风险敞口 1635 万元。由于原材料价格上涨，流动资金不足，目前申请增加授信额度 2000 万元，风险敞口 1000 万元，以申请人自有原料

（废纸）质押。

3. 行业情况。

（1）市场背景。

造纸工业是国民经济的基础产业之一，与社会经济发展和人民生活息息相关，是国际公认的"永不衰竭"的工业。造纸工业是与国民经济许多部门配套的重要原材料工业，我国造纸工业产品总量中有80%以上是印刷工业的重要基础物资，又是主要的各类包装材料，以及建材、化工、电子、能源、交通等工业部门和国防军工技术配套用的重要产品，商品包装是流通和供应链中十分重要的一个环节，它是使商品能安全完好地从生产厂家送到消费者手中的重要保证。在所有的包装材料中，纸质是最重要的原材料。

（2）造纸原料（废纸）。

废纸，泛指在生产、生活中经过使用而废弃的可循环再生资源，包括各种高档纸、黄板纸、废纸箱、切边纸、打包纸、企业单位用纸、工程用纸、书刊报纸等。在国际上，废纸一般区分为欧废和美废两种。为满足造纸企业大规模生产的原料需要，为追求稳定的原料供货渠道和品质，大中型造纸企业采用进口废纸为主、国内废纸为辅作为原料。

①废纸具有广泛的再生用途。

纸张的原料主要为木材、草、芦苇、竹等植物纤维，废纸又被称为"二次纤维"，最主要的用途还是纤维回用生产再生纸产品。根据纤维成分的不同，按纸种进行对应循环利用才能最大限度地发挥废纸资源价值。

由于利用原木造浆的传统造纸消耗大量木材、破坏生态，并造成严重的污染，因此，利用废纸的"城市造纸"，已经和造林、造纸"林浆纸一体化"，成为现代造纸业的两大发展趋势。城市造纸同时还起到消纳城市垃圾的作用，体现"城市生产，城市消纳"的精神。一些发达地区城市有配套的城市废纸再生基地。

②废纸回收采购。

国际上，标准化的商品打包废纸已经成为大宗贸易商品，我国废纸回收利用产业化水平相对较低，目前国内造纸企业的国内废纸采购标准要求一般参照美国的废纸分类标准。

③我国废纸再生利用的发展前景良好。

在造纸原料紧缺和环保要求日益加强的大形势下，我国废纸再生产业显现出良好的发展态势，产业前景一片光明。

（3）本地市场举例分析。

①供求关系。

福建省地处东南沿海，是我国经济发展较活跃的地区之一，已经形成电子、服装、食品、家具等轻工行业的高度发达的出口产业集群；包装业依托上述行业多年来的稳定快速发展，已形成了一定的市场规模，且包装材料的使用量逐年大幅度递增，已成为一个包装材料消费大省。目前省内包装纸的市场产能不超过150万吨，而年消耗量大于250万吨，市场空间较大。产品销售考虑到运费成本，销售半径一般在250公里左右，本地企业销售半径多在福建地区、广东地区。

②漳州市造纸及纸制品业发展状况。

较省外其他地区纸制品企业而言，漳州纸制品企业具有物流费用低、电力和水资源丰富及人力成本低方面的优势，且环保要求标准相对较松，包装纸及原材料废纸市场活跃，年成交量超90亿元以上（不包含纸箱），目前漳州纸制品企业产能占全省的75%左右，变现能力强，较新闻纸、印刷纸等纸种而言，利润空间略大，被当地同业所看好。

③质押货物描述。

近期供需状况：呈现供需两旺态势，处于逐步上升状态。

参照目前中国再生资源交易网（ZZ91再生网）及其他相关网站纸的市场价格，结合产品档次的定位，纸制品销售价正常在1600～2000元/吨。

品种、规格（大包1吨左右，小包0.7吨左右）、等级：欧废和美废为国际标准（目前国内企业国废收购也参照此标准）合格产品。

物理特性、包装及储藏条件：不易变质、盗抢、毁灭，是易储藏、防火（按消防相关要求），易监管品。

质量标准：严格按照行业标准进行生产和管理。

④变现能力：漳州纸制品行业已形成了一定的市场规模（产值35亿元以上），废纸市场流通量大，容易变现。

4. 监管人情况（不采用总行合作机构或其指定机构并按标准合同签约时填写项目）。

（1）基本情况：①名称；②企业类型；③经营资质和主要服务项目；④股权结构；⑤主要管理人员状况。

（2）经营情况：①行业地位；②主要经营数据；③货押业务监管制度和监管经验。

（3）监管仓库情况：①仓库类型：封闭式室内仓库；②仓库位置：漳州市华安县丰山镇长富工业区；③库容（仓储面积）：仓库面积1.5万平方米，可堆放2万吨以上；④经营资质：良好；⑤作业能力：申请人自有吊车；⑥所有权人：申请人；⑦仓库的安全设施经过消防部门检验，实行领导干部带班值班制度，每天有2名干部值班，另有专职保卫干事1名负责消防安全、内保安全管理，且有专设保安门禁人员24小时值守，车辆进出厂区均需经过相应的手续，有完善的安全保卫制度；设置义务消防员10人，定期训练、演习，确保库存商品安全。

（四）风险点及控制措施

1. 货物控制。引入厦门中远国际货运有限公司进行监管，申请人提货需由银行出具提货通知书，通过控制公司的物流进而控制资金流。

2. 质量控制、保险等。高强瓦楞纸为国家标准产品，质量可以保证，是不易变质、不易盗抢且易监管产品，因此，需办理财产综合险，受保货物价值需覆盖全部风险敞口，第一受益人需为银行，投保期限应覆盖授信到期后3个月。

3. 其他管理措施。为防范风险，实现银行效益最大化：一是设定跌价补偿制度，即若在授信期内跌价幅度超过10%，则要求申请人必须补足相应金额的保证金；二是对赎货期进行控制，即制定赎货期限为5个月，若5个月内申请人未能全部赎货，银行即可要求申请人补充保证金；三是严格按照总行制定的货押管理办法执行。

（五）收益分析

银行承兑汇票手续费收入：每5个月完成一个购销周转流程，假定给予漳州纸制品企业6000万元的授信额度，风险敞口3000万元，6000万元银行承兑汇票可周转2次，银行可实现开票手续费收入：1.2亿元×0.05%＝6万元，预计可带来日均存款3000万元，最高时点存款3000万元。

二十一、中小汽车经销商货押授信

（一）申请方案

申请人：成都天星麒兴汽车销售服务有限公司。

质押物：进口奔驰汽车。

出质人：成都天星麒兴汽车销售服务有限公司。

业务模式：现货质押。

授信品种：流动资金贷款。

供货方：北京奔驰汽车有限公司——国产车，梅赛德斯－奔驰（中国）汽车销售有限公司——进口车。

货权形式：动产。

仓库位置：重庆市江北区渝澳大道 68 号，重庆市江北区鸿恩寺停车库。

监管人：中铁现代物流科技股份有限公司成都分公司。

监管模式：输出监管。

监管合同：标准合同。

盯市渠道及取值方法：汽车之家网站，http：//www. autohome. com. cn/，参照申请人进货发票取值。

质押率：70%。

赎货期：90 天。

回购/担保安排：无。

（二）货押业务方案流程描述

1. 银行与申请人、监管人签订仓储监管协议，委托监管人对申请人质押给银行的自有动产——进口奔驰汽车进行输出监管。

2. 银行与申请人共同向监管人发出查询及出质通知书，监管人按照通知书列明的内容核查申请人交付的货物及现有的库存。核对无误后，监管人接收申请人交付货物时，质物转移占有完成。

3. 转移占有完成后，申请人与监管人向银行签发质物清单（附质押确认回执），确认质物的名称、规格、数量、单价、最低价值/最低数量等基本信息。

4. 银行按照盯市取值方法确定质物价格后，按照不高于 70% 的质押率向申请人发放流动资金贷款。

5. 监管人每天以书面或电子邮件方式向银行报送监管报表，报表内容包括前＿＿日仓库的出入库数量、库存结余和库存总价值。

6. 仓储期间，因质物市场价格下跌导致质物的价值低于质物清单（附质押确认回执）中确定的最低价值时，银行有权对质押物价格进行调整，并向监管人和申请人出具质物价格确定/调整通知书，申请人须在接到银行通知之日起 5 个工作日内通过补足保证金、归还贷款或追加足额质物的方式，将质押率恢复到 70% 以内，如果质押率超过 85%，银行有权提前终止合同并直接拍卖或变卖质物，拍卖或变卖所得款项用于归还银行贷款本息。

7. 仓储期间，当质物的价值高于确定的最低价值时，申请人就超出的部分可直接向监管人提货。当质物的价值接近或等于质物的最低价值时，监管人通知银行和申请人，若申请人不能保证有质物进库，且要提取货物时，应事先向银行提出提货申请，补充保证金或归还贷款后由银行向监管人签发提货通知书，下调质物最低价值，申请人方可提货。无论是否提货，申请人每次融资后需在规定的赎货期内归还贷款。

8. 银行严格按照货押业务相关要求，每月至少查库一次，定期或不定期地对申请人的库存进行核查。

（三）申请人情况

商社麒兴注册资本 1000 万元，第一大股东是成都天星汽车贸易有限公司，投资现金 385 万元，占比 38.5%；第二大股东是重庆钿洲实业有限公司，投资现金 265 万元，占比 26.5%。第一大股东成都天星汽车贸易有限公司是成都天星（集团）有限公司全资子公司，成都天星（集团）有限公司是中国西部最大的流通产业集团、重庆市属国有大型企业，年实现销售收入 247 亿元。成都天星汽车贸易有限公司成立近 20 年以来发展迅速，销售网络遍布全国，连续多年销售额在 25 亿元以上，是西部最大的汽车经销商之一。

商社麒兴是由梅赛德斯—奔驰汽车授权在重庆地区成立的两家特许经销商之一，主营销售北京国产梅赛德斯—奔驰品牌汽车、进口梅赛德斯 - 奔驰品牌汽车及零部件。

1. 申请人经营情况及主要财务数据。

商社麒兴销售的奔驰汽车占重庆奔驰汽车销售市场的 60%，年销售汽车 909 台，营业收入 6.02 亿元。

2. 上下游主要客户情况。

商社麒兴的上游客户为北京奔驰汽车有限公司和梅赛德斯 - 奔驰（中

国）汽车销售有限公司，分别购进国产奔驰汽车和进口奔驰汽车。采购协议均为一年一签，每年采购数量由上年年底销售总量确定，每月根据不同车型在重庆的销售情况调整采购计划。商社麒兴采用现款方式购买国产和进口奔驰汽车，经企业与厂家沟通，北京奔驰汽车有限公司允许其支付银行承兑汇票，而购买进口车必须现款支付，不能使用票据。商社麒兴下游客户均为终端个人消费者。具体情况见表2－3。

表2－3　　　　　　　　　商社麒兴交易情况

供货商名称	交易货物品种	上年交易金额（万元）	占申请人总购买额比重（%）	合作年限（年）	备注
北京奔驰汽车有限公司	国产奔驰汽车	5955	12.29	5	
梅赛德斯－奔驰（中国）汽车销售有限公司	进口奔驰汽车	42476	87.7	5	

注：以上表格经双人查验发票原件后填列，其中一人必须是货押中心人员。

（1）上游主要供货商：北京奔驰汽车有限公司，梅赛德斯－奔驰（中国）汽车销售有限公司。

（2）下游主要客户：个人消费者。

3. 存货明细及存货周转情况。

商社麒兴库存进口奔驰汽车78台，总价值（以进货价格核算）5261万元，国产奔驰汽车60台，总价值2395万元。奔驰汽车销售情况良好，且进口车销量好于国产车，基本无滞销车型，其存货周转较快，平均在45天左右，无明显淡旺季现象。

4. 应收、应付账款明细及应收账款周转情况。

商社麒兴应收账款余额887万元，主要为应收车辆消费贷款，应收账款周转天数为6天；应付账款余额6370万元，主要为应付戴姆勒－克莱斯勒汽车金融（中国）有限公司的贷款。截至目前，商社麒兴应收账款余额832万元，应付账款余额7812万元。

（四）质押货物情况

用于本次货押的质押物全部为进口奔驰汽车，生产厂家为德国奔驰汽车公司；进口奔驰汽车物理特性稳定，仓储条件无特殊要求；进口车以进口货物证明书（即关单）及车辆检验单作为质量标准。目前主要库存车型及价格情况见表2-4。

表2-4　　　　　　　　　商社麒兴库存情况

车型		进货均价（万元）	市场指导价（万元）
B200 车型	动感型	25.27	28.8
	时尚型		31.9
	豪华型		35.8
C 级车	C200	46.83	43
	C300		54.8
CLS 车型	CLS300	71.68	79.8
	CLS350		119.8
E 级车	E200	55.75	48.8
	E260		54.8
	E300		69.8
	E350		82.2
G500 车型		137.42	169.8
GLK 车型	GLK 300 时尚型	55.59	49.5
	GLK 300 动感型		44.8
	GLK 300 豪华型		61.8
	GLK 350 4MATIC		72.8
ML 车型	ML300	85.08	77.8
	ML350		89.8
	ML500		139.2
S 级	S300L 商务型	110.81	93
	S300L 尊贵型		99.3
	S350L 豪华型		139.8
	S350L4MATIC		144.8
	S500L		209.8
	S500L4MATIC		215.3
	S600L		259.8
SLK 级	SLK200K	48.92	59.8
	SLK300		73.9
	SLK350		86.1

重庆已经成为继北京、上海、广州之后的奢侈品消费最有潜力的城市

之一，2009 年重庆豪华车消费增幅达 17%，位列全国第一。奔驰汽车在重庆的保有量在 2500 辆左右，在西部地区遥遥领先。重庆地区奔驰汽车销售主要由两家经销商垄断，商社麒兴销售的奔驰汽车占重庆奔驰汽车销售市场的 60%，每年采购数量由上年年底确定，每月根据不同车型在重庆的销售情况调整采购计划，其销售目标明确，进口车销售情况好于国产车，存货周转较快。目前重庆市场上销量较高的进口奔驰车型主要包括 B 级、C 级、E 级、S 级以及 ML 车型。

由于商社麒兴目前仅提供了各类型库存车辆合计进价（不含税），因此银行仅能根据库存数量判断各类型车进货均价。而以上市场指导价以汽车之家网站公布的指导价为准。如上表所示，各类型奔驰汽车价格差异较大，市场销售价格从 20 多万元到 200 多万元不等；而且各类型车由于配置不同，价格差异也较大，如 S 级轿车价格差距从 93 万元至 259.8 万元。通常重庆市场奔驰汽车销售价格执行市场指导价，且价格基本稳定，部分紧俏车型价格还会提价销售。豪华品牌汽车对于降价销售的策略非常慎重，单一车型的更新换代周期约为 2 年，新车型推出，老款售价会有调整，但出于延续新旧车型价格的考虑，不会出现超出 10% 的降幅。

（五）监管车库情况

1. 仓库类型：包括自有车库和租用车库。

2. 仓库位置：自有车库位于重庆市江北区渝澳大道 68 号，即 3S 店内；租用车库位于重庆市江北区鸿恩寺停车库。两个车库均在主城中心区，相距 10 分钟车程。

3. 库容：自有车库库容 117 台车位，租用车库租用 100 台车位。

4. 所有权人：自有车库所有权人为商社麒兴，租用车库所有权人为江北区公共停车管理办公室。

5. 仓库分析：仓储储存条件完善，符合输出监管的要求。

（六）风险点及控制措施

1. 货物控制。

银行通过控制质押物最低价值来控制货物。银行用申请人实际敞口除以 70% 的质押率确定质物最低价值，并向监管人进行通知确认。仓储期间，当质物价值高于确定的最低价值时，申请人就超出的部分可直接向监管人提货。当质物价值接近或等于质物的最低价值时，监管人通知银行和申请人，若申请人不能保证有质物进库，且要提取货物时，应事先向银行提出申请，补充保证金或归还贷款后由银行向监管人签发提货通知书下调质物最低价值，申请人方可提货。

监管人除了监管车辆，还需将进口货物证明书（即关单）、车辆检验单及车钥匙交现场监管人员入保险箱保管，凭银行签发的提货通知书出库，与质押车辆一并交付给申请人。

2. 质量控制、保险等。

要求申请人为质押车辆办理保险，保险第一受益人为银行（重庆分行）。保险期限至少1年，保险金额不低于银行授信要求的质押物总额。

（七）收益分析

银行拟对商社麒兴核定货押授信额度4000万元，每年按不低于授信总额的0.9%收取货押业务管理费，预计可实现中间业务收入36万元。此外，企业在银行开通银联POS业务，将银行账户作为其销售结算账户，预计银行可新增存款日均1000万元。

二十二、中小粮食经销商货押授信

（一）申请方案

申请人：无为县亮之星米业有限公司。

质押物：稻谷。

出质人：无为县亮之星米业有限公司。

业务模式：现货质押。

授信品种：流动资金贷款。

供货方：详见上下游主要交易商说明。

仓库位置：无为县夏铎铺工业经济园。

监管人：湖南中外运久凌储运有限公司。

监管模式：输出监管。

监管合同及厂商银合作协议：标准合同。

盯市渠道：中华商务网，中国大米网。

质押率：70%。

赎货期：5个月。

质检机构：中央储备粮湖南分公司检测中心（具有粮食检测资格）。

回购/担保安排：无回购担保。

（二）货押业务方案流程描述

1. 申请人将仓库自有的早籼稻质押给银行，由银行核定质押物的价值；质押物由银行指定的监管公司进行驻地监管。

2. 银行按照质押比例发放流动资金贷款，用于收购水稻。

3. 申请人每批新进的籼稻须进入质押库，由银行指定的监管人核定库存总量。

4. 如果每次出库后的库存量不低于银行核定的最低库存量，申请人可不必向银行申请，直接由监管人为其办理出库。

5. 如当批出库后的库存量低于银行核定的最低库存量，申请人须先对差额进行补款，由银行货押中心核定新的最低库存量并出具出库单，由监管人根据出库单办理出库。

6. 赎货期内申请人偿还银行的借款本息，将质押物全部赎回。

（三）申请人情况

无为县亮之星米业有限公司注册资本1010万元，其中股东张伟590万元，出资比例58.4%；陈燕翔420万元，出资比例41.6%。公司年末实现主营业务收入7104.15万元，实现利润总额640万元。

上下游主要交易商：

（1）供应商：由于原粮是生产的原材料，只要控制产地和品质即可，所以申请人的进货渠道相对较多。前五名供应商供货量及金额如下：a. 公司基地，2万吨，4000万元；b. 湖南粮食批发中心市场，2万吨，4000万元；c. 中央储备粮无为直属库，1万吨，2000万元；d. 本地粮食经纪人，2万吨，4000万元；e. 中央储备粮汨罗直属库，2万吨，4000万元。

（2）下游主要客户（无为县亮之星米业公司下游客户见表2－5）。

表2－5　　　　　　无为县亮之星米业公司下游客户表

下游客户名称	交易货物品种	上年交易金额（万元）	占申请人总销售额（%）	合作年限（年）
肇庆直属库	早籼稻	2000	13	4
广州粮食集团公司	早籼稻	1500	10	3

下游客户名称	交易货物品种	上年交易金额（万元）	占申请人总销售额（%）	合作年限（年）
佛山南海银鹏米业	早籼稻	1500	10	3
广州佛山南海区粮油有限公司	早籼稻	1000	6	3
湖南乐米乐家庭营销公司	早籼稻	600	4	4

注：以上表格经双人查验发票原件后填列，其中一人必须是货押中心人员。

（四）质押货物情况

1. 货物描述。

（1）品种、规格、等级：早籼稻。

（2）生产厂家：农户种植。

（3）物理特性、包装及储藏条件：通风、散放、封闭库保存，控制水分。

（4）质量标准：按国家统一标准。

2. 价格分析。

（1）近期供需状况：供需状况基本平稳。

（2）市场价格。

①市场价格获取渠道：中华商务网，大米网。

②早籼稻当前价格：2147 元/吨左右。

③近期价格波动状况及趋势：近3个月市场价格有一定的波动，基本处于稳中有升的趋势。

3. 监管库情况。

（1）仓库类型：库房。

（2）仓库位置：无为县夏铎铺工业经济园。

（3）库容（仓储面积）：7 万吨，有 4 个平房仓，2 个浅圆仓。

（4）经营资质：自有。

（5）作业能力：烘干设备、运输设备、叉车起重机等，年储存量 7 万吨。

（6）所有权人：无为县亮之星米业有限公司自有。

（7）仓库分析：该仓库是无为县亮之星米业有限公司的储备粮食仓库，位于无为县夏铎铺工业经济园，交通便利，建有标准平房仓和浅圆仓。仓库四周封闭，监控设备齐全，可以独立堆放，机械化作业，出入库实行微机管理，温控管理。由监管人委派专人 24 小时现场监管，储存条件优越，符合独立监管的要求。

（五）风险点及控制措施

1. 货物控制。由监管方制定监管流程，质押物由监管人实施 24 小时监管，并严格执行银行事先制定的提货出库流程。

2. 质量控制、保险等。（1）在每笔业务出账之前，要求监管方制订详细的针对该客户具体情况的监管方案，方案有详细说明测量和控制重量的方法及协助银行控制质押物品质的措施。（2）在出质前，银行、企业和监管人对质物（稻谷）进行抽检，测定质物的等级和水分，质检结果由监管人确认。（3）每一批入库的粮食都需要在地磅称重，由企业质检员直接将探子插入粮食中抽取样品，样品由抽风机直接送到检验室，检验室对样品检验并确定等级，然后将稻谷卸入仓库，再对空车测重确定稻谷重量。（4）在质押期间，企业人员和监管员共同完成以上验收操作，无误后企业人员办理入库手续，根据验收结果填写入库单据，监管员在入库单据上签字确认，入库单据监管员留存一份。（5）银行在每次查库时要对质物进行抽检，抽检结果要由监管人进行确认。

3. 投保以银行为第一受益人的财产综合保险。

4. 出质价格的确定。以大米网公布的价格和收购价格孰低原则确定出质价格。

5. 仓储控制。出质物均由独立仓库进行监管。

6. 盯市：银行按盯市价格逐日计算动态质押率，质押率上升超过 5%，即要求申请人补充保证金或质押货物。

7. 赎货：如到期货物未提完，申请人应归还全部质押贷款。

8. 查库：客户经理将按不低于每月一次的频率现场查库，银行将按不低于每月一次的频率进行现场查库。

（六）银行收益分析

1. 贷款收益（基准利率上浮 10%），可实现利息收入 106.92 万元。

2. 可派生存款 1000 万元。

3. 可产生 6‰的货押业务管理手续费收入。

4. 增加在银行结算业务收入，并促进其他业务发展。

（七）其他需要说明的事项

1. 该企业为湖南省粮油加工重点企业、湖南省农业产业化龙头企业，长沙市千亿集群入围重点企业食品类排名第十。

2. 该企业目前享有的补贴主要有 10 万吨/年亮之星系列绿色稻米综合技术开发经费 30 万元，粮食专项资金 30 万元，农业综合开发中央财政贴息资金 95 万元。

3. 企业收购的均为稻谷，收购价格在 2147 元/吨左右，由于企业有国家补贴，企业的生产成本也较同行业的一般成本低，同时企业也制定了相应的应对措施，目前生产和销售情况正常。

4. 目前企业的进销渠道都比较畅通。对于销区，采取直接面向终端市场形式。广东是粮食需求大省，该企业主要用籼米进行加工销售，对于广东销区，除供应储备粮外，该企业与中央储备粮肇庆直属库进行储备粮三年轮换机制的合作，即以早籼米轮换出上年的储备粮进行再加工，以价差获利。对于云南销区，该企业已经与云南省粮食局签订了粮食购销合同，以其早籼米供应中央储备粮昆明直属库、红河直属库的储备粮。此外，该企业早籼米还直供青岛啤酒无为厂 8000 吨/年。早籼米销售账期为 1 个月，最长不超过 3 个月，销售回款有保证，资金压力不大。总体来说，该企业的下游均为长期合作客户、需求量大、付款及时。

二十三、中小酒业公司货押授信

（一）申请方案

申请人：北华县天成酒业有限公司。

质押物：原酒。

出质人：北华县天成酒业有限公司。

业务模式：现货质押。

授信品种：流动资金贷款可串用银行承兑汇票敞口 1000 万元。

供货方：白酒制造企业上游粮食、包材供应商。

货权形式：动产质押（静态）。

仓库位置：四川省北华县北华镇茶花村申请人仓库。

监管人：中国南运四川有限公司。

监管模式：输出监管。

监管合同及厂商银合作协议：标准合同。

盯市渠道及取值方法：四川省原酒抵押贷款质价评审委员会评估价。

质押物属非标准化生产的特殊商品，受品牌、产地、酿造工艺和储藏时间等非常规因素影响大。根据银行对白酒生产企业的考察调研，原酒生产成本包括直接的粮食、人工、辅料成本和固定资产折旧等，其中粮食所占比重较大，按 5 吨粮食酿造 1 吨原酒的平均水平，粮食成本在 8000 元/吨到 9000 元/吨，加上其他成本整体平均成本在 1.2 万元/吨左右；这还不包括原酒储藏时间 1~3 年对资金占用的成本。实际交易中原酒价格为买卖双方议价，并对外严格保密，因此缺乏公开市场和盯市渠道。一级原酒存量和价格升值空间较大，因此银行主要取一级原酒作为质物；考虑酒类税收因素，银行对质押物取值参考申请人最近一次成交价和第三方鉴定机构参考价孰低；考虑到质押物储藏期间增值性，和一般情况下粮食成本短期内不可能出现大幅波动，质押期间无影响价值的重大事件发生不再改变盯市价格。

保证金比例：30%。

质押率：50%。

赎货期：流动资金贷款 12 个月，银行承兑汇票 6 个月。

回购/担保安排：无回购担保。

（二）货押业务方案流程描述

1. 监管人与申请人签订库房租赁协议，监管人取得监管仓库合法使用权。

2. 银行、监管人与申请人签署仓储监管协议，监管人入场监管，申请人提出出质申请和质物清单，经银行向监管人查询查复后办理质押手续。

3. 申请人存入保证金，申请开立银行承兑汇票或流动资金贷款提款，银行审核同意后放款。

4. 赎货期满前申请人补充保证金或归还贷款，银行核定质押物出库数量并书面指示监管人放货。

（三）申请人情况

北华县天成酒业有限公司，性质为有限责任公司，公司主营白酒、液态法白酒生产。

北华县天成酒业有限公司注册资金 1500 万元。投资 3000 万元，占地 54 亩，厂房 2.4 万平方米，酿造车间 10100 平方米。建浓香型窖池 312 口，建酱香型窖池 90 口，年产原酒 3000 吨。建有标准的酿造车间、办公大楼、包装车间、酒库、粮库、职工宿舍等相关设施，员工 250 人。

1. 主营业务。

主要生产并销售浓香白酒。

生产能力：北华县天成酒业有限公司现有浓香型窖池 312 口，酱香型窖池 90 口，年产原酒 3000 吨；储酒能力：现有不锈钢储酒罐 32 个，其中 600 吨 6 个，360 吨 5 个，230 吨 9 个，30～120 吨 12 个，另有 250 千克～1000 千克陶瓷酒罐 2000 多个。北华县天成酒业有限公司已形成年生产白酒 3000 余吨，储酒能力 10000 余吨，年销售收入接近 1 亿元的中型白酒生产企业。

2. 主要财务数据及近期财务数据。

天成酒业资产总额为 7981.75 万元，负债总额为 4199.19 万元，资产负债率为 52.61%，分别较年初增长 7%、-3.8%、-5.4%。实现主营业务收入 9364.54 万元，营业利润 620.52 万元，净利润 656.4 万元。

（四）质押货物情况

1. 货物描述。

（1）品种、规格、等级：高度"原酒"，浓香型，一级或优级。

原酒是粮食经发酵蒸馏工序后得到的尚未按相关标准确定等级的半成品酒，不具有规定的包装形态，也称基础酒或基酒，作为浓香型白酒的基酒可以根据各地消费者的不同口感偏好加以调制，经过灌装和包装后成为成酒。

（2）生产厂家：北华县天成酒业有限公司。

（3）物理特性、包装及储藏条件：透明无色液体，易挥发，以不锈钢罐或陶坛密封储藏，不锈钢罐可室外露天储藏，陶坛一般室内储藏，防火要求较高；原酒必须经过一段时间（至少半年到一年）的储藏，经过自然醇化过程才可以制成成品酒，而且原酒的储存时间与其价值成正比，据行业专家介绍，储存原酒每年的增值幅度在 15%～30%。

（4）质量标准：原酒属于白酒的半成品，还需要经过降度、勾调和灌装等工序成为成品白酒，成品白酒执行国家标准 GB/T10781.1。天成酒业建立了完善的质量把控体系，产品远销湖北、安徽、湖南等地，得到了白酒市场主流客户的肯定，销售稳定增长。

2. 价格分析。

（1）近期供需状况。

原酒质量高，有较高的升值空间，原酒目前在市场上供不应求。同行业出售一级原酒成交均价为 1.8 万元/吨。调味酒和陈味酒成交价在 3.5 万~6 万元/吨。

（2）原酒市场价格。

①市场价格获取渠道：无公开市场价格渠道，按最近的产品销售合同，由同行业出售"原酒"给各酒厂合同中取得。

②目前价格：一级原酒 1.8 万元/吨（按 2010 年第一季度最低的成交平均价格确定）。

③价格波动状况及趋势：国内高中端白酒市场需求旺盛、供不应求，各大品牌纷纷提价。茅台、五粮液、泸州老窖等品牌白酒的多款产品价格也有 10%~20% 的上扬，个别产品上调幅度达到 30%。白酒价格上调，一是原料、包装及营销成本上升；二是名酒受生产周期的影响，致使白酒的需求旺季出现供不应求；三是市场的总体消费水平不断提高。在白酒市场上，消费者的消费习惯决定酒水业的销售走势。白酒作为传统酒业，消费者的消费习惯是根深蒂固的。原酒作为成品酒的主要原料，受粮食价格上涨和成品酒销售增长的影响，未来一段时间内价格将会稳定上涨。

（五）监管库情况

1. 仓库类型：不锈钢罐或独幢房屋。

2. 仓库位置：申请人仓库。

3. 库容（仓储面积）：5000 平方米。

4. 经营资质：申请人自有。

5. 作业能力：由电泵抽取。

6. 所有权人：申请人自有，由监管机构租用。

7. 仓库分析（储存条件、可否独立堆放、能否按要求承担出入库管理要求）：仓库申请人自有仓库，监管机构租用，能够满足独立堆放、与其他工业设施隔离，由监管人委派专人 24 小时现场监管，储存条件优越，符合输出监管要求。

（六）风险点及控制措施

1. 货物控制。

质押物存放于申请人自有库房，监管人盘点质押物后接管库存管理，申请人办理授信业务时向银行出质，监管人出具质物清单，对质押物实行定罐封存，张贴质押标识，现场监管人员对质押物实施全天候监管。

2. 质量控制、保险等。

（1）对于申请人出质的质押物，银行经营部门派出专人进行现场核实、取样，取样后监管机构进场接管封存质押物，样酒共需 8 瓶（450 毫升装），供检验机构（2 瓶）、专家评审（6 瓶）；经营部门应建立样酒台账，台账至少应包含以下内容：企业名称、存储地点（包括第几号仓库的第几号存储容器）、提取时间等，并将所提样酒派专人送银行。

（2）银行负责对样酒造册登记、统一编码、统一贴封、专人送检，并建立专管台账。评审、检验样酒按批次标贴只供银行自行识别的编码。

（3）送样评审、检验由银行完成。一是将贴标、贴封样酒送市级以上（含）法定的质量检疫检验机构进行理化、卫生指标检验分析，并出具专业的理化、卫生指标检验报告；二是将贴标、贴封样酒连同理化、卫生指标检验报告送省原酒抵押贷款质价评审委员会进行评审，并出具专业评估报告书。

（4）质押物价值确认。银行根据省原酒抵押贷款质价评审委员会组织酒类专家评审组出具的评估报告，和市级以上（含）法定的质量检疫检验机构出具的理化指标检验报告，参照市场同类商品价格，对质押物价值进行评估、确认。检验评估费用由借款人承担。

（5）质押物（包括原酒和存储容器）必须办理财产保险（由银行代理），同时约定银行为第一受益人，保单正本存放银行。

3. 其他管理措施。

授信到期前，借款人需动用、出售质押物的，必须先归还该质押物所担保的授信敞口；或提供经银行认可的质押物进行置换，并办妥质押担保和保险手续。

银行对原酒质押融资业务实行动态管理，建立预警检测机制，如经公开渠道了解市场发生重大事件导致原酒价格出现波动，质押率下降至约定幅度时，借款人应无条件在规定时间内追加质押物或补充保证金或归还部分贷款，使质押率恢复初始水平。除正常贷后检查外，银行经营机构和货押中心按不低于每月一次的频率履行现场核查库职责。

（七）银行收益分析

银行预计存款日均保持在 500 万元以上。货押业务管理费按授信金额 0.2% 收取。

二十四、粮食交易中心内粮食贸易商授信

（一）储备粮质押授信

1. 中央储备粮交易操作流程。

（1）借款企业网上交易成功后，借款企业凭交易合同向银行办理用款手续。

（2）银行审核单据无误后，按所购货物价值的 70% 进行融资，其余 30% 以企业自有资金付款，融资款直接付至交易中心指定账户。

（3）粮食交易中心收到银行款项后，将提货凭证（出库通知单）交给银行，银行为借款人办理提货凭证质押手续。粮食交易中心对出具的提货凭证的真实性、有效性和合法性承担责任，保证提货凭证项下提货权的实现。在质押期间的提货凭证不接受挂失、注销和补办。

（4）客户凭中原粮食交易中心的提货凭证至指定仓库办理提货手续。

（5）借款企业分批打款赎货，履行还款义务后，银行为出质人办理提货凭证质押的解除手续，退还提货凭证。若借款企业到期日无法按时还款，银行将发出退款通知书，通知交易中心处置提货凭证，由粮食交易中心承担回购担保责任，于 2～3 个月对质押物进行销售后偿还银行借款本息。

中央储备粮交易流程见图 2-23。

2. 地方储备粮交易操作流程。

（1）借款企业通过粮食交易中心对地方储备粮进行投标，中标后，在网上交易产生交易合同，借款企业根据交易合同，向银行进行融资。

（2）银行审核单据无误后，按所购货物价值的 70% 进行融资，其余 30% 以企业自有资金付款，融资款直接付至粮食交易中心指定账户，由粮食交易中心直接转入地方粮权单位账户上。

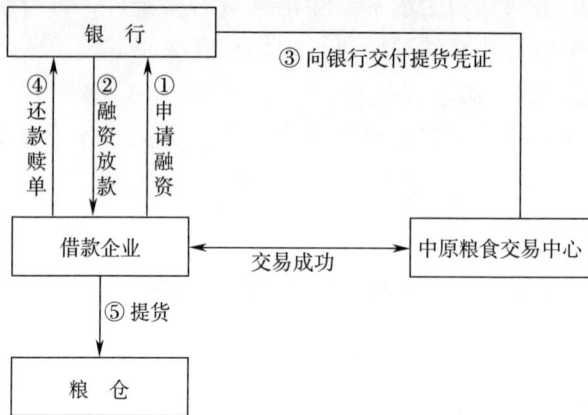

图2-23 中央储备粮交易流程

（3）融资款项到达粮食交易中心指定账户时，由粮食交易中心出具商品交易证实书至银行，对交易真实性予以证实并向银行承诺，如果借款企业在10个工作日内未将该笔融资款项下提货凭证交付银行以及未经银行批准擅自提货造成银行融资资金损失的，粮食交易中心将承担连带赔偿责任。

各级粮权单位收到融资款项后，开出的提货凭证由借款企业取回后经过银行、粮食交易中心及借款企业三方确认后收妥。

（4）借款企业足额还款后，凭提货凭证去各级粮库提货。

（5）如借款企业到期无法偿还借款本金及利息，由银行向交易中心发出退款通知书，粮食交易中心承担回购担保责任，于2~3个月内对质押物进行销售后，偿还银行借款本息。

3. 非标准仓单质押业务操作举例。

某省粮食交易中心是唯一指定的粮食交易平台，所有粮食经营企业的采购交易、获取财政补贴，均需通过该交易中心完成。为便于粮食上游卖方与买方之间的粮食交易，粮食交易中心拟在青岛、黄埔港租赁粮食存储仓库，以粮食交易中心的信用平台为中介，从而促成买方及时收货、卖方能及时收到款项的交易关系。

为及时把握该项目所带来的契机，银行拟与粮食交易中心合作开展提货凭证的货押业务，具体操作如下：

（1）借款企业与其上游卖方签订好交易合同，卖方直接将货交由粮食交易中心的指定仓库存储，由粮食交易中心进行监管。

（2）银行审核单据无误后，按所购货物价值的70%进行融资，其余30%以企业自有资金付款，融资款直接付至粮食交易中心指定账户。

（3）融资款项到达粮食交易中心指定账户时，由粮食交易中心出具非标准仓单至银行。

（4）借款企业足额还款后，凭非标准仓单去粮食交易中心指定粮库提货。

（5）如借款企业到期无法偿还借款本金及利息，由银行向粮食交易中心发出退款通知书，粮食交易中心承担回购担保责任，于2～3个月对质押物进行销售，并偿还银行借款本息。

（二）法人账户透支业务

1. 流程概述。

银行对借款企业进行实地调查后，进行授信审批，审批通过后对该借款企业核定额度。借款企业根据粮食交易中心系统中所打印的交易合同，或在办理非标准仓单质押方案项下与上游卖方签订交易合同后，向银行申请。借款企业与交易中心、银行签订"银行、中原粮食交易中心、有限公司货押融资业务三方协议"；如非标准仓单项下方案，则需签订"银行、中原粮食交易中心、有限公司货押融资业务三方协议"和"仓储监管协议"（银行非标准仓单仓储监管协议）。根据协议要求三方互留印鉴，以保证业务单据的真实性。同时，借款企业根据业务需要开立一般结算账户、法人透支账户。

2. 技术细节。

（1）借款企业与银行签订银行法人账户透支业务协议，同时申请开通网上银行服务，填写网上银行服务对公客户申请表，签订网上银行企业服务协议书、网上银行转账限制申请表（须将法人透支账户限定转账方向，限制为只能向粮食交易中心划款）等资料。

（2）银行客户经理向营业柜台出具账户监管通知书，对借款企业所开立的法人账户仅限定为办理法人账户透支业务，不得出售支票。

（3）借款企业成功使用额度后，直接通过网上银行向粮食交易中心指定账户进行划款，款项直接落地银行营业柜台，并联系银行。银行审核通过后，将落地的款项划至粮食交易中心指定账户上。

（4）粮食交易中心收到款项后，出具汇款收到确认函，并向银行出具提货凭证（出库通知单）或商品交易证实书；银行对每笔出账建立台账，并对每笔出账登记对应交易合同编号。

（5）归还借款时，借款企业需向法人透支账户中划入提货价值金额70%的款项，并向银行传真提货申请书，经银行审核同意后，在相应的交易合同下登记该笔还款的偿还记录，并向借款企业返还对应金额的提货凭证（出库通知单）/各粮权单位出具的提货凭证/粮食交易中心出具的非标准仓单。

（6）存在多笔透支时，透支账户收到的任何款项，按先欠息后本金、先透先还的顺序归还。

（7）若单笔法人账户透支到期日，借款企业未按要求偿还该笔法人账户透支的借款本息，银行将向粮食交易中心签发退款通知书，由粮食交易中心承担回购担保责任，由粮食交易中心对质押物进行销售，并在 2 ~ 3 个月内进行销售，偿还银行借款本息。

（三）风险控制措施

银行通过对粮食交易中心开展货押业务，可以在物流、资金流流程上实行严格的控制，实现业务风险可控。

1. 有效控制物流：提货凭证（出库通知单）/各粮权单位出具的提货凭证/粮食交易中心出具的非标准仓单是借款企业向粮库提货的唯一凭证，根据对货物物流的有效控制，从而保障银行质押物的安全性。

2. 有效控制资金流：借款企业向银行申请使用流动资金贷款、法人账户透支，专项用于交易合同项下向粮食交易中心支付货款，而法人透支点对点划拨，在操作流程中采取系统内封闭汇划和流转，减少了资金的流向风险，确保银行资金始终处于银行监管之中。

3. 规范的流程控制：存在多笔透支的情况，借款企业需提取合同项下的货物时，按先透先还的顺序进行归还，由银行根据交易合同先后顺序将每笔还款金额对应到每笔交易合同编号下，监控每笔交易合同的还款情况。

[附件1]　中央储备粮交易过程图

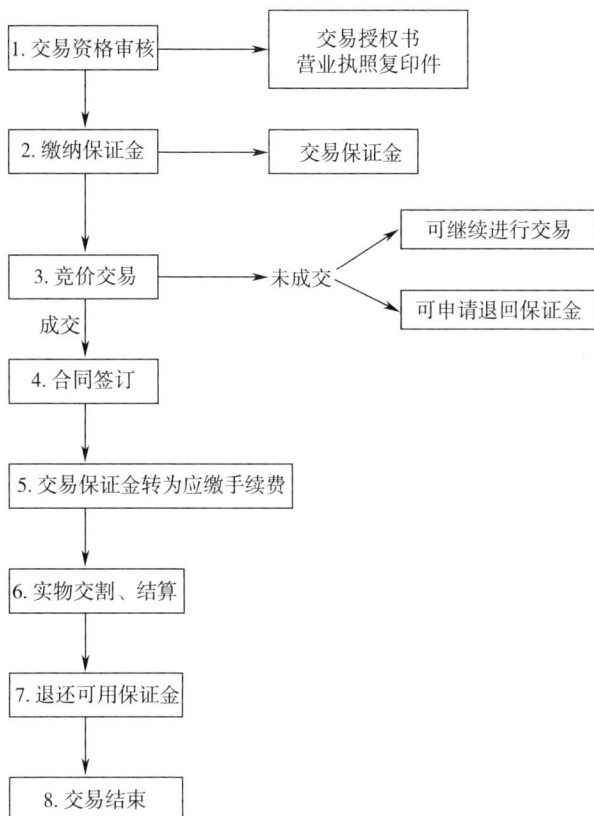

图 2-24　中央储备粮交易过程

[附件2]　中央储备粮交易流程描述

1. 企业报名参加中央储备粮竞价，需向中原粮食交易中心有限公司提交营业执照副本，并填写网上交易承诺书和交易授权书。粮食交易中心通过对客户资料的审核，将营业执照扫描后，为其办理网上交易的手续。

2. 交易前，交易会员缴纳50元/吨的交易保证金（须开市前到账）。

3. 参加竞价交易。

4. 竞价交易成功后，通过网上交易打印出竞价交易合同；如不成功，可继续进行交易或申请退回保证金。

5. 通过网上打印竞价交易合同。

6. 向粮食交易中心缴纳的手续费将直接从保证金中扣收。

7. 企业将货款直接划给粮食交易中心，粮食交易中心马上出具出库通知书给企业，企业凭出库通知书直接去指定粮库提货。

8. 2 个工作日内退还可用保证金。

[附件3] 交易合同

中原粮食交易中心有限公司

货押融资业务三方协议

编号：_____

甲方：中原粮食交易中心有限公司

地址：

法定代表人：

开户行：

账号：   电话：

乙方（买方）：

地址：

法定代表人：

开户行：

账号：   电话：

丙方（分行）：

地址：

负责人：   电话：

1. 乙方拟与或已与卖方签订合同（以下简称交易合同），卖方委托甲方代收货款，乙方直接将货款向甲方支付，用于向卖方采购货物（以下简称货物）；

2. 为确保上述交易合同的履行，乙方与丙方签订编号为_____的综合授信协议，用于向卖方支付交易合同项下货款。

3. 为确保上述综合授信协议的履行，乙方与丙方签订相应单笔质押合同（未来货权版）（以下统称质押合同），甲方按交易类型不同出具以下不同的相关凭证给丙方：

（1）中央储备粮交易，提供提货凭证（出库通知单）。

（2）地方储备粮交易，提供甲方所出具的商品交易证实书及各粮权单位出具的提货凭证（出库通知单、提货单等唯一物权凭证）。

（3）非标准仓单质押业务，则提供甲方所出具的非标准仓单。

以上凭证，作为乙方在授信协议及其项下的单笔业务合同项下对丙方所负债务的担保。

为加强银企合作，甲、乙、丙三方在平等自愿、协商一致的基础上，达成协议如下：

第一条　在下列先决条件完全满足的情况下，乙方可向丙方申请使用法人账户透支；丙方审查同意后，将向乙方核定法人账户透支额度，由乙方将贷款资金通过网上银行直接付至甲方的指定银行账户，作为乙方向卖方支付交易合同项下的货款：

（1）乙方提供丙方认可的交易合同；

（2）乙丙双方签订综合授信协议；

（3）乙丙双方签订银行法人账户透支业务协议；

（4）乙丙双方签订质押合同。

乙方根据本条向丙方所提申请，构成乙方对丙方不可撤销的授权，丙方根据该授权，即可将其根据乙方申请发放的贷款资金（即乙方自筹的相当于货款金额____%的资金）直接付至甲方指定账户，作为乙方向卖方支付交易合同项下的货款。

第二条　本合同中所用术语含义如下：

（一）透支额度：是指在本合同约定的透支额度有效期间内，丙方允许乙方在透支账户进行透支本金余额的限额，用于履行所签订的交易合同。在透支额度有效期间内，乙方对透支额度可以循环使用，但乙方每次拟透支借款的金额与乙方未偿还的本合同项下的透支借款本金余额之和不得超过透支额度。

（二）出库通知单/各粮权单位出具的提货凭证/甲方所开出的非标准仓单，是指提取货物的唯一凭证。甲方对其真实性、有效性和合法性承担责任，保证出库通知单/各粮权单位出具的提货凭证/甲方出具的非标准仓单项下提货权的实现。在质押期间的出库通知单/各粮权单位出具的提货凭证/甲方出具的非标准仓单不接受挂失、注销和补办。

第三条　业务项下法人账户透支

（一）乙方透支前，按丙方要求提供交易合同及业务贸易背景等资料。

（二）乙方透支的金额、期限等条件应与交易合同的内容相对应。

（三）乙方应在丙方开立两个账户：

1. 法人透支账户：用于乙方向丙方申请在透支额度下提款和还款，通过网银系统向甲方支付融资项下货物款项；

2. 一般结算账户：用于乙方转存法人透支账户，也可用于日常结算。

（四）法人账户透支申请人为乙方、收款人为甲方，对乙方的法人透支账户设定只能用于向卖方所委托的甲方支付购货款项。甲方收到后，应向丙方出具汇款收到确认函。

（五）丙方按规定进行法人账户透支额度启用审核，审查通过，丙方为乙方提供人民币账户透支额度＿＿＿＿＿＿＿＿万元，期限 1 年，可循环使用，该额度专项用于购买交易合同上卖方货物的付款，规定单笔透支业务期限不超过 90 天；利息按实际使用天数计息，利率按照丙方规定在中国人民银行规定的 6 个月流动资金贷款利率基础上浮动执行。

乙方经网上银行的法人账户向丙方提交付款申请，银行经终端系统进行付款审核，审核无误后将款项划至甲方；如审核未通过，丙方将付款申请退回乙方，按要求修改后重新提交。

第四条　提货

（一）乙方每次提取合同项下的货物时，需向丙方提出申请，并填写提货申请书。同时乙方向丙方按相当于该次提货金额的＿＿＿%透支款项进行偿还。

（二）丙方核对乙方偿还的透支款金额与提货申请书中的提货金额相符后，根据偿还的透支款金额在＿＿＿＿＿＿个工作日内向乙方发出提货凭证出库通知单/各粮权单位出具的提货凭证/甲方出具的非标准仓单。

（三）为了确保提货环节的准确无误，甲、乙、丙三方约定：

1. 指定专人负责联系和操作本合同项下的业务。如有变动，应当立即书面通知对方，在对方收到书面通知之前，原经办人员所办理的业务仍然有效。

2. 各方在业务发生前预留印鉴和签字样本，业务办理过程中，收到汇款收到确认函、提货申请书等文件后，应认真核对印鉴和签字是否与预留样本相符，并对核对结果负责。

3. 在业务操作过程中，乙方将提货申请书传真至丙方，丙方审核通过，向乙方返还出库通知书/各粮权单位出具的提货凭证/甲方出具的非标准仓单。

（四）甲、乙、丙三方应视提货发生频率定期对账（但每季度不能少于一次），任何一方都应无条件给予配合。三方如出现核对不一致的情况时，应立即停止办理发货手续，查明原因并解决后，由丙方书面确认后方可重新开始办理发货手续。

第五条 法人账户透支融资款到期

（一）法人账户透支融资款到期前，如果透支款项余额为零，则该笔银行货押业务正常结束。

（二）存在多笔透支时，透支账户收到的任何款项，按先欠息后本金，先透先还的顺序归还。法人账户透支单笔透支融资款到期日，乙方无法足额交存法人账户透支融资款，丙方向甲方发出退款通知书。甲方对质押物进行组织销售，必须无条件按退款通知书的要求，承担回购担保。

第六条 声明和保证

丙方在本协议项下发放的款项实行专款专用，未经丙方同意，不得用于甲乙双方买卖合同以外的其他任何约定。甲方根据本协议向丙方退还货款的责任是独立的，甲方和乙方之间、甲方和丙方之间的任何合同或者争议或任何条款的无效都不影响甲方的退款责任。

第七条 为本协议第一条之目的，当融资发放方式为贷款时，甲方指定银行账户为：

开户银行：

户　　名：

账　　号：

上述内容的变更需以书面形式进行。

第八条 违约责任

本合同任何一方违反本合同的任何条款（包括声明和保证条款）均构成本合同项下的违约行为，对于其违约行为给守约方造成损失，应负责赔偿，赔偿损失的范围包括但不限于本金、利息、罚息、可以预见的可得利益及实现债权的所有费用。

第九条 其他约定

第十条 争议解决

本合同项下的和本合同有关的一切争议、纠纷均由各方协商解决，协商不成的，应向____方所在地的有管辖权的人民法院提起诉讼。

第十一条 合同生效

本合同经各方授权代表签字并加盖公章后生效，有效期限自____年____月____日至____年____月____日。

第十二条 合同文本及附件

本合同涉及的附件是合同不可分割的组成部分。

本合同一式____份，每方各执一份，每份具有同等法律效力。

甲方（公章）：　　　　　　乙方（公章）：

法定代表人（授权代表）：　　法定代表人（授权代表）：

　年　月　日　　　　　　　　年　月　日

丙方（公章）：

法定代表人（授权代表）：

　年　月　日

［附件3－1］商品交易证实书

编号：_____

致：____分行

兹证明于____年____月____日，我中心交易会员_____（公司名称）与_____（省市县各级粮权单位名称）所进行的交易属实，该笔交易详细信息如下：

标的号	品种	等级	数量（吨）	单价（元/吨）	金额（元）
合计人民币（大写金额）：					

该交易会员以上述货物的提货凭证质押向贵行申请融资，根据编号为_____的中原粮食交易中心有限公司货押融资业务三方协议的相关规定，我中心在此确认已收到公司支付由贵行提供融资的款项，金额为（大写）_____。

我中心承诺如该交易会员在 10 个工作日内未将上述融资款项下提货凭证交付贵行以及未经贵行批准擅自提货造成贵行融资资金损失，我中心承担连带赔偿责任。

中原粮食交易中心有限公司

____年____月____日

[附件 3－2] 汇款收到确认函

编号：_____

_____支行（营业部）：

作为编号为_____的分行·中原粮食交易中心有限公司货押融资业务三方协议项下的甲方，我公司已收到由_____公司（乙方）经贵行汇划的金额为_____元（大写）的购货款。

特此确认。

_____公司

（预留印鉴）

有权签字人：

年　月　日

[附件 3－3] 提货申请书

编号：_____

_____银行：

根据编号为_____的中原粮食交易中心有限公司货押融资业务三方协议，我公司现申请提取编号为_____的出库通知书/各粮权单位出具的提货凭证/甲方出具的提货凭证，金额为_____元，大写_____。我公司已经向贵行偿还相应的透支款项，请贵行核查后向本公司办理解押手续。

申请人：_____公司

（预留印鉴）

有权签字人：

年　月　日

[附件 3－4] 退款通知书

_____：

根据银行与贵中心及_____公司（乙方）签订的编号为

_____的中原粮食交易中心有限公司货押融资业务三方协议约定，银行接受了买方的法人账户透支申请，于____年____月____日向贵中心汇划了金额为_____的购货款，到期日_____。

截止到今日，该笔透支项下已偿还金额：_____（大写），应退货款_____（大写）。请贵公司收到本通知书后，在法人账户透支融资款到期日前将上述应退货款划至以下银行账户。

银行名称：

户名：

账号：

备注：

_____银行

（预留印鉴）

有权签字人：

年　月　日

[附件3－5] 预留印鉴证明书

为了保障_____公司（甲方）、_____公司（乙方）和_____银行签订的编号为_____的中原粮食交易中心有限公司货押融资业务三方协议能安全、顺利执行，各方将指定专人负责联系工作，并在此预留印鉴和签字样本。本业务项下的汇款收到确认函、提货申请书、退款通知书上的印鉴和签字必须与下面预留样本相符方为有效。

预留印鉴和签字样本：

1. 甲方：	2. 乙方：	3. 银行（丙方）：
印鉴样本：	印鉴样本：	印鉴样本：
有权签字人签字样本：	有权签字人签字样本：	有权签字人签字样本：

本预留印鉴证明书一式_____份，_____方各执一份，具有同等效力，并据此核对有关业务附件和单据。如任何一方需更改预留印鉴和签字样本，应提前书面通知另外各方。

卖方（甲方）

（公章）：

法定代表人或授权代表：

　年　月　日

买方（乙方）

（公章）：

法定代表人或授权代表：

　年　月　日

银行（丙方）

（公章）：

法定代表人或授权代表：

　年　月　日

［附件 3 - 6］商品交易证实书

　　　　　　　　　　　　　　　　　编号：＿＿＿＿＿＿＿

致：＿＿＿＿＿＿＿＿＿＿分行

　　兹证明于＿＿年＿＿月＿＿日，我中心交易会员＿＿＿＿＿＿＿＿（公司名称）与＿＿＿＿＿＿（省市县各级粮权单位名称）所进行的交易属实，该笔交易详细信息如下：

标的号	品种	等级	数量（吨）	单价（元/吨）	金额（元）
合计人民币（大写金额）：					

　　该交易会员以上述货物的提货凭证质押向贵行申请融资，根据编号为＿＿＿＿＿＿的中原粮食交易中心有限公司货押融资业务三方协议的相关规定，我中心在此确认已收到＿＿＿＿＿＿＿＿＿公司支付由贵行提供融资的款项，金额为＿＿＿＿＿＿＿＿＿（大写）。

　　我中心承诺如该交易会员在 10 个工作日内未将上述融资款项下提货凭证交付贵行以及未经贵行批准擅自提货造成贵行融资资金损失，我中心承担连带赔偿责任。

中原粮食交易中心有限公司

年　　月　　日

［附件4］账户监管通知书

会计柜台：

户　名：

账　号：

开户行：

该账户仅用于办理法人账户透支业务，不得出售支票，透支款项必须划入指定账户：户名为＿＿＿＿＿＿＿＿＿，账号为＿＿＿＿＿＿＿＿＿，开户行为＿＿＿＿＿＿＿＿＿。

客户经理：

年　　月　　日

第三篇 文本篇

一、小（微）型企业信贷业务系列表格

（一）小型企业授信申报审批表（参考样本）

编号：
金额单位：万元

借款人名称		基本结算行		法定代表人	
注册资本		客户分类		年销售归行额	
抵（质）押物名称		抵（质）押物地址		抵（质）押人	
				抵（质）押物价值	
产权证明	1. 房产证；2. 土地使用权证；3. 储蓄存单				
评估部门	1. 房地产交易所；2. 土地管理局；3. 会计师事务所；4. 银企双方				
保证人名称		客户分类（信用等级）			
初核人意见	初核人1： 年 月 日				
	初核人2： 年 月 日				
审查人复核人意见	贷款行审查人（复核人）： 年 月 日				
	上级审查人（复核人）： 年 月 日				

审批人意见	审批人1: 年　月　日
	审批人2: 年　月　日
	审批人3: 年　月　日

(二) 小型企业借款申请书 (参考样本)

银行　　行 (部)

编号:

申请日期:　　年　月　日

金额单位: 万元

借款人名称			经营地址			
借款人经济性质		①国有; ②集体; ③有限责任公司; ④股份有限公司; ⑤合作经营; ⑥其他				
营业执照号码			联系电话			
资产总额			负债总额			
存货			注册资本			
应收账款			累计销售 (申请日截止前12个月)			
固定资产净值			利润 (申请日截止前12个月)			
申请金额 (大写)			计划还款日期			
借款用途及还款来源						
担保状况	抵押	抵押人	抵押物地址			
		抵押物名称	抵押物价值		抵押期限	
	质押	出质人	质物名称			
		质押期限	质物价值			
	保证	保证人	客户分类 (信用等级)			
		保证期限	保证能力			

续表

本借款人对上述资料的真实性负责。   借款人签名（盖章）

（三）小型企业贷款调查、审查，审批表（参考样本）

银行　　行（部）

编号：

申请日期：　年　月　日

金额单位：万元

借款人名称		客户分类		法定代表人	
基本结算行		注册资本		担保	限额：
贷款卡号		企业代码			限额：
实际销售额（申请日截止前12个月）		年纳税额（申请日截止前12个月）			
银行销售回笼归行额（申请日截止前12个月）		银行存贷款积数比		最高综合授信额	
申请日贷款余额		其中：本行		他行	
拟定贷款方式	抵押□　质押□　保证□　信用□				
调查人1：					
主体资格及资信情况： 					
生产经营及回笼情况分析： 					
抵（质）押物和保证人情况： 					
贷款用途： 					

是否发现关注事项或列入不良记录名单：	
其他情况说明：	
调查人1意见	1. 建议贷款金额（大写）： 2. 贷款到期日： 年 月 日 3. 贷款利率： 4. 贷款方式：①抵押；②质押；③保证；④信用 本人对上述调查真实性负责 调查人1： 年 月 日
调查人2：	
主体资格情况：	
生产经营及回笼情况分析：	
抵（质）押物和保证人情况：	
贷款用途：	
是否发现关注事项或列入不良记录名单：	
其他情况说明：	

续表

调查人2意见	1. 建议贷款金额（大写）： 2. 贷款到期日：　年　月　日 3. 贷款利率： 4. 贷款方式：①抵押；②质押；③保证；④信用 本人对上述调查真实性负责 调查人2： 年　月　日		
审查人复核人意见	资料是否齐全		拟定贷款金额	
	贷款到期日		贷款利率	
	贷款方式	抵押□　质押□　保证□　信用□		
	其他意见： 贷款行审查人（复核人）： 年　月　日			
	上级行审查人（复核人）： 年　月　日			
签批人意见	签批人1： 年　月　日			
	签批人2： 年　月　日			
	签批人3： 年　月　日			

（四）微型企业借款申请书（参考样本）

___银行___行（部）

编号：

申请日期： 年 月 日　　　　　　　　　　　　　　金额单位：万元

借款人名称			经营地址或住址		
借款人类型	①个体工商户；②企业法人				
营业执照号码或身份证号码			联系电话		
申请借款金额（大写）			计划还款日期		
借款用途及还款来源					
担保状况	抵押	抵押人		抵押物名称	
		联系电话		抵押物地址	
		身份证号码		抵押物价值	抵押期限
	质押	出质人		质押物名称	
		联系电话		质押物价值	
		身份证号码		质押期限	
	其他事项				
本借款人对上述资料的真实性负责					
				借款人签名（盖章）	

（五）微型企业调查、审查、审批表（参考样本）

___银行___行（部）

编号：

申请日期： 年 月 日　　　　　　　　　　　　　　金额单位：万元

借款人名称			
存款行和存款账号			
贷款卡号			
年实际销售额（申请日截止前12个月）		年纳税额（申请日截止前12个月）	
销售回笼归行额（申请日截止前12个月）		年收入（个人）	
至申请日贷款余额	其中：银行		他行
调查人1：			

经营状况：	
贷款用途：	
抵（质）押物情况：	
其他说明情况：	

调查人1意见	1. 建议贷款金额（大写）： 2. 贷款到期日：　年　月　日 3. 贷款利率： 4. 贷款方式：　　①抵押；②质押；③保证 本人对上述调查真实性负责 　　　　　　　　　　　　　　　　　　调查人1： 　　　　　　　　　　　　　　　　　　　年　月　日

调查人2：	
经营状况：	
贷款用途：	
抵（质）押物情况：	
其他情况说明：	

续表

调查人2意见	1. 建议贷款金额（大写）： 2. 贷款到期日：　年　月　日 3. 贷款利率： 4. 贷款方式：　①抵押；②质押；③保证 本人对上述调查真实性负责 <div align="right">调查人2： 年　月　日</div>
审查人复核人意见	<table><tr><td>资料是否齐全</td><td></td><td>拟定贷款金额</td><td></td></tr><tr><td>贷款到期日</td><td></td><td>贷款利率</td><td></td></tr><tr><td>贷款方式</td><td colspan="3">抵押□　质押□　保证□</td></tr></table>其他意见： <div align="right">贷款行审查人（复核人）： 年　月　日</div> <div align="right">上级行审查人（复核人）： 年　月　日</div>
签批人意见	<div align="right">签批人1： 年　月　日</div> <div align="right">签批人2： 年　月　日</div> <div align="right">上一级签批人： 年　月　日</div>

二、贷后管理手册（小型企业）

[机密] _____分行

客户名称：_____

贷款行：_____

客户分类：_____检查间隔期：_____

年　　度：_____编　　号：_____

上年度企业经营状况及银行贷后管理应关注的主要事项

（可将上期填写内容复印粘贴）

（一）借款人基本情况

金额单位：万元

一、借款人概况					
客户名称			管户信贷员（客户经理）		
组织机构代码		营业执照号码	号码：□已年检 □未年检		
注册资本	金额：□已变更 □未变更	注册地址	地址：□已变更 □未变更		
税务登记证	国税号码：□已年检 □未年检 地税号码：□已年检 □未年检	贷款证（卡）	号码：□已年检 □未年检		
上年度客户分类	本年度客户分类	银行开户情况	□基本户 □一般户	贷款账号： 存款账号：	
法定代表人		联系方式			
财务负责人		联系方式			
企业信用状况	□有不良记录 □无不良记录	特种经营许可证	号码：□已年检 □未年检		
企业经营范围					
上年度销售收入归行额		上年度纳税额			

二、年度授信情况					
最高综合授信额度	上年末所有融资余额	上年末本行融资余额	上年末银行融资余额	低风险融资余额	备注

三、需要说明的问题

（二）企业融资情况

（表一） 金额单位：万元

贷款方式＼项目	年初余额	检查期（1）	检查期（2）	检查期（3）	检查期（4）	备注
一、企业融资总额						
其中：						
抵押方式						
质押方式						
保证方式						
信用方式						
贴现						
其他方式						
二、本行融资总额						
其中：						
抵押方式						
质押方式						
保证方式						
信用方式						
贴现						
其他方式						

银行贷款用途检查						
借据号	发放日	到期日	贷款金额	合同约定贷款用途	与约定用途是否一致	备注

（表二）　　　　　　　　　　　　　　　　　　　　　　　　　　金额单位：万元

项目／融资类型	检查期（1）		检查期（2）		检查期（3）		检查期（4）	
	金额	保证金	金额	保证金	金额	保证金	金额	保证金
一、银行承兑汇票								
1								
2								
3								
4								
5								
6								
7								
8								
9								
10								
11								
12								
13								
二、信用证								
1								
2								
3								
三、保函								
1								
2								
3								

发生垫付情况检查

业务编号	融资类型	金额	应收保证金	实收保证金	垫付金额	垫付时间及形成垫付的主要原因	垫付资金收回时间

需要说明的问题：

注：1. 编号：银行承兑汇票号码、信用证号码、保函号码。

　　2. 融资类型：银行承兑汇票、信用证、保函。

　　3. 形成垫付的原因应重点从银行内部管理上找。

　　4. 贷款发放收回情况表中如所留空格不够填列请另行附页。

（三）销售归行及附加条件落实情况

一、每月销售归行情况				
月份（从信贷业务发生次月起）	检查期（1）	检查期（2）	检查期（3）	检查期（4）
二、销售归行情况分析				
检查期（1）				
检查期（2）				
检查期（3）				
检查期（4）				
三、附加条件落实情况				
附加条件				
落实情况				

（四）贷款催收及诉讼情况记录

一、贷款催收记录				
催收日期	催收内容	催收对象		催收结果
		借款人	保证人	
二、贷款诉讼记录				
诉讼日期	诉讼内容	诉讼对象		诉讼结果
		借款人	保证人	
贷款是否超过诉讼时效等其他情况补充说明：				

（五）贷款担保情况

担保人（一）概况				
保证人名称				
组织机构代码		营业执照	号码： □已年检□未年检	
注册资本	金额： □已变更□未变更	注册地址	地址： □已变更□未变更	
税务登记证	国税号码：□已年检□未年检 地税号码：□已年检□未年检	贷款证（卡）	号码 □已年检□未年检	
信用等级或 客户分类	银行： 他行：	银行开户 情况	□基本户□一般户 存款账号：	
核保情况	□有保证 能力	保证人 信用状况	□有不良记录	
	□无保证 能力		□无不良记录	

担保人（二）概况				
保证人名称				
组织机构代码		营业执照	号码： □已年检□未年检	
注册资本	金额： □已变更□未变更	注册地址	地址： □已变更□未变更	
税务登记证	国税号码：□已年检□未年检 地税号码：□已年检□未年检	贷款证 （卡）	号码 □已年检□未年检	
信用等级或 客户分类	银行： 他行：	银行开户 情况	□基本户□一般户 存款账号：	
核保情况	□有保证 能力	保证人 信用状况	□有不良记录	
	□无保证 能力		□无不良记录	

续表

抵（质）押物情况					
抵（质）押物名称	抵（质）押物价值	抵（质）押率	存放地点	是否办理有效登记	是否办理保险

（六）贷款风险预警及分析

预警信息	检查期（1）	检查期（2）	检查期（3）	检查期（4）
正常类小型企业的预警信息				
财务报表基本真实	□是□否	□是□否	□是□否	□是□否
资产负债率连续两个月上升，较年初上升10%	□是□否	□是□否	□是□否	□是□否
流动比率连续两个月下降，较年初下降10%	□是□否	□是□否	□是□否	□是□否
主营业务收入连续三个月下降	□是□否	□是□否	□是□否	□是□否
利润总额连续三个月下降	□是□否	□是□否	□是□否	□是□否
抵押行为存在潜在风险，抵押物不足、受损或被擅自处理	□是□否	□是□否	□是□否	□是□否
通过向税务部门了解，企业纳税额大幅度下降	□是□否	□是□否	□是□否	□是□否
通过向供电、供水部门了解，企业用电、用水量大幅度下降	□是□否	□是□否	□是□否	□是□否
法人代表更换	□是□否	□是□否	□是□否	□是□否
其他影响偿债能力的因素	□是□否	□是□否	□是□否	□是□否
退出类小型企业的预警信息				
存在虚增实收资本、抽资逃资现象	□是□否	□是□否	□是□否	□是□否

续表

预警信息	检查期（1）	检查期（2）	检查期（3）	检查期（4）
存在违法经营或经济、法律纠纷	□是□否	□是□否	□是□否	□是□否
受到执法部门处罚	□是□否	□是□否	□是□否	□是□否
发生重组、合并、分立、停产、歇业等重大变化情况	□是□否	□是□否	□是□否	□是□否
发生新的不良贷款或欠息行为	□是□否	□是□否	□是□否	□是□否
保证人失去保证资格	□是□否	□是□否	□是□否	□是□否
保证人没有能力代偿贷款本息或拒绝代偿贷款本息	□是□否	□是□否	□是□否	□是□否
抵押物被转移、变卖、毁损	□是□否	□是□否	□是□否	□是□否
抵押物现价与评估价之间存在较大差异	□是□否	□是□否	□是□否	□是□否
其他影响偿债能力的因素	□是□否	□是□否	□是□否	□是□否
法定代表人（经营者个人）的预警信息				
有赌博、涉毒、嫖娼等违反社会公德行为	□是□否	□是□否	□是□否	□是□否
持有外国护照或拥有外国永久居住权，或在国外开设分支机构	□是□否	□是□否	□是□否	□是□否
有家庭不和睦，不尊老爱幼等违背家庭伦理道德的行为	□是□否	□是□否	□是□否	□是□否
被公众媒体披露的其他不端行为	□是□否	□是□否	□是□否	□是□否
社会公众对企业法定代表人或经营者个人品质、行为反映不良	□是□否	□是□否	□是□否	□是□否
通过向税务部门了解，企业法定代表人或经营者个人纳税额大幅度下降	□是□否	□是□否	□是□否	□是□否
发生其他危及贷款安全事项的情况	□是□否	□是□否	□是□否	□是□否
借款人出现下列情况之一时应将其列入不良记录客户名单并提前收贷和终止信贷关系				
未经银行同意擅自处理抵（质）押物	□是□否	□是□否	□是□否	□是□否
通过各种形式逃废银行债务	□是□否	□是□否	□是□否	□是□否
存在欺诈行为	□是□否	□是□否	□是□否	□是□否
挪用贷款，用于赌博、涉毒、炒股或炒期货等行为	□是□否	□是□否	□是□否	□是□否

预警信息	检查期（1）	检查期（2）	检查期（3）	检查期（4）

续表

借款人评价及贷款风险分析	
检查期（1）	
检查期（2）	
检查期（3）	
检查期（4）	

（七）检查结论
检查期（1）

检查人建议采取的措施：

□继续支持该企业	□停止发放新贷款
□退出该企业	□提前收回已发放客户未使用的贷款
□按常规实施贷后检查	□追索保证单位连带责任
□帮助借款人改善财务管理和经营管理	□依法处置贷款抵（质）押物、质押权利
□要求借款人提出更详细的还款计划	□与客户协商以物抵贷
□列为重点关注对象，加大贷后检查频率	□依法提起诉讼
□从严核定最高综合授信额度，控制对该客户的融资总量	□提请法院宣告其破产还债
□更换担保单位、补足抵（质）押物	

□其他措施或建议：

检查人签名：

日期：

续表

信贷部门负责人意见：	
	签名： 日期：
主管行长意见：	
	签名： 日期：
行长意见：	
	签名： 日期：

检查期（2）

检查人建议采取的措施：	
□继续支持该企业	□停止发放新贷款
□退出该企业	□提前收回客户未使用的贷款
□按常规实施贷后检查	□追索保证单位连带责任
□帮助借款人改善财务管理和经营管理	□依法处置贷款抵（质）押物、质押权利
□要求借款人提出更详细的还款计划	□与客户协商以物抵贷
□列为重点关注对象，加大贷后检查频率	□依法提起诉讼
□从严核定最高综合授信额度，控制对该客户的融资总量	□提请法院宣告其破产还债
□更换担保单位、补足抵（质）押物	
□其他措施或建议：	
	检查人签名： 日期：
信贷部门负责人意见：	
	签名： 日期：

续表

主管行长意见：
签名： 日期：
行长意见：
签名： 日期：

检查期（3）

检查人建议采取的措施：	
□继续支持该企业	□停止发放新贷款
□退出该企业	□提前收回客户未使用的贷款
□按常规实施贷后检查	□追索保证单位连带责任
□帮助借款人改善财务管理和经营管理	□依法处置贷款抵（质）押物、质押权利
□要求借款人提出更详细的还款计划	□与客户协商以物抵贷
□列为重点关注对象，加大贷后检查频率	□依法提起诉讼
□从严核定最高综合授信额度，控制对该客户的融资总量	□提请法院宣告其破产还债
□更换担保单位、补足抵（质）押物	
□其他措施或建议：	
检查人签名： 日期：	
信贷部门负责人意见：	
签名： 日期：	
主管行长意见：	
签名： 日期：	
行长意见：	
签名： 日期：	

检查期（4）

检查人建议采取的措施：	
□继续支持该企业	□停止发放新贷款
□退出该企业	□提前收回客户未使用的贷款
□按常规实施贷后检查	□追索保证单位连带责任
□帮助借款人改善财务管理和经营管理	□依法处置贷款抵（质）押物、质押权利
□要求借款人提出更详细的还款计划	□与客户协商以物抵贷
□列为重点关注对象，加大贷后检查频率	□依法提起诉讼
□从严核定最高综合授信额度，控制对该客户的融资总量	□提请法院宣告其破产还债
□更换担保单位、补足抵（质）押物	

□其他措施或建议：

检查人签名：

日期：

信贷部门负责人意见：

签名：

日期：

主管行长意见：

签名：

日期：

行长意见：

签名：

日期：

检查期（5）

借款人评价及贷款风险分析，企业重大事项处理结果：	
	检查人签名：
	日期：
信贷部门负责人意见：	
	签名：
	日期：
主管行长意见：	
	签名：
	日期：
行长意见：	
	签名：
	日期：
年度企业经营状况及银行贷款综合评价	
移交人：	
接收人：	
移交日期：	

贷后日常管理工作情况表（可添加活页）			
与客户有关人员洽谈情况	洽谈对象		职务	
	洽谈主要内容（包括企业的生产经营情况，财务资金情况，原材料采购及产品销售情况，竞争对手、政策等外部环境的变化，生产经营存在的问题，下一步的生产经营计划等）：			

存在问题及业务机会：

措施及建议：

签名：

年　月　日

信贷部门负责人意见：

签名：

年　月　日

三、贷后管理（微型企业）

银行　　　　分行

客户名称：_____

贷款行：_____

检查间隔期：_____

年度：_____编号：_____

（一）借款人基本情况

金额单位：万元

客户名称		管户信贷员 （客户经理）	
组织机构代码		营业执照号码	号码：□已年检□未年检
注册资本	金额：□已变更□未变更	注册地址	地址：□已变更□未变更
税务登记证	国税号码：□已年检□未年检 地税号码：□已年检□未年检	贷款证（卡）	号码：□已年检□未年检
银行开户情况	□基本户□一般户	贷款账号： 存款账号：	
法定代表人		联系方式	
财务负责人		联系方式	
企业信用状况	□有不良记录 □无不良记录	特种经营 许可证	号码：□已年检□未年检
企业经营范围			
上年度销售 收入归行率		上年度纳税额	

（二）企业融资情况

借据号	发放日	到期日	贷款金额	合同约定 贷款用途	与约定用途 是否一致	备注

抵（质）押物情况					
抵（质）押物名称	抵（质）押物价值	抵（质）押率	存放地点	是否办理有效登记	是否办理保险

（三）销售归行及附加条件落实情况

一、每月销售归行情况				
月份（从信贷业务发生次月起）	检查期（1）	检查期（2）	检查期（3）	检查期（4）
二、销售归行情况分析				
检查期（1）				
检查期（2）				
检查期（3）				
检查期（4）				
三、附加条件落实情况				
附加条件				
落实情况				

（四）贷款风险预警及分析

预警信息	检查期（1）	检查期（2）	检查期（3）	检查期（4）
正常类微型企业的预警信息				
主营业务收入连续三个月下降	□是□否	□是□否	□是□否	□是□否
利润总额连续三个月下降	□是□否	□是□否	□是□否	□是□否
抵押行为存在潜在风险，抵押物不足、受损或被擅自处理	□是□否	□是□否	□是□否	□是□否
通过向税务部门了解，企业纳税额大幅度下降	□是□否	□是□否	□是□否	□是□否

续表

预警信息	检查期（1）	检查期（2）	检查期（3）	检查期（4）
通过向供电、供水部门了解，企业用电、用水量大幅度下降	□是□否	□是□否	□是□否	□是□否
法定代表人更换	□是□否	□是□否	□是□否	□是□否
存在违法经营或经济、法律纠纷	□是□否	□是□否	□是□否	□是□否
受到执法部门处罚	□是□否	□是□否	□是□否	□是□否
其他影响偿债能力的因素	□是□否	□是□否	□是□否	□是□否
退出类微型企业的预警信息				
发生重组、合并、分立、停产、歇业等重大变化情况	□是□否	□是□否	□是□否	□是□否
发生新的不良贷款或欠息行为	□是□否	□是□否	□是□否	□是□否
保证人失去保证资格	□是□否	□是□否	□是□否	□是□否
保证人没有能力代偿贷款本息或拒绝代偿贷款本息	□是□否	□是□否	□是□否	□是□否
抵押物被转移、变卖、毁损	□是□否	□是□否	□是□否	□是□否
抵押物现价与评估价之间存在较大差异	□是□否	□是□否	□是□否	□是□否
其他影响银行债权安全的预警信息	□是□否	□是□否	□是□否	□是□否
法定代表人（经营者个人）的预警信息				
有赌博、涉毒、嫖娼等违反社会公德行为	□是□否	□是□否	□是□否	□是□否
持有外国护照或拥有外国永久居住权，或在国外开设分支机构	□是□否	□是□否	□是□否	□是□否
有家庭不和睦，不尊老爱幼等违背家庭伦理道德的行为	□是□否	□是□否	□是□否	□是□否
被公众媒体披露的其他不端行为	□是□否	□是□否	□是□否	□是□否
社会公众对企业法定代表人或经营者个人品质、行为反映不良	□是□否	□是□否	□是□否	□是□否
通过向税务部门了解，企业法定代表人或经营者个人纳税额大幅度下降	□是□否	□是□否	□是□否	□是□否
发生其他危及贷款安全事项的情况	□是□否	□是□否	□是□否	□是□否
借款人出现下列情况之一时应将其列入不良记录客户名单并提前收贷和终止信贷关系				
未经银行同意擅自处理抵（质）押物	□是□否	□是□否	□是□否	□是□否

预警信息	检查期（1）	检查期（2）	检查期（3）	检查期（4）
通过各种形式逃废银行债务	□是□否	□是□否	□是□否	□是□否
存在欺诈行为	□是□否	□是□否	□是□否	□是□否
挪用贷款，用于赌博、涉毒、炒股或炒期货等行为	□是□否	□是□否	□是□否	□是□否

（五）检查结论

检查期（1）

借款人评价及贷款风险分析，企业重大事项处理结果：   检查人签名： 日期：
信贷部门负责人意见：   签名： 日期：
主管行长意见：   签名： 日期：
行长意见：   签名： 日期：

检查期（2）

借款人评价及贷款风险分析，企业重大事项处理结果：	
	检查人签名：
	日期：
信贷部门负责人意见：	
	签名：
	日期：
主管行长意见：	
	签名：
	日期：
行长意见：	
	签名：
	日期：

检查期（3）

借款人评价及贷款风险分析，企业重大事项处理结果：	
	检查人签名：
	日期：
信贷部门负责人意见：	
	签名：
	日期：
主管行长意见：	
	签名：
	日期：
行长意见：	
	签名：
	日期：

检查期（4）

借款人评价及贷款风险分析，企业重大事项处理结果：	
	检查人签名： 日期：
信贷部门负责人意见：	
	签名： 日期：
主管行长意见：	
	签名： 日期：
行长意见：	
	签名： 日期：

第四篇　案例篇

一、手机经销行业保理业务解决授信案例

（一）业务背景

为手机经销商专门设计开发国内有追索权保理业务融资模式及操作流程。目前，国内三大电信运营商的手机采购大部分都是通过本地手机代理商（及省一级代理商）办理，主要有以下两种模式。

1. 营业厅合作：运营商利用本地手机批发商在各地的铺面、柜面资源，通过挂牌（如电信××营业厅、移动××营业厅等），使用批发商的人员、场所进行业务办理，包括卡号、手机销售、话费缴存以及存话费送手机等增值业务，运营商进行管理，并在一定时间内统一结算。

2. 大客户拓展合作：运营商与本地手机批发商共同营销本地大型企业事业单位，批发商提供终端以及售后服务，最终结算资金由运营商统一向手机批发商结算。

通过以上业务模式，运营商充分利用手机大型批发商在本地的各种资源进行业务拓展，节约自身人力成本、房租成本，并可延伸至二级城市较偏远地区；手机批发商依靠运营商也可增大其批发业务。由于运营商对批发商合作是排他性的，即一家批发商只允许与一个运营商合作，所以双方的合作是比较稳定的。由于运营商的付款有一定滞后性，一般在 3 个月或 6 个月之内，导致了批发商有大量的应收账款，银行便通过保理业务切入，给予手机批发商一定比例短期融资，并锁定运营商的回款账户，该方式也得到了运营商的认可。

（二）经销商准入条件

银行明确了手机经销商目标客户的准入条件。

1. 公司成立时间达 3 年以上；

2. 净资产 1000 万元以上；

3. 销售收入 1 亿元以上；

4. 与电信运营商已建立了长期稳定的供货关系，双方合作时间至少在2年以上；

5. 属于电信运营商手机采购中标的企业，且年度排名在前五名的企业。双方已签订战略合作框架协议或年度供货合同，有明确的年度供货安排；

6. 合同结算方式为赊销付款，有明确的付款到期日，付款期限不超过180天，合同中不含有禁止转让条款；

7. 买方付款稳定连续，无不良记录。

符合银行准入条件的手机经销商基本情况见表4-1。

表4-1　　　　　符合银行准入条件的手机经销商基本情况

单位：万元

企业名称	A	B	C	D
成立时间	1993 年	2003 年	2004 年	1999 年
注册资金	1000	110	600	2200
净资产	7651	3216	1167	10057
总资产	9612	8677	3558	24286
总收入	19000	50560	10000	53388
净利润	600	600	105	2904
合作运营商	中国移动	中国电信	中国电信	中国移动
与运营商结算占比（%）	60	70	90	40
应收账款总额	3856	3176	1260	1460
银行授信（或申请授信敞口）	1500	2000	1000	1000

（三）前期实地调查

银行客户经理进行实地调查，重点是确认贸易真实性，了解买卖双方的交易流程，在了解客户的销售运作模式过程中要包括以下几方面。

1. 买卖双方结算方式及结算周期，确定应收账款付款期限；

2. 卖方发货周期，以确定应收账款形成周期以及应收账款转让时限，定期转让或根据买方付款周期转让；

3. 买方的付款周期及付款方式，以确定应收账款资金回笼情况；

4. 上年度应收账款余额情况，确认卖方可做到针对所有买方或特定买方的应收账款的整体转让。

（四）保理业务方案设计

银行针对手机销售行业特点及买卖双方交易流程，设计具体保理方案及风险控制措施如下。

1. 与卖方签订国内有追索权保理协议、委托收款及账户质押协议。

2. 为卖方开立保理监管账户，要求提交给银行的销售合同必须将合同收款账号变更为银行监管账号，要求所有回款须全部电汇入此账户。

3. 鉴于运营商的强势地位，不可能盖章确认应收账款转让事宜，要求经销商融资前邮寄应收账款债权转让通知书以及商业发票，并提供邮寄回执。

4. 根据实际付款周期设立不超过 180 天的保理期限。

5. 确定融资比例不超过发票金额的 80%。

6. 卖方申请保理融资时，除保理制度要求的单据外，还应提供买方确认的入库单或收货证明等。

（五）保理业务融资审查

1. 审查卖方提交单据是否齐全，是否表里一致。

2. 通过实地走访或电话联系等方式了解应收账款转让事宜是否已经落实，买方是否已将付款账号改为银行保理监管账户。

3. 商业发票载明的应收账款到期日是否与基础交易合同的有关规定一致，是否为合格的应收账款。

4. 授信额度是否启用，印鉴是否核符。

5. 审查保理业务操作方案规定的其他条件是否已经落实。

（六）保理融资后管理

1. 定期跟踪买方付款情况，如发现有间接付款、融资逾期等异常情况，立即暂停融资并及时通知客户管理部门进行调查。

2. 定期查看监管账户余额，及时通知客户管理部门将监管账户内资金划至分行保理专户。

3. 对各经营单位保理业务操作方案落实情况进行抽检，发现问题及时处理。

银行先后给予几家经销商共 5000 万元敞口的保理融资额度，保理出单共 1.48 亿元，手续费收入 27.42 万元，加上利息收入和在银行开出的全额银行承兑汇票，银行综合回报比较理想。而且对于该类客户，银行基本处于唯一授信银行或主要授信银行地位，有一定议价能力，且该类客户的现金流充足，结算资金、POS 机具、信用卡、代发工资等均可以通过银行进行合作。同时，通过和客户经理、风险经理的平行作业以及有效的贷后监控也可控制风险。

各地都有大量的手机代理商，三大电信公司都是与手机代理商合作，银行可以积极与本地的手机代理商合作，为手机代理商提供保理融资，借助三大电信公司的强大付款能力，控制对手机代理商的授信风险。

二、代理 + 物流行业保理案例

代理 + 物流配送的企业，运营模式为代理进口 + 运输物流，企业盈利模式为收取代理费以及在进口结算中赚取汇差。由于该类企业代理进口付款期限和国内销售回款期限无法匹配而产生资金缺口，企业需垫付自有资金，在采购旺季应收账款和应付账款同时加大，导致企业资金占用增加，难以扩大代理业务。由于该类企业特点是轻资产、薄利润，获取银行授信比较困难，银行通过对其真实贸易背景以及代理项下委托方资质的把握，引入针对企业应收账款提供的保理融资解决方案切入客户。

（一）卖方企业介绍

KL 公司注册资本为 1.5 亿元，是一家纯贸易企业，主要从事电脑配件的代理进口、国内贸易业务以及相关商品的报关配送等综合服务。公司业务发展迅猛，近 3 年销售收入分别为 4.11 亿元、8.54 亿元、12.5 亿元，3 年平均增速达到 60% 以上。代理的产品除中央处理器（CPU）又增加了主板和硬盘，其中代理进口 CPU 的销售收入在总销售收入及主营业务利润中占比均超过 60%。公司销售客户主要围绕联想集团各下属公司。

（二）企业基础交易模式

KL 公司的主营业务流程为：受下游买方委托采购→根据下游指定向上游下订单进行国内、国外采购→国内采购项下收货后直接销售给下游买方并将货物送至买方指定地点；国外采购项下公司办理进口报关后将货物运输至买方指定地点→向买方交货后开具增值税发票形成应收账款→买方验货收货后 30 ~ 90 天内付款。

通常公司采购的付款方式为 1~2 个月赊销，而下游买方付款方式为 3~6 个月赊销。在每年 5~7 月采购旺季时，公司的资金压力加大，需要引入融资来发展业务。

（三）合作契机

在调查过程中，银行发现 KL 公司国内外采购金额比例分配大致为 4:6。在国内采购方面，KL 公司用持有的某上市公司的股权质押为条件获得了 1.5 亿元银行承兑汇票额度，基本覆盖了国内采购融资需求，但该额度已没有再扩大的空间，因此在进口采购旺季时，应付账款大幅度增加与应收账款之间的差额形成较大的资金缺口，成为 KL 公司扩大贸易额的瓶颈。基于 KL 公司重贸易、轻资产的特性，银行匹配其基础交易背景以及良好买方资质提供贸易融资成为解决企业资金压力较理想的客户介入方式。

（四）交易特点分析及解决方法

1. KL 公司与主要买方（联想集团）签订的是进口代理协议，该协议是一般意义上的进出口代理的标准模式，因此含有禁止货物留置的条款。

解决方法：买卖双方协商更改进口代理协议的相关条款，使协议与实际交易相吻合，卖方在自己垫资进口的情况下享有货权和货物处置权。

2. 该协议约定由买方先支付含足额货款和乙方代理费的资金，乙方收到资金后应于 2 个工作日内办理对外支付手续。

解决方法：由于实际交易和协议条款有出入，企业买卖合同独立，货权自有，存在实际垫资行为，需更改协议条款使协议符合实际交易；因此取消了该条款，另拟定了 90 天赊销的付款方式。

3. 协议含有禁止转让条款。

解决方法：方案设计时，要求买方对应收账款债权转让进行书面确认，以保障银行受让应收账款权利的合法性。

4. 受国内买方委托，按指定向进口商采购指定货物。

解决方法：国内销售合同与国外采购订单钩稽对应。保理融资时提供已进口货物的贸易背景证明文件，如采购订单、进口报关单、商业发票等。要求对外付汇指定在银行办理。

5. KL 公司主营业务性质（进出口代理）不属于银行授信支持类行业。

解决方法：虽然贸易融资业务不受行业投向限制和组合限额管理，但在企业资质一般且无法提供足值抵押担保的情况下，完善贸易融资产品方案显得尤其重要。鉴于基础交易具备叙做标准保理的有利条件，比如公司买方资质良好且双方合作时间长、历史履约无不良记录，买方积极配合等，方案设计时采用了标准方案的风险控制措施，一定程度上降低了授信风险。

拟订的具体方案如下：

业务类型：国内有追索权保理。

协议文本：银行标准"有追索权国内保理业务协议"。

卖方预申请额度：3000 万元，可循环使用。

授信期限：卖方额度授信到期日。

销售商品：CPU、主板和硬盘。

买方：联想集团。

融资比例：80%。

付款期限：90 天 + 15 天宽限期。

费率：银行标准保理费率。

应收账款通知时间：融资前通知。

应收账款通知方式：买方确认应收账款债权转让通知书回执。

买方付款方式：电汇至申请人在银行开立的保理监管专户。

KL 公司通过国内应收账款融资所得资金用于代理进口采购的付汇，解决了客户采购旺季的资金压力，有利于企业加速资金周转、扩大贸易额。

（五）银行综合收益情况

KL 公司叙做保理后，在银行积极引导下，又办理了资财类业务，单笔业务为银行带来存款沉淀 3000 万元，贸易融资发生额 6000 万元，实现中间业务收入共计 4.5 万元。各项业务的联动发展，加深了银行和客户的合作关系，综合收益明显。

在青岛、深圳、广州、南京、大连、天津、上海、宁波、福州等港口城市有大量的中小物流公司，这些物流公司承担物流配送，代理报关，代收货款等服务。典型的客户例如深圳怡亚通有限公司、深圳飞马物流有限公司等，这类客户上下游企业都属于特大型企业，非常适合银行营销保理业务。

三、美的集团有限公司保兑仓授信案例

（一）企业基本情况

美的集团有限公司注册资本10亿元，实现销售额640亿元，是我国家电行业的龙头企业，主营业务范围包括家用空调、商用空调、大型中央空调、冰箱、洗衣机、电饭煲、饮水机、微波炉、洗碗机、电磁炉、风扇、电暖器、热水器、灶具、吸油烟机、消毒柜、电火锅、电烤箱、吸尘器等家电产品和压缩机、电机、磁控管、变压器等家电配件产品，拥有中国最大、最完整的小家电产品群和厨房家电产品群。

美的电器成立了多家区域销售公司，统一进行规范的销售和服务，目前在全国几十个省、市先后成立了58家销售公司。区域销售公司（一级经销商）经营策略方面主要是朝着美的品牌、特许经营、空调销售和维修一条龙服务的方向发展，同时密切关注二级经销商市场的发展，逐步扩大和拉长价值链。

（二）合作模式

银行积极向客户推荐银行的保兑仓业务，帮助美的集团促进其产品销售，经过与美的集团友好协商，客户同意与银行建立保兑仓合作关系。

某银行积极营销，成功拓展贵州美的制冷产品销售有限公司、江门市美的制冷产品销售有限公司、成都美的空调销售有限公司、四川川东美的制冷产品销售有限公司、云南美的制冷产品销售有限公司、吉林省美的制冷产品销售有限公司等多家经销商。

在空调行业中，美的、格力、志高、奥克斯等企业采用的分销模式为"大户激励机制"。这种模式与春兰模式的主要区别在于它不限制经销商做大规模，在每个区域都着力培养数个销售大户。为此这些企业采取了一套有效的激励机制，如在销售淡季有高达7%～8%的返利，全年有2%～3%的返利，销售额越高，返利回款比例也就越高。同时，厂商对经销商的支持力度较大，非常适合银行开展保兑仓业务。

四、成都家英工贸有限公司四方保兑仓授信案例

（一）企业基本情况

成都家英工贸有限公司是一家经营湘潭钢铁集团有限公司生产的碳结圆、冷镦钢和碳线等线棒材产品的商贸企业，拥有湘钢产品在四川地区的独家经营权。公司注册资金为400万元。2008年全年实现销售额为3.7亿元，实现利润952万元。

该公司已形成一定规模，月平均销售产品9000余吨，其库存量价值平均在2000万元左右，所需采购资金4000万元。随着国内、国际经济形势好转，重庆作为全国摩托车生产的龙头城市，工业用钢材量以每年2倍的速度递增，该公司加大对周边地区的辐射，为满足周边市场用钢需求，所需资金进一步增加。

（二）合作模式

经过银行积极营销，该客户同意使用银行保兑仓业务。银行提供银行承兑汇票2000万元，期限1年，担保方式为：湖南华菱湘潭钢铁集团股份有限公司提供钢材回购担保，重庆金材物流有限公司承担货物监管责任。

风险管理措施：银行、经销商、库房、钢厂签订四方协议，经销商申请签票，收款单位为湖南华菱湘潭钢铁集团股份有限公司，由银行客户经理将银行承兑汇票寄往钢厂，钢厂收到银行承兑汇票向银行出具收到票款的收据，在45天内发货到银行指定的库房——重庆金材物流有限公司99区，企业存保证金后提货。

优势：

1. 成都家英工贸有限公司的卖方——湖南华菱湘潭钢铁有限公司，是一个大型国有企业，是受国家政策保护的产能达300万吨以上的钢厂，具有雄厚的实力和很好的经营业绩，被国务院确认为国家重点抓好的300家大型企业之一，银行信用评级为A级企业，是各家银行追捧的对象，完全符合银行办理保兑仓的业务规定。

2. 与银行合作的仓库——重庆金材物流有限公司是一家国有库房，该库房位于沙坪坝区梨树湾，是优钢交易的集散地。

该公司与银行合作的信誉好，银行的信贷资金回报较高，企业年平均

存款 2000 万元，回报率 204% 。

五、云铝南华铝板带有限公司保兑仓授信案例

（一）云铝南华铝板带有限公司简介

云铝南华铝板带有限公司是一家从事高精铝板带加工的现代化企业，注册资本 13.6 亿元。公司是国内铝深加工的龙头企业之一，以 PS 板基带材、铝塑带材、铝箔坯料、幕墙板四大产品为主导的产品系列。特别是铝箔坯料、PS 板基带材和出口的建筑合金板带材等技术含量高、附加值较高的高精度铝板带材，在国内外已具有一定的品牌效应。公司冷轧铝板带材产量目前已在全国同业中位居第二位。总资产 370275 万元，净资产 135704 万元，实现销售收入 168986 万元，净利润 296 万元。

（二）云铝南华保兑仓可行性分析

目前该客户在全国的主要下游客户有近百家，主要为生产型企业，主要分布在江浙、广东等各大省份，目前下游企业已积极与云铝南华签订购货合同，银行保兑仓产品将大大推进下游企业的销售，故该公司目前也积极与银行配合推行金融产品。

（三）"有色金属金色链"入网经销商选择标准

云铝南华下游经销商选择遵循以下原则，经厂家推荐的经销商可适当放宽准入标准。

1. 原则上该经销商从事向银行融资的商品经销业务 2 年（含）以上，且实际控制人从事该商品经营 5 年（含）以上；

2. 该经销商的注册资金须在 500 万元（含）以上；

3. 经销商资产负债率原则上不得超过 70%，铝材经销商提供的年度财务报表原则上要求经过会计师事务所审计；

4. 为云铝南华推荐的主要合作下游客户；

5. 内部管理规范，有专业团队配合银行开展业务；

6. 公司有正式的经营场所，能够提供有效期内的经营场所租赁合同，同时提供年度购销合同、月度购销单据等材料；

7. 无逃税、漏税记录，银行信用记录正常。

（四）业务操作流程

保兑仓双额度业务模式的金色链网络以银行承兑汇票结算方式或定向支付流贷操作。

1. 银行承兑汇票结算模式下业务操作流程。

（1）在银行批准的授信额度内办理经销商银行承兑汇票。

（2）签发银行承兑汇票。

①经销商在银行存入不低于申请银行承兑汇票金额30%的保证金，向银行申请办理银行承兑汇票。

②银行客户经理应将各经销商开立的银行承兑汇票交给铝厂。银行承兑汇票可以通过专人送达或特快专递的方式传递，铝厂在收到银行承兑汇票后向经销商所属的银行出具银行承兑汇票收到确认函。

③本网络下可以办理银行承兑汇票、买方付息银行承兑汇票贴现、代理贴现业务，电子商业汇票承兑、电子商业汇票贴现业务、票据宝、货押融资等相关业务办理按银行具体产品办法及附件操作。

（3）发货。

本网络开展三方保兑仓业务，银行收妥买方缴存的保证金和提货申请书后，由银行贸易金融部审核，并出具发货通知书，加盖公章后交给经销商所属的银行，发货通知书通过专人送达或特快专递的方式传递，铝厂在收到发货通知书的当日向经销商所属的银行出具发货通知书收到确认函。铝厂按协议约定向经销商发送相应货物；经销商收妥货物后向银行出具货物收妥告知函。如此循环操作，直至保证金账户余额达到银行承兑汇票授信金额，铝厂按约定发送完毕全部货物。

（4）增补保证金。

经销商依照三方协议约定的方式和时限向银行补足开票敞口部分的保证金。银行承兑汇票到期前，如果银行承兑汇票对应的保证金金额达到100%，则银行承兑汇票到期承兑后，该笔业务正常结束。

（5）退款或回购。

经销商应在银行授信产品约定的期限内缴存保证金封闭敞口，如在约定的时间保证金仍未缴足，即经销商未能偿还债务，银行会同银行经营单位将向铝厂追偿，铝厂须在收到退款通知书或回购通知书后10个工作日内履行退款或回购责任。

云铝南华铝板带公司保兑仓业务（银行承兑汇票结算模式）流程见图3－1。

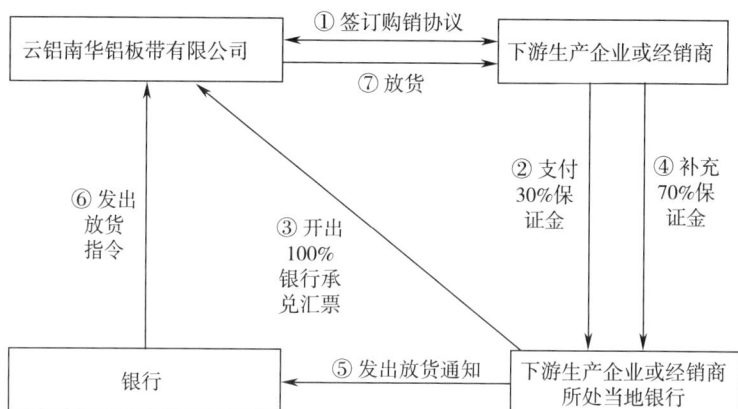

图 3－1　云铝南华铝板带公司保兑仓业务（银行承兑汇票结算模式）流程

2. 定向支付流动资金贷款模式下业务操作流程。

（1）银行在批准的授信额度内办理经销商，并直接划至铝厂在银行的指定账户。

（2）为保障银行的授信安全，经销商同意将铝产品购销协议项下的货物质押给银行，银行委托铝厂利用其协议仓库对质押物进行占有和监管。

①如果铝产品购销协议项下的出质货物在经销商支付货款时，铝厂尚未生产完毕并存放在其协议仓库中，三方同意按以下方式操作：a. 铝厂和经销商应在铝产品购销协议中约定，标的物由铝厂代办运输，发运地点为甲方控制的协议仓库；b. 铝厂应在铝产品购销协议合同约定的期限内将货物发运，货物的所有权自铝厂方将货物交付第一承运人后转移给经销商；c. 货物到达铝厂协议仓库后，铝厂开始行使银行委托的对质押物占有和监管的权利，入库货物的明细信息及时上传至银行并被锁定，同时出具书面抵（质）押物占有通知书，银行对经销商货物的质权随之设立；d. 铝厂应保证货物发运和占有信息的真实性，确保银行对经销商出质货物的质权，否则应向银行承担连带赔偿或偿还责任。

②如果铝产品购销协议项下的出质货物在经销商支付货款时，已经存放在铝厂的仓库中，三方同意按以下方式操作：a. 货物的所有权自铝厂收

到货款后转移给经销商；b. 货物所有权转移给经销商后，铝厂立刻行使银行委托的对质押物占有和监管的权利，入库货物的明细信息及时上传至银行并被锁定，同时出具书面抵（质）押物占有通知书，银行对经销商货物的质权随之设立；c. 铝厂应保证货物占有信息的真实性，确保银行对经销商出质货物的质权，否则应向银行承担连带赔偿或偿还责任。

（3）上述第①、第②条约定的质押和监管条款，无须经销商与银行双方另行签订质押担保合同，也无须铝厂与银行双方另行签订货物质押监管合同。

（4）铝厂代经销商为铝产品购销协议项下的货物在运输、仓储过程中购买全额赔付的保险，保险期为自货物所有权转移至监管到期。

（5）铝厂对质押物的监管期限至经销商融资款项到期日止。监管期限届满后，银行应及时行使质权，质押物可继续存放在铝厂协议仓库，但货物毁损、灭失的风险及仓储费用由经销商承担。

云铝南华铝板带公司保兑仓业务（定向支付流动资金贷款模式）流程见图 3-2。

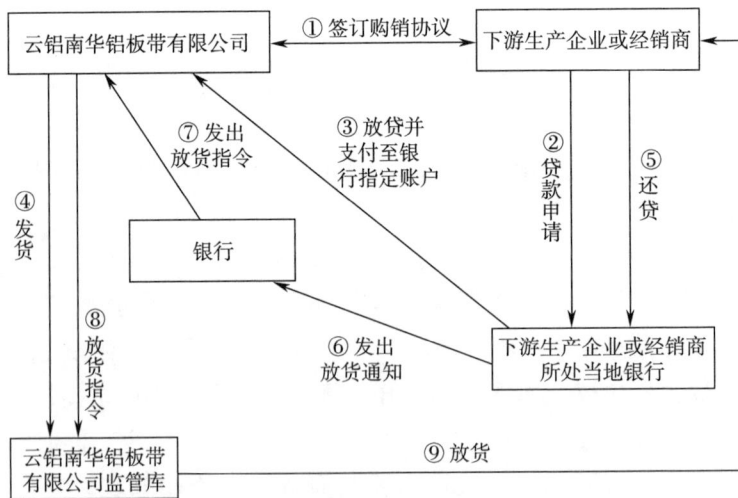

图 3-2　云铝南华铝板带公司保兑仓业务（定向支付流动资金贷款模式）流程

六、某格力电器总代理商保兑仓授信案例

（一）申请人简介

青岛格力是珠海格力电器股份有限公司在青岛地区唯一的一级代理经销商，负责珠海格力全部产品在青岛地区的销售。青岛格力注册资本 500 万元。青岛格力在青岛地区拥有二级经销商 30 家，年实现销售收入 7.53 亿元。

青岛格力在青岛地区采用全额付款的销售模式，二级经销商向青岛格力付清款项后，青岛格力发货。青岛格力拥有独立的仓库，位于青岛市市南区中山园路西君翔达大楼。青岛格力的二级经销商有两种：一种是国美、苏宁、顺电、天虹等大型卖场，销售占比约为 20%；另一种是加盟经销商，通过专卖店销售，销售占比约为 80%。本方案中纳入网络的经销商是指通过专卖店销售的加盟经销商。

（二）基本方案

1. 青岛格力保兑仓业务，是指以银行信用为载体，以银行授信产品为结算工具，由银行控制提货权或货物，青岛格力受托保管货物，并以青岛格力退款承诺方式对银行授信敞口作为担保措施，由银行向买方提供授信定向用于向青岛格力购买商品，银行根据买方交存的保证金通知青岛格力发放货物的一种特定供应链融资业务模式。

2. 典型的"1＋N"业务模式，1 为青岛格力，N 是青岛格力指定的买方，相互间具有稳定的购销关系。

3. 银行应青岛格力经销商的申请，根据经销商与青岛格力签订的购销合同，向经销商收取 30% 的保证金，为经销商承兑其签发的银行承兑汇票，专项用于向青岛格力支付货款。经销商销售货物及时补充保证金，银行累计通知青岛格力发货的价款不超过保证金账户余额，如此滚动操作，直至保证金账户余额达到银行承兑汇票金额。

如经销商在承兑汇票到期时未能足额承兑，青岛格力在银行承兑汇票到期日，无条件将商品金额证实书与提货通知书之间（银行承兑汇票票面金额和实际提货金额之间）的差额款项退还给银行。退款日为银行承兑汇票到期日当日。

4. 本网络实行单额度管理。即对卖方青岛格力实行授信管理，经销商切分授信额度。银行为青岛分行。

此次银行拟申请对青岛格力提供5亿元回购担保额度，用于本操作模式下的票据业务。

5. 青岛格力在收到银行承兑的银行承兑汇票后将此银行承兑汇票直接背书转让给珠海格力，珠海格力据此向青岛格力签发已盖章的等值货物的商品发货单并发出相应货物，青岛格力收到等值货物后在相应的商品发货单上盖章并发等值货物给指定经销商。银行与青岛格力、珠海格力签署三方协议，主要约定以下事宜，作为风险缓释手段：

（1）在珠海格力和青岛格力同时盖章的商品发货单上注明"全部商品的第一受益人为银行青岛分行"。

（2）如经销商在承兑汇票到期时未能足额承兑，青岛格力在银行承兑汇票到期日，无条件将商品金额证实书与提货通知书之间的（银行承兑汇票票面金额和实际提货金额之间）差额款项退还给银行。退款日为银行承兑汇票到期日当日。

（3）如出现经销商在承兑汇票到期时未能足额承兑而青岛格力又未能及时对差额进行退款的情况，银行将凭商品发货单，由珠海格力无条件将与银行提供的商品金额证实书与提货通知书之间（银行承兑汇票票面金额和实际提货金额之间）差额等值的相应货物发到银行指定的仓库，由银行保留对货物的处置权。

（三）业务操作流程

1. 卖方和买方签订购销合同。

2. 卖方向业务银行申请办理业务。

3. 业务银行受理、调查、审批后，报有权审批部门审批。

4. 根据业务的具体要求，卖方、买方和银行签订"银行保兑仓业务协议"，由卖方推荐或认可买方名录及额度；青岛格力、珠海格力和银行签订三方协议。

5. 买方向银行申请办理业务。

6. 办理业务，收取承兑保证金。

7. 开出银行承兑汇票。

8. 卖方收到银行承兑汇票后，向业务银行出具银行承兑汇票收到确认书和商品金额证实书。

9. 买方向银行提交提货申请书，并交付与提货金额相等的保证金。

10. 银行收妥保证金后，通知卖方并发送发货通知书。

11. 卖方向业务银行签发发货通知书并收妥确认函，并按发货通知书的要求向买方发货。

12. 买方收到货物后，向银行签发货物收妥告知函，银行保管货物收妥告知函原件。

13. 循环操作。

14. 如银行承兑汇票到期前 10 个工作日，保证金达到 100%，到期兑付后，该笔业务结束。

15. 如银行承兑汇票到期前 10 个工作日，保证金不足 100%，银行向卖方发出退款通知书，卖方退款后，兑付到期汇票，业务结束；如卖方未按期退款，银行通知买方，要求其兑付到期汇票，兑付后业务结束。

16. 如银行未能收到退款，银行凭商品发货单，珠海格力将无条件向银行提供相应等值货物，并发送到银行指定仓库。

（四）保兑仓业务管理的具体要求

1. 银行要加强与青岛格力的紧密沟通，及时掌握青岛格力及其经销商的经营和销售情况。

2. 青岛格力在经销商名单或额度变更时，应及时对变更事项进行审核，并将有关调整上报相关部门备案。

3. 银行要做好网络运行日常监控，及时发现、总结网络运行中存在的问题，有效协调青岛格力、经销商的业务往来，保证网络的正常有效运转。

4. 银行指定专人与青岛格力和经销商每日核对保证金余额、货物余额等相关数据，每周出具核对总表。

附件 1：

××省二建建设集团有限公司商票

商票模式化是指银行核定××省二建建设集团有限公司商业承兑汇票贴现授信额度，上游供应商（以下简称借款人）经省二建推荐，以省二建签发的商业承兑汇票为质押，向银行申请授信的一种融资模式。

一、借款人准入条件

（一）借款人须同时具备的条件

1. 借款人应持有县级以上工商行政管理部门核发的有效企业法人营业执照或经主管机关核准登记，授信用途应符合国家法律、法规及有关政策规定；

2. 借款人须经××省二建建设集团有限公司推荐；

3. 借款人经营正常，在最近两年企业及实际控制人不存在重大信用不良记录；

4. 借款人在银行的模式化评级中应在 B 级（含 B 级）以上或模式化综合授信打分卡得分在 60 分（含）以上；

5. 与省二建合作时间超过 2 年（含），经查历史交易记录、流水及对应合同、发票，在与省二建合作过程中，能按照合同约定如期付款；

6. 借款人管理团队（或实际控制人）品行良好，未发现不良信用记录；

7. 借款人在银行开立结算账户，用于还本付息及日常结算；

8. 银行规定的其他条件。

（二）借款人向银行申请贷款提交的基本资料，但不限于以下几项

1. 经年检合格的营业执照副本复印件；

2. 组织机构代码证复印件；

3. 法定代表人身份证（或护照）复印件；

4. 贷款卡资料；

5. 公司章程复印件；

6. 验资报告（如有）；

7. 近三年年度及近期财务报表、审计报告（如有）；

8. 有权机构（董事会或股东大会或上级主管机关，视具体情况而定）出具的同意向银行申请授信的决议（依据法律法规、公司章程及其他法律文件等规定判断是否需要）；

9. 公章和法定代表人的签字样本；

10. 从事特殊行业的应提供有关成立的批准文件、许可文件及资质证明；外商投资企业应出具外商投资企业批准证书（如有）；

11. 根据本授信业务需要提供的其他材料：

（1）购销合同或发货订单、商业承兑汇票、发票（业务发生后2个月内提供）；

（2）××省二建建设集团有限公司推荐函。

（三）本模式项下贷款用途仅限用于补充借款人经营活动所需周转资金，不得用于股票投资、经济实体注册资本金或其他权益性投资，不得用于国家政策、法律和法规禁止的经营项目和用途，不得用于借新还旧。

二、贷款金额、期限及担保条件

银行根据省二建与借款人之间的交易金额，分别核定授信金额。省二建须在《客户推荐函》（见附件2）中明确借款人总推荐额度。银行对借款人进行总额度管理，单户授信总额不得超过总额度。

序号	交易量（人民币）	授信金额
1	100万~500万元	单户累计授信金额最高不超过年交易量的50%
2	500万~2000万元	单户累计授信金额最高不超过年交易量的40%
3	2000万~5000万元	单户累计授信金额最高不超过年交易量的30%
4	5000万元以上	单户累计授信金额最高不超过年交易量的20%

借款人以××省二建建设集团有限公司出具商业承兑汇票为质押，向银行申请授信业务，产品包括但不限于流动资金贷款、银行承兑汇票、贴现。

提供出质的商业承兑汇票到期日应早于授信到期日，且票面金额能够全额覆盖授信本息。

三、贷款操作流程

1. 江东支行完成对省二建的授信调查，支行负责人签署同意意见后上报分行。分行按照一般风险授信业务审查审批程序和授权审批权限对省二建商业承兑汇票贴现授信额度进行审批。超分行审批权限的，上报总行审批。

2. 由省二建推荐符合条件的借款人，并向银行提交《客户推荐函》及相关资料。

3. 借款人在宁波大市范围内的客户，按照银行运营管理部开户相关要求，到银行开立结算账户。对借款人非宁波大市范围内客户，由银行其他分支机构，协助核实开户资料的真实性。

4. 借款人需向银行提供销售合同或发货订单、省二建出具的商业承兑汇票、《客户推荐函》等相关资料，银行客户经理需对上述材料进行初审。确定本次授信敞口、贷款期限、贷款利率等相关要素。

5. 支行客户经理应双人同行前往省二建办理票据查询、确认手续等事宜。省二建对票据进行复查确认。

6. 分行对公柜台检验票据真伪，包括票据要素是否齐全、合规、票据背书连续和规范，是否记载"已质押"字样，且被背书人为银行、各项防伪标识是否审核通过，电话是否查复等，并对查询确认书上的企业印鉴进行核验。

7. 经查询无误后，分行对公柜台人员办理商业承兑汇票的入库手续，并在《××银行××分行商票模式化业务审批意见书》签字确认。

8. 质押物的保管应按照银行《法人客户放款审核操作手册》中关于抵质押品记销账及入出库管理规定执行。放款前须办妥票据质押所需的相关手续，做好质押背书。

9. 客户经理确定授信业务品种、期限、利率，分行与借款人签订相关授信协议。

10. 分行公司业务管理部产品经理应核实贷款资料是否合规、查询查复资料是否齐全、确认质押的商业承兑汇票是否已办理入库保管手续；产品经理需对借款人贷款额度进行审核，确定本笔授信敞口是否控制在总推荐额度内。

11. 分行公司业务管理部总经理确认无误后签字确认，并出具《××省二建建设集团有限公司商票模式化审批批复》；超出派驻权限的授信额度按规定的流程上报分行风险总监审批。

12. 客户经理凭《××省二建建设集团有限公司商票模式化审批批复》及所有授信资料即可办理业务。

13. 分行放款审核岗，需对所有放款资料的真实性进行审核；对所有基本资料建立客户档案，并整理归档留存。

14. 票据到期前3个工作日，银行客户经理应提前通知省二建，做好托收工作。票据到期前1个工作日，省二建将资金划入出票时的结算账户，便于银行及时托收。

到期出库的商业承兑汇票，由分行柜台按照支付结算制度的有关规定，办理托收手续。到期出库的商票，银行直接从省二建在银行相关账户上划款。收回票款应直接偿还银行授信，或凭《保证金存入通知书》，存入供应商在银行的保证金账户（限于表外授信业务），或办理全额存单质押担保。

借款人出现违约的情况下，银行有权凭代偿协议直接从省二建在银行开立的账户中扣收相应的本金和利息；或直接向人民法院提起诉讼。

附件2：

客户推荐函

××银行××分行：

现有我公司上游供应商客户_____与我公司合作_____年，年交易量_____万元。因日常生产经营需求，特向贵行推荐该客户申请贷款，本次推荐贷款金额_____，期限_____。

我公司已核实该客户资金需求，贸易背景真实，无关联交易。本次出货，我公司已开具如下商业承兑汇票（详见下表）。我公司对票据真实性负责。请贵行审批。

合同号（或订单号）	票号	金额	付款人名称	收款人名称	出票日期	到期日期

××省二建建设集团有限公司

年　　　月　　　日

附件3：

××省二建建设集团有限公司商票模式化审批批复

批复编号：

申请人名称					
隶属模式名称	××省二建建设集团有限公司商票模式化				
呈报行、部			借款人评级		
申请人信息					
额度类型	内部授信额度	授信方式	单笔单批额度		
授信额度（万元）		期限（月）			
授信品种	币种	金额（万元）	保证金比例（%）	期限（月）	利/费率
	人民币				
担保方式及其内容				授信敞口（万元）	
实际投向		投向补充行业分类			
银行投向大类					
批复意见					
同意并按照以下方式给予授信					

额度类型	内部授信额度		授信方式		单笔单批额度	
授信额度（万元）			期限（月）			
授信品种	币种	金额（万元）	保证金比例（%）	期限（月）	利/费率	是否循环	串用说明
	人民币					
贷款性质		本次授信敞口（万元）		授信总敞口（万元）		
担保方式及内容						
授信前需落实条件						
其他授信要求						
备注						

中小企业部总经理（或其授权人意见）：　　　　　　　　审批机构：

投贷联动

一、投贷联动高度契合政府、银行与创新型企业的激励约束

投贷联动业务的实质是基于风险与收益之间的关系而产生的一种金融创新，通过股权和债权相结合的融资服务方式，有效覆盖企业现在与未来的投资风险，其核心就是以企业高成长所带来的投资收益补偿银行债务性融资所承担的风险。通过这一创新产品设计，投贷联动可同时满足成长型创新客户与商业银行双边激励相容约束。

金融产品机制设计中的"激励相容"是指产品各方都会有自利的一面，各方会按自身利益最大化的规则行为行动，如果能有一种制度安排，使每一方追求自身利益的行为，正好与各方实现集体价值最大化的目标相互吻合，这一制度安排，就是"激励相容"。

在传统信贷业务中，成长型创新企业与商业银行的投融资目标与约束存在较为严重的不相容现象。一方面，从融资客户角度看，以科技、文化产业为代表的国家战略性新兴产业，其企业核心竞争力多在于技术创新与服务模式创新，多具有轻资产、高成长性的特征。企业在成长初期常因为抵（质）押不足而无法获得银行信贷支持，财务成本压力较大；另一方面从商业银行角度看，传统贷款是低风险、低收益的金融产品，因为无法获得合理的风险补偿，必须要求企业提供足够的风险控制措施以匹配较低的利息收入，也因此错失了处于成长阶段的优质融资客户。这一现象造成了我国成长型创新企业长期面临融资困难的局面，一定程度上阻碍了创新企业的发展。

投贷联动业务创造性地将债务融资与股权投资相结合，解决了这一激励不相容问题：

（1）从融资企业角度看，能够通过企业未来成长带来的股权增值为企业获取当期融资，满足了企业在成长期的资金需求。

（2）从商业银行角度看，通过股权投资未来的预期收益，对债务性融资进行了风险补偿，拓展了其金融产品的风险收益有效边界，提高了对于成长类客户的金融服务能力，当然，从单笔业务来看股权价值具有一定的不确定性，但若从银行从事该项业务的总体来看则具有预期价值。

有效边界：对于相同的风险水平，能提供最大收益率的金融产品组

合；对于相同的预期收益率，风险最小的金融产品组合。能同时满足这两个条件的金融产品组合即是有效边界（efficient frontier）。处于有效边界上的组合为有效组合。

（3）从产品协同性来看，一方面股权投资为债务融资提供了风险补偿，另一方面债务融资通过对企业经营的财务支持，间接提升企业的股权投资价值，二者产生了很好的协同效果。

二、开展投贷联动业务的主要模式

模式一：与直属子公司或创投基金协同开展投贷联动业务。受限于《商业银行法》中"商业银行不得向非自用不动产投资或者向非银行金融机构和企业投资"的规定，目前只有个别银行通过监管特批，获得了人民币股权投资牌照协同开展相关业务。

模式二：与同集团内具有股权投资资质公司协同开展投贷联动业务。在综合化经营的大趋势下，商业银行可通过集团下设的信托公司、基金公司等，在集团内部实现投贷联动。这种模式能充分发挥集团优势，缩短决策链条，降低沟通成本。同时这种模式能够在集团内部对股权投资、信贷融资的不同风险偏好进行较好的协调，有利于整体把控项目风险。

模式三：与境外子公司协同开展投贷联动业务。包括国有和股份制在内的多家商业银行均已在海外成立了具有股权投资资质的子公司，通过与境外子公司协同或由境外子公司在境内成立股权投资机构，商业银行同样可以发挥集团优势开展股权投资业务。

模式四：指定外部机构代理股权投资或行使认股权。通过与行外股权投资机构形成相对固定的业务合作协议，商业银行可指定其担当投贷联动中股权投资业务的代理方，在相关法律规定尚未放开时作为一种过渡性的结构安排。

模式五：与外部机构合作开展投贷联动业务。如由风险投资机构向银行推荐其投资的项目，再由银行择优选择一些风险可控的项目提供信贷支持；同时，外部投资机构或企业股东可为银行提供保证担保。银行通过与外部机构合作，可发挥双方在各自领域内的比较优势。一方面，商业银行凭借自身广泛的客户资源，为合作机构筛选推荐优质企业，并为合作机构提供包括财务顾问和托管在内的综合服务；另一方面，外部专业的股权合作机构可对企业进行更加专业的价值评估和股权投资决策。

什么是授信额度

授信额度要扣除保证金、银行存单及国债等类现金资产金额。换言之，不动产和机器设备等抵（质）押资产价值也计算入敞口中。

不规范业务使用口径：平时口头跟客户交流时都把敞口理解成信用授信部分，客户一般认为房产价值不算敞口（极少有客户深入考虑抵押物市场价格波动和处置时的价格折让），银行客户经理一般就使用客户语言与之沟通了。授信额度是说银行总共能让你在银行这里承担多少债务。

敞口额度是说银行总共能让你在无抵（质）押情况下承担多少债务。

授信敞口是指授信额度中无抵（质）押部分。

授信余额是指你在银行未结清债务总额

贷款余额是指你在银行未结清现金债务总额。

敞口余额是指你在银行未结清债务总额中无抵（质）押部分。

当然有些银行认为有担保就不算敞口。

授信额度＝贷款余额＋授信余额

授信敞口＝授信额度－抵（质）押物评估价×抵押率

授信额度是银行给予受信人额度。

敞口额度就是受信人占用银行额度，因为抵押物未经变现流动性不强，所以计算敞口额度不应剔除抵押物价值。

敞口额度＝授信敞口＝授信额度－保证金、质押部分价值

授信余额就是总授信额度里已经提用的部分。

贷款余额是授信额度里提用贷款额度，区别在于综合授信里可以包含各种产品，例如短期流动资金贷款、银行承兑汇票等。举例，综合授信1000万元，可以是500万元流贷，1000万元的50%保证金银票，那么贷款余额为500万元。

敞口余额一般不常使用这一说法，因为存在保证金情况，提用单笔贷款是无法确定贷款是否占用额度、占用多少额度。

通常在实际业务中保证金、质押通常是为授信项下单笔业务做保证，比如流贷或银票。

某银行给予A银行授信额度2000万元，授信敞口（一般指敞口额度）1400万元，由某银行提供连带保证责任担保。授信额度项下品种包括流动

资金贷款、银行承兑汇票（保证金比例不低于30%）。

以下为A银行最常见的三个授信方案：

1. 提用流动资金贷款1400万元。此时授信余额1400万元，贷款余额1400万元。

2. 提用银行承兑汇票2000万元（缴存30%保证金即600万元）。此时授信余额2000万元，贷款余额为零，敞口余额（更多称实际用信余额）1400万元。

3. 这个方案比较复杂，且各个银行授信管理方案不同。

（1）有些银行实行授信额度管理：提用流动资金贷款500万元，另提用银行承兑汇票1500万元（缴存30%保证金即450万元）。此时授信余额2000万元，贷款余额500万元，实际用信余额 = 500 + （1500 - 450） = 1550万元（超过授信敞口）。

（2）有些银行实行授信敞口管理：提用流动资金贷款700万元，另提用银行承兑汇票1000万元（缴存30%保证金即300万元）。此时授信余额1700万元，贷款余额700万元，实际用信余额 = 700 + （1000 - 300） = 1400万元。

（3）还有些银行实行授信额度和授信敞口共同管理。即给予A银行授信额度2000万元，授信敞口1550万元，由某银行提供连带责任保证担保。

授信额度：企业在银行申请授信总额度。

敞口额度：企业高风险业务也就是我们正常所理解抵押贷款或信用贷款。当然中间包括一切以信用或抵押物，质押物作为抵押、质押、保证之类从银行白拿钱或者汇票，保函，信用证之类额度。举个例子，你做一笔保证金100%低风险的质押业务，敞口额度就是零。

授信敞口：企业在银行申请授信，不只是流动资金贷款或低比例保证金业务，大部分需配套存款或低风险业务，授信敞口就是指高风险业务。

授信余额：企业在用信之后剩下的授信额度。

贷款余额：企业在启用流动资金贷款后本金还未归还完的额度。

敞口余额：企业高风险业务启用之后未归还完的额度。